종교로 보는 세상

종교로 보는 세상

김대열 김영진 김호덕 류경희 류성민
박규태 박상언 심형준 유기쁨 이민용
이연승 이은봉 이진구 임현수 장석만
정진홍 최승환 최유진 허남린 황선명

머리말

사람들이 '종교'라는 말을 들을 때 머리 속에 맨 처음 떠오르는 생각은 어떤 것일까? 보통은 신이나 초월적 존재, 성스러운 공간, 성직자 또는 무언가 신비스러운 것들을 연상할 듯하다. 이게 아니라면 어떤 이들은 사랑, 헌신, 봉사, 평화와 같은, 듣기만 해도 마음이 따뜻해지는 말들을 떠올릴 것이다. 또 어떤 이들은 흑주술, 집단적 광기, 종교 갈등, 테러와 같은, 생각만 해도 끔찍한 것들을 떠올릴 수도 있겠다. 이처럼 종교라는 말과 연관된 이미지들은 다양하고 스펙트럼이 넓다. 그 이유는 모든 종교가 '인간'을 초월하는 것을 지향하지만, 어떤 종교든 그 자체가 인간사의 한 부분이기 때문일 것이다. 인간이 복잡한 만큼 종교도 복잡할 수밖에 없다. 그러므로 종교 그리고 종교현상들은 감성의 영역에 속하는 것이면서, 동시에 우리가 이성적으로 생각하고 이해해야 할 대상이기도 하다. 바꾸어 말한다면, 종교를 생각하는 것은 인간을 생각하는 것이고 종교를 알려고 하는 것은 인간을 알려고 하는 것이다.

이 책은 종교문화비평학회에서 매년 두 차례 발간하는 학회지 『종교문화비평』의 〈설림〉 난에 2003년부터 2016년까지 수록되었던 글들을 모아 새로 편집한 것이다. 필자는 국내외 여러 대학과 연구소에서 활동하고 있는 종교학자, 철학자, 법학자들이다. 그렇지만 필자들이 학자라고 해서 이 책이 전문적인 내용을 담은 학술서적인 것은 아니다. 이 책은 대학생이나 인문학에 관심이 있는 일반 독자라면 전공에 관계없이 누구나 읽을 수 있는 인문학 교양서에 속한다. 이 책에는 역사 에세이, 시사칼럼, 여행기, 수필 등 다양한 내용의 글들이 실려 있다. 여기에 실린 글들은 필자들이 각자 자신의 관심사를 자유로운 형식으로 집필한 것으로, 인생과 세상의 여러 측면을 종교라는 거울을 통해 학자의 시각에서 비평하고 있다. 곧 이 책에 실린 글들은 다양한 소재를 다루지만, 이 글들을 공통적으로 관통하는 주제는 '종교-인생-세상'이라고 할 수 있다.

　제1부 〈종교학자가 본 인간, 역사, 예술〉은 3개의 장으로 구성되어 있다. 제1장에는 4편의 글이 실려 있는데, 각각 '변소', '거짓말', '죽음', '털 없는 원숭이'를 키워드로 하여, '종교'의 관점에서 바라본 '인간'의 문제를 논의한다. 제2장은 '역사'의 문제를 다룬다. 여기에는 기독교 공인 과정과 관련하여 서양사에서의 정치와 종교의 문제를 논하는 글, 중국문화사 속에서 한자와 도교 상징의 관련성을 살피는 글, 장소에 대한 개인의 기억·회상·그리움을 매개로 과거에서 현재로 이어지는 역사의 의미에 대해 되묻는 글 등 모두 3편의 글이 수록되었다. 제3장은 영화와 그림을 소재로 종교와 인간의 문제를 다룬 3편의 글로 구성되었다.

　제2부 〈현대사회와 종교〉의 제1장은 오늘날 국제적인 전쟁과 갈등의 주요 원인이 되는 종교근본주의 문제를 기독교근본주의, 이슬람근본주의, 힌두근본주의를 중심으로 고찰한 글들이다. 제2장에는 종교재단이 설립한 학교 내에서의 종교자유 문제와 종교계의 생태운동을 다룬 2편의 글이 실려 있다. 제3장에서는 라엘리안 무브먼트라는 종교운동과 이를 계기로 촉발된 사회적 반응들을 고찰하면서, 과학기술의 발전이 야기한 인간복제라는 새

로운 문제에 대한 인간의 대응방안을 성찰하였다.

　제3부 〈종교학 이삭줍기〉는 종교학자들의 자기 성찰을 담은 글들을 모은 것이다. 여기에는 인문학 속에서의 종교학의 위치와 의미 반추, 종교학자로서의 삶에 대한 회상, 종교 연구 방법론 모색, 여행지에서의 소회 등 다양한 소재로 쓴 글들을 수록하였다.

　아무쪼록 이 책이 독자들에게 쉽고 재미있게 읽히면서도, 인간이라는 존재, 종교, 역사, 정치, 사회, 예술, 과학 문명 등 다양한 문제에 대해 새로이 성찰하는 계기를 제공할 수 있기를 바란다.

2016년 10월

김호덕

차례

머리말 …… 4

———

제1부

종교학자가 본
인간, 역사, 예술

———

1.
종교 속의 인간

허남린

변소와 유교

나는 어릴 적에 변소에 혐오증이 있었다. 재래식 변소 이야기이다. 한여름에는 지독하게 올라오는 냄새에 변소에 가기가 싫었고, 추운 겨울에는 하반신을 드러낸 채 일을 보기가 여간 큰 고통이 아니었다. 하지만 달리 방법이 없어 참을 수밖에 없었다. 대신 변소 혐오감만 커져 갔다.

1960년대의 한국의 변소 사정은 일부 도회지를 빼고는 대동소이했을 것이다. 더 어릴 적에는 잿간이었는데, 어느 집에 가도 잿간은 안채에서 떨어져 있었다. 전기가 없던 시절, 칠흑의 밤에 잿간에 갈라치면 바쁜 것을 우선 참고 먼저 간을 키워야 했다. 어디선가 멀리 부엉이 소리라도 들리면, 언제나 밖에서 기다리게 했던 엄마에게 "엄마 있어?" 하고 몇 번이나 확인해야 했다.

변소뿐만 아니라, 재래식 부엌에도 불만이 많았다. 어두침침한 부엌에 쪼그리고 앉아 불을 때며 밥을 짓던 엄마가 늘 안쓰러웠다. 저녁이 되기 전에 물을 길어 와야 하는 거리도 꽤 멀었다. 칼바람 부는 겨울에 물동이를 이고 아슬아슬하게 걷던 동네 엄마들의 모습은 어디에서나 흔했다. 엄마는 선망의 대상인 입식 부엌에 대해 어디서 들으셨는지 가끔 동경어린 말씀을 하시곤 했다.

그러나 집안의 남자 어른들은 달랐다. 그들의 화제는 잘 알아듣지는 못했지만 무언가 숭고한 듯했다. 제사 이야기에 조상 이야기였다. 침침한 부엌에서 연기와 싸워 가면서 만든 제사 음식을 놓고 어떻게 배열해야 하는지, 한마디씩 하며 지식을 뽐내곤 했다. 들으면 듣는 즉시 잊어버리려고 애썼던 설교를, 매해 몇 번씩 반복해 들어야만 했다. 성묘라도 가면 여기저기 흩어져 있는 무덤들을 가리키며 이것은 누구의 묘소이고 저것은 누구의 묘소라고 몇 번씩 강조했다.

집안의 시제 날이 오면 그날은 남자 어른들에게는 유교적 소양의 경연장이었다. 음식의 가짓수도 엄청나게 늘어났지만, 제사의 순서도 복잡했다. 웅얼대는 축문은 도통 알아들을 수가 없었다. 그냥 엎드려 절하라면 절하고, 저리 가서 놀라고 하면 노는 시늉을 하던 그런 시절이었다.

변소, 부엌, 그리고 제사, 이는 내 어린 마음에도 생각을 이리저리 엉키게 했다. 우리 선조가 조상 제사에 대해서만큼은 정말 위대한 공적을 쌓았다는 것은 잘 알겠지만, 그것은 나에게는 영 불만이었다. 아버지는 가끔은 서랍에서 두꺼운 유교 경전을 꺼내 자랑하시곤 했다. 이런 것들을 공부해야 제대로 인간이 된다는 말씀도 잊지 않으셨다. 첫 장의 첫 글자도 모르겠는 나는 그저 머리를 조아렸다.

고등학생이 되고는 어릴 적 변소 기억이 학교에서 배우는 유교에 겹쳐지면서 불만이 폭발했다. 이율곡과 이황이 위대하다는 것에 별로 동의를 하지 못했다. 역으로 그들의 머리가 그토록 좋았다면 성학집요를 짓고 사단칠정에 대해 논할 것이 아니라 다른 것을 했어야 한다고 반발했다. 변소 개량이 더욱 중요한 과제라고 생각했다. 몇천 년 몇백 년 내려온 그 지겨웠던 재래식 변소를 그 좋은 머리를 갖고 달라붙어 연구하여 개량하고 보급했다면 나의 어릴 적 고통은 없었을 것이라고 생각했다.

안동에 부엌개량연구소가 있고, 이황이 그 연구소의 소장이었다고 생각해 보자. 그는 능력이 있었기에 동서고금의 모든 자료와 사례를 모으고 연구에 연구를 거듭하여 세계 최고 수준의 유교식 부엌 문화를 창출했을 것이다. 그러고는 가끔은 파주에서 맹활약 중인 변소개량연구소의 소장인 이율곡을 만나 조선에서 꽃피는 인류 문명의 진화에 대해 담소하며 서로 격려했으리라. 이율곡의 눈부신 연구에 힘입어, 당시 조선의 최첨단 유교식 변소는 인류의 역사상 가장 위생적이며 쾌적하기로 세계인의 부러움을 사고 있었을 것이다. 점심 먹고 이런 몽상을 하다, 졸고 있다고 걸려 손바닥 꽤나 맞았다.

임진왜란 때 조선을 구하러 압록강을 건너온 명나라 장수들은 조선을 도통 이해할 수가 없었다. 분명히 유학은 유학 같은데 그 껍질이 딱딱하고 융통성이 없어 이해할 수가 없다는 하소연이었다. 당시 중국에서는 양명학이 성세를 이루고 이에 발맞추어 상업이 발전하여 전장에서도 돈만 있으면 식량을 얼마든지 살 수 있었다. 이역만리 쌀을 짊어지고 와서 싸울 수도 없고 은을 갖고 먹을 것을 구하려 했으나 도대체 조선에서는 쌀을 살 수 있는 시장이라고는 찾아볼 수가 없다고 아우성이었다.

이에 반해, 조선의 관리들은 명나라 장수들을 이해할 수 없었다. 어디서 굴러먹다 온 유학을 논하는지, 이미 변질되고 타락한 유학이라고 혀를 차며 분노했다. 중국에서는 이미 순결한 유학이 사라진 것 같다고 가슴아파했다. 하늘이 두 쪽이 나도 옳은 것은 지켜야지 그것마저 버리면 온 땅은 금수의 나라가 된다는 걱정이었다. 무엇이 그렇게 인류를 밝게 비추어 줄 수 있었는지, 파죽지세로 몰려오는 왜적 앞에서도 그들의 불가사의한 고고함은 요지부동이었다.

찾을 수 없는 시장은 제쳐 놓고라도 그러면 입는 옷은 어떠했는가? 폭이 좁은 소매 옷을 입고 나온 명나라 장수들은 그렇게 헐렁하고 풍선 같은 옷을 입고 어떻게 전투를 할 수 있느냐고 조선인을 조롱했다. 옷소매가 넓기는 넓었던 모양이었다. 어전 회의에서 이 문제가 논의되었을 때 좀 넓기는 하다고 인정은 했으니 말이다. 그러나 이를 좁히라는 요구에는 한사코 반대였다. 어떻게 예의범절에 어긋나게 옷의 소매를 줄일 수 있느냐고, 몸에 붙는 소매 옷을 입는 명나라 군사들은 이미 야만화해 가고 있다고 가슴을 쳤다.

조선에서 아니 한국인에게 유교 문화란 무엇을 위한 것이었던가? 전 인구의 40% 이상을 개돼지처럼 노비로 부리면서도 민본의 정치, 의리의 윤리, 인애의 예의범절을 논했던 그들은 도대체 어떤 종류의 인간들이었던가? 멀리 묻혀 있던 변소의 기억이 떠오를 때마다 되묻지 않고는 배길 수 없는 자신을 발견한다.

유교, 유학 연구는 유희의 학문이 된 지 이미 오래였다. 아니, 사유의 유희 이외에는 별 관심이 없었는지도 모른다. 문제가 될 만한 문제는 모조리 피하고 정자 그늘에 앉아 고고한 철학만을 논하고 있었기 때문이다. 요즈음도 서점에 가서 유학 관계 저서를 보면 사실은 유학 연구의 병폐가 어디에 있는가를 금방 알 수 있다. 기독교 연구가 온통 성서의 철학적 연구에만 집중되어 있고, 원불교 연구가 모조리 교리 분석으로만 치닫고 있다고 생각해 보자. 철학의 존귀성에 대한 맹신 때문인지, 아니면 철학이 무언가 고매하고 격조가 있다고 우러러보기 때문인지 나로서는 알 도리가 없다.

그러나 따지고 보면 철학 일변도의 유교 연구는 철학 연구자들의 잘못은 아니다. 그들은 그들 나름대로 이것저것 뒤지고 열심히 천착하여 방대한 연구 업적을 쌓아 놓은 죄밖에 없다. 그들은 오히려 큰 찬사를 받아야 할 것이다. 문제는 그들이 유교를 철학적으로만 연구했기 때문에 유교 연구가 기형물이 된 것이 아니라, 철학적 연구를 하는 학자들 이외에는 유교 연구자가 너무 없었다는 데에 있다. 없었다고 하기보다는 유교는 당연히 철학이라고 생각하는 관성에 반기를 들고 개성 있는 인생을 살고자 하는 연구자가 적었다는 말이 맞을 것이다.

다시금 유학의 권세가 하늘을 찔렀던 조선으로 돌아가 보자. 유학자들은 돈을 싫어했다. 그들은 화폐가 돌고 상품이 교환되고 무역을 하는 것에 대해 생태적 반감을 품었다. 쓰시마의 왜인들이 무역을 하자고 졸라 댔다. 척박한 작은 섬에서 나는 산물로는 도저히 살아갈 수 없었던 그들은 어쨌든 조선의 들에서 나는 쌀이 탐났던 것이다. 못 배우고 예의도 모르는 잡것들이 천한 장사를 하자고 조른다고 조선의 식자들은 침을 뱉었다. 하지만, 왜인들을 마냥 거부할 수만도 없었다. 담을 치고 문을 잠글라치면 그들은 시도 때도 없이 노략질을 일삼았기 때문이다. 문제는 조선의 국방력이라는 것이 변경에서 자행되는 왜구의 노략질조차 효과적으로 막을 만한 군사적 힘이 별로 없었다는 데에 있었다.

고육지책으로 짜낸 정책이 왜구에게 공짜 먹이를 주어서 달래는 것이었다. 그래도 공짜로 주는 쌀과 콩만으로는 부족하다고 우기니까, 조선은 부산에 왜관을 설치해 주고 이들에게 무역을 일정 범위 내에서 하도록 허용했다. 재미있는 것은 울타리 안에서만 무역하라고 하는 대신, 무역에 관련되는 왜구들의 여행 비용, 체재 비용 등을 모두 조선 정부가 무상으로 부담했다는 점이다. 기록에 의하면, 매년 쓰시마로 실어 보내는 쌀과 콩, 그리고 왜인들의 부산에서의 무역에 들어가는 비용을 모두 합치면, 이는 경상도에서 얻을 수 있는 세수의 절반 이상이 되었다. 막대한 예산을 그냥 퍼 주면서, 조선은 종주국의 희열과 아슬아슬한 국방의 보전을 꾀했다.

왜 유교는 돈을 쓰레기처럼 보려 했을까? 상인들은 남들이 지어 놓은 농사와 만들어 놓은 물건을 가지고 장난치는, 덤으로 살아가려는 더러운 부류라고 천시했다. 유학자들은 돈이 필요하지 않았던 것일까? 해방 후 한국 경제성장의 원인으로 유교를 갖다 대는 설명은 어디에서 근거를 가졌는지 수수께끼와 같은 이야기이기도 하다.

사실은 유학으로 무장된 조선의 지배층은 돈을 무서워했기 때문에 이를 피하고자 별의별 억지 논리를 동원했던 것이다. 돈은 사실 무서운 것이다. 돈에는 얼굴이 없고, 신분이 없기 때문이다. 돈이 돌고 돌아 기존의 철옹성 같은 특권을 무너뜨리고, 신분 질서를 흩뜨려 놓는다면 그것은 조선 지배 질서의 붕괴를 의미했을 것이다. 이를 막기 위해 위대한 유학자들은 일치단결하여 돈 냄새가 나는 인간과 돈 냄새가 나는 활동은 되도록 억누르려 했던 것이다.

그러나 이것이 가능했던 것은 그들은 경제적으로 이미 문제가 없었기 때문이었다. 노비는 가장 중요한 재산, 이를 지탱해 주는 신분제도를 허물 수 있는 어떠한 논리도 그리고 어떠한 움직임도 그들은 용납할 수가 없었다. 그들은 또한 땅을 독점하고 있었다. 그뿐만 아니라, 여기에서 나는 수입을 보장하기 위해 지금의 용어로 말한다면 소득세를 최소한의 수준으로 낮추고, 그리고는 필요한 재원을 확보하기 위해 방물과 요역(徭役)으로 인민들을 쥐어짜고 고혈을 빨았던 것이다. 권력과 경제가 보장된 체제에서 삶을 구가 하며, 자신들을 보다 하늘 높이 올릴 수 있는 통로로 힘을 기울였던 것은 무슨 소린지 알 수 없는 철학 놀음과 복잡해서 머리가 셀 것 같은 의례 놀음이었다.

중국의 루쉰(魯迅, 1881~1936)은 중국을 잡아먹은 것은 유학이라고 일갈했다. 나라를 잡아먹은 정도가 아니라 인간을 잡아먹었다고 열변을 토했다. 그가 정확하게 보았는지 아닌지는 잘 모르겠다. 하지만, 그가 그렇게 말할 수밖에 없었던 맥락은 알 수 있을 것도 같다. 조선의 유학은 조선의 땅에서 살던 인민들을 위해 얼마나 따스한 공헌을 하였는가?

어릴 적 변소 공포가 조선 유학에 대한 공상으로 분출했던 기억이 남아 있다. 이러한 공상 속에 떠오르는 유학, 유교의 이미지는 왜소하고 이기적이며 비겁한 철학이었다. 얼마나 달리 들여다보고 따져 볼 것이 많은데 남들이 수백 년 했던 뒤꽁무니만을 따라가려 하는지 유교의 철학적 연구에는 도저히 정이 가지 않았다. 하지만, 내가 유학에 대해 공부를 한다면 천착하고 싶은 연구 주제는 몇 가지가 있다. 유교와 돈, 유교와 노비, 그리고 유교와 변소, 뭐 이러한 것들이다. 그것도 아주 철저히 말이다. (2010.3)

김영진 |

붓다의 거짓말

꼭 불교인이 아니더라도 우연히 들른 절간에서 차라도 한 잔 마실라치면 출가하라는 이야기를 듣곤 한다. 그걸 계기로 실제 출가를 감행하는 사람도 있다. 충동적이라고 나무랄 바는 아니다. 일상의 권태를 알기에 그것을 깨는 충동질이 때론 고맙다. 물론 결과는 오롯이 자신의 몫이다. 불교 경전을 보면 붓다도 많은 사람을 출가시켰다. 자신의 가족과 출신 종족인 석가족이 특히 많았다. 누구보다도 이복동생 난다의 출가가 극적이다. 그는 결혼식 직전에 붓다를 따라 나섰다. 울부짖는 신부를 뒤로 했다. 난다는 붓다의 출가 권유에 감히 거부하지 못하고 얼떨결에 출가를 한 것이다. 스스로 마음을 내서 떠나는 이른바 '발심출가'가 아니었다.

출가한 난다 비구는 꽤 미인으로 알려진 신부가 무척 보고 싶었다. 수행이 잘될 턱이 없었다. 눈치를 챈 붓다가 하루는 난다 비구를 데리고 천상에 올라갔다. 그러고는 분홍색 꽃잎처럼 아름다운 발을 가진 천녀를 보여주었다. 난다 비구는 천녀의 아름다움을 보고 거의 정신이 나간다. 신부는 아예 잊어버린다. 그때 붓다는 난다 비구에게 속삭인다. "자네가 만약 열심히 수행하여 아라한이 되면, 여기 있는 오백 명의 천녀가 자네를 모실 걸세. 여래는 보증하네." 사실 있을 수 없는 일이다. 붓다가 수행을 빌미로 제자와 계약을 맺을 수는 없다. 그런데도 붓다는 지키지도 않을 약속을 한다. 명백한 거짓말이다. 수행처로 돌아온 난다 비구는 다른 비구의 비난 속에서도 열심히 수행을 하여 깨달음을 성취한다. 그날 저녁 붓다를 찾은 난다는 약속 철회를 부탁했고, 붓다는 흔쾌히 들어주었다. 거짓말의 소멸이다.

불교 용어를 빌리자면 붓다는 난다 비구에게 방편설법을 행했다. 분명한 목적을 가지고, 아울러 상대방의 상황을 투철하게 인식하고 행하는 수행 지도이다. 이것은 좋은 결과를 예상하거나 바라면서 하는 거짓말이라고 할 수 있다. 또한 여기에는 상대방에 대한 상당한 배려가 있다. 이런 의미의 거짓말이라면 우리가 군이 마다할 필요가 없어 보인다. 일상에서 우리는 뜻밖의 상황에 자주 노출된다. 어떤 경우 거짓말이 요구된다. 때론 그것이 필요할 때도 있다. 갑돌이가 을동이에 대한 분노에 휩싸였는데 내가 을동이의 나쁜 점을 일일이 들출 필요는 없다. 아마 그러면 갑돌의 분노는 폭발하여 을동이를 죽이려 들 것이다. 나는 사실을 말했기에 책임이 없다고 변명할 수 있을까. 나의 솔직함을 자랑할 수 있을까. 나의 고자질은 거짓은 아니지만 분명 나쁜 말이다. 이때는 거짓말이 오히려 좋은 말이 될 수도 있다.

성직자도 거짓말을 한다. 붓다처럼 분명한 의도를 가지고 적극적으로 행할 수도 있다. 그것은 교육 목적이라고 할 수 있다. 이럴 경우 그 거짓말은 교육 효과가 발생하면서 소멸한다. 그런데 성직자가 세속적인 이유로 거짓말을 할 경우에는 상황이 달라진다. 근래 일고 있는 허위 학력 문제가 종교계까지 퍼졌다. 얼마 전 불교계의 꽤 이름 있는 분이 허위 학력을 스스로 인정했다. 학력을 떠나서 개인적 능력을 인정받은 분이지만 그 거짓말 때문에 곤욕을 치렀다. 이 거짓말은 붓다의 그것과 많이 다르다. 그 거짓 정보의 유통은 누굴 위한 배려도, 교육 목적도 아니었다. 다분히 세속적인 심리 상태에서 행한 거다. 그래서 나쁜 거짓말이다. 그리고 이 거짓말에서 또 하나의 문제를 발견한다. 출가자가 출가 전의 학력을 사용한다는 사실이다. 이것은 그만의 문제는 아닐 터이다. "출가 전의 학력이 뭐길래?" 출가를 했으면서도 여전히 세간의 학력이 의미 있게 작동한다는 것은 세간과 출세간의 단절이 발생하지 않았다는 말이다.

출가자 신분임에도 출가 전 학력이나 이력을 언급하는 경우가 간혹 있다. 부유한 집안에서 태어나고 학력이 높은 이가 출가하면 그 출가는 더 고귀하고 더 순수한 걸까. 이걸 뒤집어 보면 학력 없고 권세 없는 자의 출가는 오갈 데 없는 자의 호구지책이라는 이야기다. 이런 것은 세간의 논리가 출세간 삶을 압도한 것이다. 심하게는 출세간의 영역이 사라졌다고 할 수도 있다. 목사나 신부가 된다는 것도 일종의 출가라고 할 수 있다. 그런데도 자신의 경력을 일일이 들추는 자기 소개를 곧잘 본다. 약해 보인다. 어쩌면 저들의 출가는 사회생활의 연장인지도 모른다.

나도 거짓말을 좀 해 봤다. 박사 논문을 쓰고 있을 때 선배 대신 절에서 운영하는 교양대학에 강의하러 간 적이 있다. 처음 간 곳이라 다소 어색했는데 업무를 보는 분이 상당히 '거룩하게' 내 소개를 했다. 외국에서 학위를 했다는 뉘앙스였다. 전혀 사실이 아니었다. 조금 당혹스러웠지만 이의를 제기하지 않았다. 까칠한 분위기를 만들기 싫었다. 별로 강의할 기회도 없는데 강의를 소개해 준 선배도 생각났다. 두 시간 강의하고 얼른 돌아왔다. 사실 내 침묵은 말을 했다. 내가 침묵함으로써 그 분의 말이 내 말이 됐다. 멈칫하는 순간에 나는 개입했어야 했는데 못했다. 그렇게 그냥 거짓말을 한 것이다. 사람들은 그때의 나를 기억 못하겠지만 나는 잘 기억한다.

또 다른 기억이 있다. 이번에는 동료 대신 논평을 하러 갔다. 발표자는 노교수였고 제자뻘 되는 교수가 논평자로 나왔다. 내가 논평할 차례인데 사회자가 아무개 박사님이라고 소개했다. 내가 아무런 직함이 없었기 때문에 관습적으로 그렇게 호칭한 것 같다. 나도 박사가 무척 되고 싶은데 아직은 박사가 아니라고 정정하고 논평을 시작했다. 약간의 썰렁함을 감내했다. 발표회의 격을 다소 떨어뜨렸을 것이다. 지금 생각하면 비슷한 상황인데도 나의 반응은 달랐다. 한 번은 침묵해서 부드러웠고, 한 번은 반발해서 어색했다. 침묵으로 거짓말을 했고, 반발로 사실을 지켰다. 내 반응이 차이를 보인 이유가 뭘까. 짧은 시간에 내가 도덕적으로 성숙했을까. 아니면 없던 용기가 생긴 걸까. 아닌 것 같다. 두 번째는 대단히 큰 자리였고 꽤나 공식적이었다. 거기서 침묵했다가는 진짜 거짓말한 꼴이 되겠다 싶었다. 무서웠기 때문이다.

눈앞에 보이는 작은 이익이나 편리를 위해서 거짓말을 하는 경우가 많다. 이와 달리 직접 하지는 않았지만 가만히 있음으로써 동조하는 거짓말도 있다. 이런 것들은 소극적인 거짓말이라고 할 수 있다. 소극적인 거짓말을 않기 위해서는 대단히 적극적으로 행동해야 한다. 아울러 서로 불편해지는 것을 참아야 한다. 채식주의자가 주위 사람들 불편한 걸 고려하기 시작하면 오래지 않아 자신의 신념은 온데간데 없다. 자신을 분명히 드러내어 주변과 새로운 관계를 구축하는 길밖에 없다. 이렇듯 거짓말 하지 않기가 그리 쉽지 않다. 쉽지 않기 때문에 불망어(不妄語)가 수행자의 지침일 수 있다.

(2007.9)

최유진

죽음에 관한 단상

 어떻게 사느냐가 물론 중요하지만 그에 못지않게 잘 죽는 것도 중요하다고 하여, 죽음에 대한 논의가 상당히 활발하게 이루어지고 있는 요즘이다. 나도 '동양철학 입문' 수업 시간에 일부 시간을 할애하여 죽음 문제를 다루고 있기도 하다. 하지만 나 자신이 스스로 죽음에 대한 생각을 정리해 본 적은 없다. 이 글은 나 자신을 위하여 죽음에 대하여 한 번 생각을 정리해 본 글이다.

 최초로 죽음에 대한 기억은 언제인가? 별로 확실한 기억이 없다. 어릴 때 '죽지 않을 수 있는 약을 발명할 거야.'라고 떠들던 기억은 있다. 할아버지는 내가 아주 어렸을 때 돌아가셨고 할머니는 초등학교 1학년 때 돌아가셨는데 큰 기억이 없다. 크게 슬펐던 것 같지는 않다. 사람은 살면서 죽을 수밖에 없지만 그것을 의식하기 시작한 것은 중·고등학교 다닐 때 소위 사춘기에 접어들면서부터였던 것 같다. 중학교 때 삶의 의미를 생각하면서 의미 있고 훌륭한 삶을 살아야 할 것 같았다. 그래서 위대한 성인이 되어야 한다는 생각에 논어를 읽으며 그대로 실천해야 한다고 생각했었다. 논어를 서너

번은 읽은 것 같다. 하루에 세 가지를 반성하고 문행충신(文行忠信)을 아주 열심히 실천해야 한다는 말을 읽고 무슨 말인지 잘 모르면서도 실천하고자 애썼다. 날마다 착한 일을 하기 위해서 노력했다. 학교에 가서도 쉬는 시간이면 혼자서 청소를 하고 다녔던 기억이 있다. 그런데 문제는 착한 일을 하고 나서도 즐겁지 않은 데 있었다. 착한 일을 하려고 하면 할수록 마음이 오히려 괴로웠던 경험이 있다. 그리고 스스로의 행동에 대해 반성을 하면 할수록 같은 행동이 경우에 따라서 착한 행동 훌륭한 행동이 되기도 하고, 나쁜 행동이 되기도 하는 것이었다. 결국 행위의 착함 여부는 마음가짐이 더 중요하다는 결론에 도달했다. 여러 번 마음 끓이며 생각한 끝에 도달하게 된 결론이었다.

고교 시절에 불교와 만나게 되었다. 고교 1학년 때 중학 시절의 친구의 권유로 불교학생회에 나가게 되었는데 불교에서 주장하는 것이 한편으론 그럴듯하면서도 어떤 것은 납득이 가지 않았다. 왜 출가를 해야 하는지, 누구나 다 출가를 한다면 세상은 어찌 되는 건지, 착한 일을 하면 어떻게 좋은 결과를 얻게 되는 건지, 행위의 결과로 윤회를 한다면 인구가 점점 증가한 만큼 중생들이 점점 더 착해진 건지 등등 궁금한 것도 많았다. 그런 문제에 명쾌한 대답을 해 주는 이는 없었다. 그리고 우선 믿고 받아들여야 하는 것 아니냐고 주장하는 친구도 있었다. 고교 1학년 때 근교의 어느 절로 불교학생회에서 나들이를 갔다. 그곳 스님에게 법문을 듣게 되었는데 그 스님은 "도대체 어느 놈이 이곳에 온 것이냐? 왜 밥을 먹느냐?"고 대갈일성을 하셨다. 모두 다 당연히 아무 말 못하고 멍하니 있었지만 아무튼 충격이었다. 왜 밥을 먹는지? 누가 온 건지? 누가 사는 건지? 어쨌거나 불교의 영향을 점점 크게 받았다. 인생의 의미를 생각하지 않는 삶은 무의미한 것 같았다. 공부를 한다면 그런 공부를 해야 하는 것 아닌가 하고 생각했다. 역사나 사회는 별로 많이 생각하지 않았다. 사회와 역사에 큰 자각은 없었던 것이다. 어쨌든 인생을 생각하고 그 근본 의미를 찾는 작업이야말로 진정한 공부이고, 그것이 아닌 다른 것은 진정한 공부가 아닌 걸로 생각하였다. 대학의 학과도 당연히 그에 따라 선택을 하였다.

대학에 입학하고 나서도 삶이 무엇인가 고민하면서 헤매고 다녔다. 스스로의 생각에 빠져 있다가 갑자기 이런 생각이 들었다. 내가 지금 옳다고 생각하고 있는 것이 과연 옳은 것인가의 문제이다. 지금 나는 이것이 옳다고 생각하고 거기에 빠져 있지만 그것은 꼭 옳은 것이 아닐 수도 있다. 내가 북에 태어났다면 지금 위대한 김일성 수령을 흠모하면서 모든 것을 그 기준에 맞추어 생각하고 있을 것이 아닌가? 그렇다면 그 경우 나는 무엇인가? 물론 그 나는 나라고 할 수 없겠지만 내가 현재 옳다고 생각하는 것이 정말 옳다고 믿을 수 있는가? 참 큰 문제가 아닐 수 없었다. 그러면서 삶의 의미에 대해서 생각을 자꾸 하게 되고 사는 것이 무엇인지 헤매면서 삶이 의미가 있는지 심각하게 고민하였다. 삶이 의미가 없다면 살지 않아야 되는 것 아닌가? 자살의 문제야말로 그런 의미에서 심각한 문제이기도 했다. 스스로 죽음을 느껴 본다고 칼을 앞에 놓고 명상에 잠겨 보기도 했던 기억이 있다. 그러나 더는 생각을 진전시키지 못하고 그저 일상으로 돌아왔던 것 같다. 어쨌든 사람은 죽을 수밖에 없는데 그렇다면 인생은 무의미한 것이 아닌가 하는 생각이 들었던 것은 사실이다. 죽음으로 모든 것이 없어지기 때문이다. 하지만 죽음을 적극적으로 선택한다고 하더라도 그저 시간의 차이일 뿐 결국 죽는다는 점에서는 마찬가지 아닌가 하는 생각도 했었다.

공자는 제자가 죽음에 대해서 물어 보자 아직 삶도 모르는데 무슨 죽음을 말하느냐고 대답을 거부했다고 한다. 현재의 삶의 중요성을 강조한 말이라 하겠다. 에피쿠로스는 "죽음은 두려워할 필요가 없다. 우리는 살아 있는 동안에는 결코 죽지 않으며 죽은 다음에 우리는 없기 때문이다."라고 말했다. 이 말을 언제 처음 들었는지 잘 기억이 나지 않는다. 하지만 생각할수록 참 그럴듯한 말이다. 일단 현대의 과학적인 상식에 의하면 인간은 죽으면 끝이다. 영혼이 따로 있어서 사후 세계가 있다거나 다시 태어난다거나 하는 것은 받아들이기 어렵다. 육체적 생명이 전부이고 죽으면 그 육체는 분해되어 없어진다. 그렇다면 죽은 다음을 생각한다는 것은 우스운 일이다. 죽으면 끝이기 때문이다. 하지만 죽으면 끝이기 때문에 우리는 무서운 것이 아닐까? 소멸의 공포가 그것이다. 현재의 상태로 있고 싶은 것이다.

소크라테스는 죽음을 두려워하는 것은 알지도 못하면서 아는 척하는 것이라 했다고 한다. 즉 우리는 죽은 다음의 세계를 알지 못한다. 좋을 수도 있고 나쁠 수도 있다. 그런데 알지도 못하면서 나쁠 거라고 생각하고 싫어한다면 이는 옳지 못하다는 것이 소크라테스의 주장이다. 비슷한 얘기는 장자에게서도 볼 수 있다. 다른 나라로 시집간 여희의 우화로 죽음을 얘기한다. 여희가 다른 나라로 시집을 가게 되었다. 두렵고 싫어서 여희는 어쩔 줄 몰라 한다. 그러나 시집을 가서 보니 너무 좋았다. 그래서 시집가기를 싫어했던 것을 후회했다는 이야기이다. 죽음도 그와 같을 수 있다는 것이다. 정작 죽어 보면 좋을지도 모른다는 것이다. 그것을 누가 알겠느냐는 것이 장자의 주장이다.

죽음을 무섭고 싫은 것으로만 생각할 필요는 없다는 것이 이 주장들의 공통점이다. 스스로 잘 생각해서 죽음에 대한 견해를 가져야지 그저 무섭고 두려운 것으로만 생각할 필요는 없다. 하지만 단순히 생각할 때는 죽음은 무섭고 두려운 것이다. 가까운 사람과 죽음으로 이별을 하였을 때 우리가 느끼는 상실감은 크다. 괴로움 중에 그러한 큰 괴로움은 세상에 없을 것이다. 그리고 우리는 스스로의 죽음을 두려워하고 싫어하며 가장 큰 괴로움으로 생각한다. 그래서 많은 종교와 철학에서 죽음의 공포를 극복하고 죽음을 극복하고자 해 왔을 것이다.

죽음은 우리의 모든 가치를 앗아 버리는 것 같다. 우리가 중요하게 생각하는 모든 것이 죽음 앞에서는 빛을 잃는 것이다. 사랑도 권력도 돈도 모두 죽으면 사라져서 아무런 가치가 없게 되는 것이다. 모든 것을 허무하게 만드는 것이 죽음이다. 죽으면 끝인데 우리는 무엇을 추구하고자 하는 것인가? 과연 인생은 살 가치가 있는 것인가? 그러기에 어느 철학자는 살 것인가 죽을 것인가를 결정하는 자살의 문제야말로 철학의 제일 주제라고 주장한 것인지도 모른다. 그러나 또 한편으로는 죽음이 있기에 인생의 가치에 대해서 생각하게 되는 것 같다. 우리는 죽는 존재이기에 도대체 삶이란 무엇인가 묻는 것이다. 죽음이 있기에 삶 전체를 생각해 보게 되는 것이다. 그에 따라 인생의 의미를 묻고 그 가치를 생각하는 것이다. 죽음이 있어서 인생은 허무하지만, 죽음이 있기에 인생의 의미와 가치를 묻고 생각한다는 상당히 모순적인 결론에 도달한다. 어쨌든 인생이 무엇인지, 사는 게 무엇인지 묻기 시작하는 것은 인간이 죽는 존재라는 것을 자각하는 것과 밀접한 연관을 갖는다. 삶을 전체로서 바라보는 것은 죽음을 자각해야만 가능하다. 죽음을 그 자체로서 생각해 보고 인간은 죽는 존재라는 것을 확실하게 자각한 다음의 삶은 인생의 가치를 생각하는 삶이 되게 할 것이고 죽음을 쉽게 받아들이게 해서 잘 죽게 해 줄 수 있을 것이다. 어찌 보면 죽음도 삶 가운데의 사건이다. 잘 죽는다는 것이 삶의 가장 중요한 일 가운데 하나일 수 있다.

하이데거는 죽음에 대한 불안에서 도피하지 않고 그것을 용기 있게 인수하면서 그 안에서 개시되어 오는 자기 자신의 본래적인 가능성을 떠맡는 '죽음에로의 선구'를 통해서 인간의 근원적인 존재 의미인 본래적인 시간성이 구현되고 자신의 삶의 진정한 통일성과 전체성을 경험하게 된다고 주장한다. 하이데거의 이 말은 죽음을 통해서 삶의 의미를 생각하게 된다는 것을 잘 보여준다.

사후의 일을 생각한다면 현실적이고 합리적인 생각으로는 일단은 죽으면 모든 것이 끝이라는 것을 받아들여야 할 것 같다. 육체를 벗어난 영혼이나 이런 것을 인정하기 어렵기 때문이다. 죽음이 두렵다는 생각, 죽은 후에 어찌 될까 하는 생각에서 참고가 되는 중요한 것은 우리 일상용어에서 죽은 것을 돌아가셨다고 표현하는 것이다. 돌아갔다는 것은 본래 온 곳으로 또는 고향으로 갔다는 얘기이다. 우리나라 사람들은 전통적으로 죽음을 본래 온 곳으로 간 것으로 생각했던 것이다. 우리가 죽은 다음에 어찌 될 것인가를 생각해 보면 그것은 태어나기 이전의 상태와 같은 것이라고 말할 수 있을 것 같다. 로마의 철학자 루크레티우스도 그런 식으로 말했다는데 깊이 생각해 볼 만한 문제이다. 우리는 태어나기 이전에는 어디에 있었는가? 삶은 어디에서 오고 죽고 나서는 어디로 가는가? 오랜 옛날부터의 질문이다. 우리가 태어나기 이전에 우리는 없었다. 우리는 생명을 가지고 태어났기 때문에 죽는다. 태어나지 않은 것은 죽지 않는다. 살아 있는 것만이 죽고, 죽어 있는 것은 다시 죽지 않는다. 죽는 것이 무섭고 두렵다면 태어나기 이전의 상태도 무섭고 두려운가? 그것은 아닌 것 같다. 그렇다면 죽음 후에 삶 이전의 상태로 돌아가는 것이라고 생각한다면 훨씬 두려움이 덜하고 받아들이기 쉬울 것 같다. 그리고 삶과 죽음의 문제도 결국은 나 자신의 문제라면 스스로에 대한 집착을 버림으로써 좀 쉽게 죽음의 공포와 어려움을 극복할 수 있을 것 같다는 생각을 해 본다. 나라는 존재는 무엇인가? 나는 어디에서 왔는가? 우리는 자기 자신에 대하여 집착한다. 그리고 내가 남보다 잘나고 남보다 똑똑하다고 인정받기를 바란다. 삶의 괴로움도 많은 경우 남과의 비교에서, 자의식에서부터 온다. 그렇다면 그런 나는 누구인가? 불교에서는 자기 자신의 참다운 모습을 보고 자신에 대한 집착에서 벗어남으로써 깨달음을 얻으면 괴로움에서 벗어날 수 있다고 한다. 자신의 참모습을 표현할 때에 부모미생전(父母未生前)의 본래 면목이라는 표현이 있다. 부모에게 태어나기 이전의 자신의 모습, 자신의 참모습을 깨달으라는 말인데 실제 깨달음의 내용에 대해서는 말하지 못한다 하더라도 부모에게 태어나기 이전 즉 내가 태어나기 이전의 모습을 생각해 보는 것은 의미 있는 일일 것이다. 우리는 내가 언제나 있었던 것처럼 또는 언제나 있을 것처럼 생각하지만 당장 몇십 년 전만 생각해도 나는 없다. 그렇다면 나는 누구인가? 태어나기 이전에 나는 어디에 있는가? 이는 죽음을 생각하고 또 자신에 대한 집착을 버리게 할 수 있는 화두인 것 같아서 아주 마음에 들었다. 그리고 또 나 자신을 생각해 보면 나는 단순히 현재의 내가 아니다. 현재의 내가 있기 위해서 무한한 인연이 있어야만 한다. "한 송이 국화꽃을 피우기 위해 천둥은 먹구름 속에서 울고 내게는 잠도 오지 않았었나 보다"라는 시구처럼, 내가 있기 위해서는 무한한 인연이 필요했던 것이라고 할 수 있을 것이다. 나를 있게 한 수많은 나의 선조들이 있어야 할 것이고, 현대의 과학적 지식이 옳다면 최초의 생명에서부터 무수한 진화의 산물로서 내가 존재할 수 있게 된 것이다. 그리고 생명체가 물질에서 나온 것이라면 나라는 존재는 또한 이 우주의 모든 물질의 진화의 결과이기도 하다. 우주의 최초 대폭발에서부터 원자의 탄생,

별들의 탄생, 생명의 탄생이 나와 무관한 일이 아닌 것이다. 생명과 무생명의 경계마저도 궁극적으로는 가를 필요가 없을지도 모른다. 모든 생명체가 결국은 물질에서 나왔기에 그렇다. 이 모든 우주 역사의 총결집이 나의 존재라고 생각한다면 어리석은 환상일까? 그 모든 우주의 역사의 총결집으로서의 내가 또 다른 역사를 만들어 가는 것이 죽음이라면 그것을 또한 무심히 받아들이면 되는 것 아닐까? 하지만 그것은 말처럼 쉬운 일은 아닌 것 같다. 내가 우주의 중요한 하나이고 우주와 하나가 될 수 있다고 상상한다 하더라도 죽음은 역시 괴로운 일이고 인생은 즐거움보다는 괴로운 일이 많다. 늙음은 우리를 괴롭게 하고 죽음으로써 우리는 사랑하는 사람과 헤어져야만 한다.

장자는 "대지는 내게 몸을 주어 나를 이 세상에 살게 하며, 삶을 주어 나를 수고롭게 하며, 늙음으로 나를 편안하게 해 주며, 죽음으로 나를 쉬게 한다. 그러니 내 삶이 좋은 것이라면 내 죽음도 좋은 것으로 여겨야 할 것이다."라고 하였다. 늙음이 괴로운 것이 아니라 편안하게 해 주는 것이고 죽음은 우리를 쉬게 해 주는 것이라 하였다. 결국 생과 사를 같은 차원에서 보아 죽음이 괴로운 것이 아님을 말한다. 늙음으로 편안하게 해 준다는 말이 상당히 와 닿는다. 늙음으로써 여러 가지 괴로운 일이 많이 생겨나는 것도 사실이지만 다른 한편 늙음은 우리를 편안하게 해 주는 측면이 있는 것도 사실인 것 같다. 안달복달하는 데에서 벗어날 수 있도록 해 주는 것이다. 그리고 늙음은 우리를 죽음에 익숙하도록 해 준다. 죽음을 연습하도록 해 준다. 우리는 늙어가면서 여러 형태로 죽음을 경험한다. 가까운 사람들이 하나둘 떠나는 것이다. 부모의 죽음, 가까운 친구의 죽음을 겪으면서 커다란 슬픔을 느끼지만 또 한편 나도 갈 때가 되었다는 것을 느낀다. 그리고 죽음이 친숙해

짐을 느낀다. 오래 전에 가까운 친구를 잃고 나서 느낀 감정 중의 하나는 죽음이 좀 친숙해졌다는 것이었다. 죽음이 무섭고 힘든 것이라 해도 네가 경험해 본 것이라면 나라고 못 할 것도 없겠다는 생각이 들었다. 그리고 사후 세계가 혹시 있다면 내가 죽고 나서 그 세계에 가서 반갑게 만날 사람이 있으니 죽음도 그리 나쁘기만 한 것은 아니라는 생각을 했던 기억이 있다. 어쨌든 늙음은 우리를 죽음에 익숙하게 해 준다. 그래서 죽는다면 늙어서 죽는 것이 그래도 괜찮을 것 같다. 사고나 급작스런 병에 의한 죽음보다는 늙어서 죽는 죽음이 바람직할 것 같다. 하지만 죽음은 항상 예고가 없고 언제 죽을지 우리는 모른다. 항상 언제라도 떠날 준비를 하여야 한다. 그리고 어떻게 죽는가가 문제라면 죽음도 결국 삶의 문제이다. 현실의 삶에서 하루하루의 삶에 충실한 것이 중요할 것이다. 그리고 삶과 죽음의 문제가 개인적인 문제인 것 같지만 나라는 존재가 무한한 연관 속의 존재라면 그 무한한 연관 속에서 전체적인 문제를 생각하면서 사는 삶이 되어야 할 것이라고 할 수밖에 없다. 나는 따로 떨어진 그런 존재가 아니라 무한한 관계 속에 있는 존재이기에 그렇다. (2013.3)

이은봉 |

'털 없는 원숭이' 인간

인간은 '털 없는 원숭이'?

오래 전에 읽은 것인데 동물학자가 보는 인간관을 잘 묘사한 '털 없는 원숭이'라는 책이 있었다. 동물학자의 안목으로 보면 인간이란 결국 '털 가진 원숭이'에서 '털 없는 원숭이'로 바뀐 것일 뿐이다. 세세한 묘사들을 보면 과연 그럴듯한 생각이 들고 '털 없는 원숭이'가 별로 '털 가진 원숭이'와 크게 다를 바도 없는 생존 방식을 취하는 것처럼 보인다.

그런데 성경에서는 하느님이 사람을 만들 때 흙을 빚어 인간의 형상을 만들고 거기에 입김을 불어넣었다고 한다. 그러니까 '털 가진 원숭이'에 하느님의 입김이 불어넣어져 '털 없는 원숭이'가 된 것이다. 이것이 인간이라는 것이다. 이런 식으로 보면, 창조론이니 진화론이니 하며 논쟁하는 일이 쓸데없는 일처럼 보인다. 모든 생명이 흙에서 왔다가 흙으로 돌아가니 흙으로 사람의 형상을 빚어 원숭이처럼 생긴 생물체에 하느님이 입김을 불어넣어서 인간이 되었다는 말이니 얼마나 딱 들어맞는 말인가? 다만 '털 가진 원숭이'에서 '털 없는 원숭이'로 변했을 때 무엇이 다른가 하는 점이 있을 뿐이다.

무엇이 다르기에 '털 가진 원숭이' 상태를 벗어났다는 말인가? 이걸 문제 삼아 이야기하는 일은 그래도 종교의 영역이 아닐까? 우리말에 '마음'이라고 불리는 정신적 능력 가운데서 하느님의 입김과 직접 관련되는 요소들은 무엇인가? 이건 매우 거창한 질문이지만 근본적인 문제이기도 할 것이다. 하느님의 입김으로 되살아난 것이 인간의 마음이라고 하니 그 하느님을 알고자 하는 인간의 본능도 역시 선천적인 것이라고 말할 수 있을 것이다. 인간의 삶에서 종교의 불가피성은 분명한 것 같다.

　인간이 하느님을 알고 느끼는 능력은 종교의 고유 영역이고, 보통 시간과 공간을 매개로 해서 얻어지는 온갖 지식들을 능가한다고 봐야 할 것이다. 제아무리 산더미 같은 지식을 쌓더라도 거기에 만족할 수 없는 것이 아닌가? 그래서 인간의 영적 배고픔을 해결하기 위해서 추구하는 일을 지식과 달리 지혜라는 말로 표현해 보기도 하고 요즘의 말로는 "영성을 추구한다." 고 말하기도 한다.

　지식을 쌓는 일도 놀라운 일이기는 하다. 그러나 그런 지식들은 대부분 의식의 공간 위에 쌓아 놓은 것들이다. 사람의 의식에는 눈에 보이지 않는 영사막 같은 것이 있어서 어떤 것을 인식하려면 저절로 마음에서 쏘아 올린 영사막 위에 알고자 하는 대상을 비추어 보는 방식을 취한다. 수많은 사회현상이나 종교현상조차도 그것을 알기 위해서 눈에 보이지 않는 내 마음의 영사막 위에 올려놓지 않으면 우리는 그것을 '의식'하지 못한다.

　그런데 문제는 이런 방식으로는 '하느님의 입김'에 해당하는 하느님의 움직이는 현동(現動)을 포착하기 힘들다는 것이다. 그 입김을 마음의 영사막 위에 비추어 보면 그냥 캄캄할 뿐이다. 그래서 천자문 첫머리에서 "하늘은 검고 땅은 누르다."고 했는지 모르겠다. 세상의 모든 색을 합하면 검은색이 된다고도 한다. 인간이 '털 없는 원숭이'가 된 이상 하느님을 아는 것이 모든 인식의 정점에 있음은 분명하지만 하느님이 무엇인지 알려고 하면 마음은 그저 어둠 속에 있는 것처럼 캄캄할 뿐이다.

하느님을 알려고 하는 소망

그렇지만 인간은 하느님의 입김을 부여받은 존재이므로 그 하느님을 본능적으로 알고자 하고 그 하느님 안에서 쉬기까지는 만족할 줄 모른다. 근본적 안심입명이 하느님 안에서 이루어짐은 동서고금에 다 통한다. 하느님을 앎의 궁극적 매개로 삼지 않은 민족이 있던가? 우리 원시 신화 안에서도 좀 어렴풋하지만 그런 것이 표현되어 있다.

『동국이상국집』이란 책에 고구려의 유리왕 전설이 실려 있다. 유리는 어려서부터 유복자로 자랐다. 동네 아이들에게 아비 없는 자식이라고 놀림을 받아 어느 날 어머니에게 "나에게는 왜 아버지가 없느냐?"고 물으니, 어머니는 어린 자식에게 자초지종을 알려 주었다. "네 아버지는 나라를 세운 왕이시다. 너는 아버지를 찾아 만날 수 있다. 다만 네가 아버지의 자식이라는 징표가 있어야 하는데, 그것은 네 아버지가 어딘가에 감추어 두셨다. 그 징표가 어디 있는지는 나도 잘 모른다." 그 후 어린 유리는 그 징표를 찾기 위해 온갖 고생을 하고 마침내 그 징표인 부러진 칼 조각을 찾아 아버지를 만나 왕위를 잇는다는 것이다. 신화학자 캠벨은 이런 아버지와의 해후에 대한 신화적 해석을 아주 길게 하고 있는데, 이런 신화적 테마는 세계 보편적이다. 하느님의 입김을 부여받은 자식인 인간이 언젠가는 아버지이신 하느님을 찾게 되고 갖은 고생을 하더라도 그 일을 성취하지 않으면 아버지 집에서 안심입명 할 수 없다는 것을 알려 준다.

의지, 지성, 사랑 그리고 자유

인간의 마음이 신비롭고 다할 수 없는 깊이를 지니고 있음은 두 말할 필요가 없지만 그 마음을 좀 더 구체적으로 나누어 보면 의지와 지성과 사랑, 이 세 가지가 떠오른다. 이 세 가지 기능을 동물적 차원에서 보면 '털 가진 원숭이'들도 어느 정도 가지고 있음을 볼 수 있다. 원숭이도 살고자 하는 의지가 있고, 그 의지를 토대로 한 지적 표상 작용도 하니 지적 능력도 있으며, 자식과 동료에 대한 사랑도 있다. 정도의 차이는 있으나 이 세 가지가 인간에게만 있는 것이라고 단정하기는 어려울 것이다.

그렇다면 하느님의 입김이 불어졌다고 특별히 내세울 것이 없지 않은가? 이렇게 말한다면 누구도 동의하지 않을 것이다. 분명히 '털 없는 원숭이'는 '털 가진 원숭이'와 다르기 때문이다. 하느님의 절대 자유 안에 의지와 지성과 사랑이 하나로 되어 있는 것이 하느님의 입김으로 인간에게 불어졌을 때 인간은 하느님이 아닌지라 그 기능들에 간격이 생겨났으리라고 생각할 수 있고, 우리는 경험적으로도 확인할 수 있다. 낙원에서 쫓겨났다고 함은 이런 간격이 생겨났다는 말과 다르지 않다.

그러나 궁극적으로는 인간이 부여받은 의지와 지성과 사랑도 하느님이 그러하듯이 삼위일체처럼 하나가 되는 것이 이상일 것이고, 하느님을 아버지로 만날 수 있는 부러진 칼의 징표가 하나됨의 그런 것이 아닐까? 부러진 칼은 '털 없는 원숭이'가 지닐 수밖에 없었던 간격이었는데, 그 간격을 메우기 위해 아버지 하느님의 칼과 맞추어 보고 궁극적으로 아버지를 만날 수 있는 것이 아닐까?

하느님이 인간과 약속한 것이든 명령한 것이든 하느님의 뜻인 절대 자유가 인간의 자유에 명령하고 있는 무언의 소리는 이런 것이다. 공자도 나이 70세에 이르러서 자신의 부러진 칼이 아버지의 칼과 하나임을 깨달았다.

동물과 다른 인간의 능력을 탐구하는 일에서 핵심이 되는 것은 자유가 침투하고 있는 의지와 지성과 사랑의 관계에 대한 매우 미묘한 내용을 깨닫는 일이라 할 수 있다. 안타깝게도 인간에게는 위의 세 가지가 분리되어 간격이 생겨 있기 때문에 의지가 하고자 하나 지성이 말을 듣지 않고, 사랑하고 싶으나 뜻대로 되지 않는 경우가 생긴다. 인간도 하느님처럼 이 세 가지 기능이 분리되지 않고 하나로 합쳐진다면 얼마나 좋겠는가?

인간 안의 자유의 기능이 매우 특별한 데서 우선 원인을 생각해 볼 수 있지 않을까? 처음 의지 안의 자유는 잠들어 있는 것 같고 깨어나지 않은 것처럼 보인다. 그래서 자유는 의지의 동작이라고 표현하는 사람도 있다. 모든 의미 있는 행위의 시초는 의지에서 비롯하는데, 그 자유가 마치 숨겨져 있는 것처럼 보일 때가 많다. 그런데 이런 자유가 지성에도 작용한다. 인간에게는 의지와 지성과 사랑이 분리되어 있기는 하지만 하느님의 입김을 부여받은 존재인지라 원칙적으로는 인간도 저 요소들의 하나가 되는 것이 맞을 것이다. 의지에만 자유가 있고 이성에는 자유가 없다는 것은 있을 수 없다. 그런데 사람들은 지성과 자유의 연관성을 주목하지 않는 경향도 있는 것 같다. 지성은 무엇보다도 대상을 파악하고 자기의 것으로 삼는 데 역할이 있는 점에서 그 결과를 중시하는 나머지 지성에 내재하고 있는 자유에 의해 이끌림을 받는다는 사실을 잊기 때문이 아닌가 한다. 즉 지성 안에서 결과를 내는 진짜 주인공인 하느님의 현동보다는 지성이 지향하는 결과에 너무

현혹되어서 그런 것이 아닌가 한다. 사람들은 사고 활동과 그 대상 사이에 있는 명확한 구별을 하지 않으려는 경향도 있다.

이와 똑같은 생각을 사랑에서도 말할 수 있다. 사랑할 때 혹은 사랑 안에서 수행하는 '찬동'이나 '동의'에 주목하지 않으면 사랑의 진정한 의미를 밝혀낼 수 없다. 참된 사랑은 지성의 찬동 없이 이루어질 수 없다. 즉 사랑에서도 자유가 핵심임을 알 수 있다. 동물적 본성에 가장 가까운 남녀 간의 사랑도, 진정한 사랑이라면 소유하는 것이 아니라 상대방의 자유를 인정하고, 그 자유를 최대한 존중하고, 상대방의 자유 자체를 사랑하는 것이다.

자유라는 관점에서 보면 의지와 지성과 사랑의 성격이 좀 더 뚜렷이 보인다. 왜냐하면, 세 기능들은 모두 자유가 실현되기 위한 조건이나 방편이 되는 것처럼 보이기 때문이다. 자유는 하느님의 자유에서 유래되는 것으로 전적으로 하느님의 속성을 지닌다. 자유는 머무는 법이 없고, 붙잡아 고정시킬 수 없으며, 과거로 변할 수 없는 하느님의 현동이기 때문이다. 그러므로 자유가 자신에게 필요한 역할을 확보하기 위하여 세 기능을 방편으로 사용하는 것처럼 보이기도 한다. 자발성을 그 속성으로 하면서 말이다. 뭐니 뭐니 해도 자유의 성격을 가장 잘 드러내는 것은 의지와의 관계에서 일 것이다. 의지는 자유를 전제로 해서만 파악할 수 있는 가장 감추어진 요인이기 때문이다. 의지는 자유가 처음 작동되는 시점에서 보이기 시작한다. 의지는 자유의 작동이고, 그런 작동을 통해서 시간 안에 접어들게 되는 최초의 운동이다.

자유는 원래 시간에 구애받지 않으며 시간을 초월해 있는 것이나, 의지가 완수하려고 작동되는 순간 시간 안에 접어들어야 하며, 이 순간부터 의지는 완수해야 할 노력을 하게 되고 온갖 저항을 이겨야 할 필요를 느끼게 된다.

의지는 세계를 변경시키기 위해 자신을 변화시키는 최초의 실행을 하는 자가 되는 것이다. 거룩한 의지적 결단에서 이런 모습을 잘 볼 수 있다. 죽음을 무릅쓴 순교의 결단이나 극적으로 보이지만 일상 안에서 작은 불의에도 동의하지 않는 의지적 결단에서도 본인 자신은 자유 수행에서 오는 기쁨을 잘 감지할 수 있다.

의지의 감추어진 힘이 이런 것이라 해도 지성의 협조가 없다면 맹목의 의지가 될 가능성이 있고 사랑으로 완성되지 않으면 아무것도 아니다. 인식의 움직임이 생겨나기 전에 인식하고자 하는 의지가 있었고, 사랑이 있기 이전에 사랑하고자 하는 의지가 있었다고 말하고, 표면상 지성과 사랑이 예속되어 있는 것처럼 보이는 의지 그 자체로는 우리에게 아무것도 주지 못할지 모른다. 의지는 자신을 넘어서고 초월하여 해탈하고자 힘쓴다고 해도 그것을 이루도록 하는 것은 지성과 사랑의 도움 없이 이루어지는 것은 아닐 것이다.

의지와 지성과 사랑의 삼위일체는 탐구해 볼 만한 가치가 있는 주제이다. 어느 것이 중요한 주제이고 어느 것이 부속된 주제인지 가려내기 어렵다. 사랑의 관점에서 보면, 지성과 의지가 맡은 영역을 분명하게 분별할 수 있는 곳은 사랑 안에서라고 말할 수도 있다. 사랑 안에서만 지성과 의지는 사명을 완수하고 합치하기 때문이다. 사랑을 지성과 의지의 최종적인 종합으로 생각할 만한 충분한 이유도 있다. 만일 사랑을 지성과 의지에서 분리시키면 사랑은 육체의 충동과 본능만 남게 될 것이다.

이런 문제들은 지금까지 종교 신학이 주로 담당해 온 영역이었는지 모르나 그리스도교의 영역을 넘어 동양 종교철학을 포함한 좀 더 넓은 분야에서 심도 있게 토론해 볼 만한 가치가 있다고 생각한다. (2015.3)

2.
역사, 종교
그리고 삶의 자리

황선명
황제가 동쪽으로 간 까닭은?

　나는 이 글이 종교학이나 정치학의 어느 장르에도 속하지 않는다고 생각한다. 다만 나는 기독교가 로마제국이 공인하는 종교로 출범한 것이 오늘날 말하는 민주주의 정치의 시발점이라고 보기 때문에, 그 점에 관한 하나의 서론으로서 이 글을 쓰고 있다.

　이 글의 제목은 간화선에서 삼대 공안 가운데 하나인 달마서래의(達摩西來意)를 나 나름대로 바꾸어 가지고 만들어 본 어구이다. 선종의 모든 공안이나 화두라는 게 다 그러하지만 '달마서래의'도 원래 아무런 뜻이 없다. 따라서 어떤 특정한 사실이나 진실을 알아내기 위한 물음이 아니다. 따라서 그 답안이 참이냐 거짓이냐의 문제가 아니라, 상대방에게서 동문서답이 나오는 것은 상관하지 않고, 오로지 그로 하여금 깨달음에 이르게 하는데 목적이 있다. 한데 이 글에서 나는 선문답의 경지를 운운할 처지는 못 된다. 다만 밀라노칙령을 반포하고 기독교를 공인한 콘스탄티누스 로마 황제가 어떤 연유로 해서, 말년에 콘스탄티노플(오늘날의 이스탄불)로 사실상의 천도를 단행하고 그곳에서 생을 마감했는가가 나로서는 매우 궁금한 부분이다. 나는 위의 사실이 단순한 기독교사의 영역을 넘어 서구 민주주의의 역사적 형성의 관계를 이해하는 단초가 된다고 확신한다.

밀라노칙령이 반포된 해가 313년인데, 역사적으로는 동서양을 통틀어서 상고시대에 속한다. 중국사에서는 모든 사서(史書)에서 편년이 잘 되어 있고, 또 역사 이외의 문예 작품이라든지 각종의 유물 유적을 통해서 4세기 초의 역사상들이 시대적으로 그렇게 태고 적의 일에 속하지만은 않는다고 느껴진다. 그보다 1백여 년을 앞서 3세기 초에 태어난 유비나 조조는 삼국지 등 기타의 읽을거리를 통해서 모든 동양인의 인구에 회자가 되고 있지 아니한가. 그러나 서양사에서는 조금 다르다. 원래 초창기 기독교의 실상이 여러모로 신비의 베일에 가려져 있는 데다가, 서양에서는 로마제국(이탈리아 반도의 서로마)에 황혼이 드리우면서, 결국 중세의 봉건시대로 이행하는 역사적 혼돈기에 접어들기 때문이다. 하여 서양의 상고사에 관한한 뚜렷한 역사상을 파악하기가 어렵다. 중국사에서처럼 통일이 된 단일 왕조나, 남북조와 같은 혼란기에서조차 나라마다 왕조사를 남긴 사연하고는 너무나도 다르다.

정치와 종교의 분리

오늘날 기독교의 신앙 인구는 전 세계를 통틀어서 25억을 넘고, 우리나라에서도 신·구교를 합하여, 5천만 인구에 1천5백만 신도수를 가진 절대적인 우세의 종교이다. 이와 같은 사정을 감안할 때, 정교분리의 원칙이나 또는 종교가 세속적인 관심사에서 초연해야 한다고 하는 당위론적인 주장은 하나의 구두선에 머물고 말 것이다. 우리가 짚고 넘어가야 할 대전제는, 종교나 정치에는 모두 권위에 대한 종순이나 지배와 피지배의 관계라고 하는 권력의 문제가 개재되어 있다는 사실이다. 다만 전자는 이성적으로는 납득하기 어려운 카리스마적인 신비성에서 권위를 구하는 반면, 정치권력은 폭력을 지배의 도구로 삼는다는 점에서 차이가 있을 뿐이다.

종교적 카리스마가 세속적 권력 위에 군림하는 방식을 교황황제주의(Papocaesarism)라 하고, 그 반대의 경우를 황제교황주의(Caesaropapism)라고 하는데, 이 말은 언제쯤 생겨났는지는 모르겠다. 하지만 분명 그 역사적 연원을 더듬어 가자면 313년의 밀라노칙령의 반포로 기독교를 로마의 공인 종교로 인정한 콘스탄티누스대제의 치세로 거슬러 올라가게 된다. 기독교 공인 당시의 로마제정을 비롯해서, 동서양을 막론하고 역사시대의 모든 전제적 통치 체제는 a) 대부분이 세속적 정치권력이 종교의 사제를 휘하에 거느리거나, b) 혹은 스스로가 초월적 권위의 종교의 사제이면서 세속적인 통치자로 군림하기도 한다.

a)의 경우는 멀리 서양의 고대에서 찾을 게 아니라, 무학대사를 국사로 거느리고 친히 한양을 도읍으로 정한 태조 이성계를 들 수가 있다.

b-1)의 경우는 중국의 무력 침공으로 주권을 상실한 티베트를 들 수가 있다. 1950년 이전까지만 하더라도 티베트는 국제적인 공인을 받지는 못했으나 완벽한 교정일치, 혹은 신정(神政=theocracy)의 통치 형태를 견지해 왔다. 티베트 불교(라마교)의 최고위 성직자인 달라이 라마가 사실상의 통치자였으며, 오늘날 인도의 다람살라에 있는 망명정부에서도 그 체제를 그대로 유지하고 있지 아니한가.

b-2)의 경우가 이 글에서 중점적으로 다루고자 하는 내용이다. 바로 교황황제주의(Papocaesarism)라는 말을 낳게 한, 로마 가톨릭의 바티칸 교황청과서 유럽의 여러 왕조와의 관계, 이를테면 카롤링 왕조 이후에 그 전통을 이

어 받은 신성로마제국의 경우에 권력 구조의 측면에서 독특한 양상을 시현했다. 성직자의 초월적인 권위와 세속적인 정치권력이 각각 상대방을 자신의 영향력 아래에 두려고 투쟁하였고, 그런 싸움이 근세까지 이어지면서, 오늘날의 서구 민주주의 성장을 크게 돕는 의외의 결과를 가져왔다.

이에 반해서 황제교황주의는 동유럽의 비잔틴 문명을 배경으로 하면서 강력한 리더십을 지닌 전제군주가 국교회의 수장으로서의 역할을 동시에 수행하는 방식이다. 콘스탄티노플을 수도로 하는 고대 비잔틴제국의 동방정교회는 발칸반도에서부터 시작해서 나중에는 북방의 러시아 영토에까지 선교의 영토가 확장이 되면서 전제군주가 동시에 국교회의 수장이 되었다.

이처럼 교황황제주의와 황제교황주의라고 하는 약간의 혼란스런 개념을 낳게 한 역사적인 연원을 거슬러 올라가면 그 정수리에는 콘스탄티누스 황제라고 하는 존재가 있으며, 오늘날 서구 민주주의의 싹을 배태한 토양이 바로 여기서 조성이 되었다는 게 나의 생각이다.

어원상의 고찰

교회라고 말할 때 흔히 혼동하기 쉬운 것은 그것이 예배를 드리는 건물을 뜻하는가, 아니면 그 밖에 또 다른 뜻이 있는가 하는 점이다. 본디의 그 뜻을 알고자 하면, 영어에서 교회라는 뜻의 처치(church)와 같은 뜻을 지닌 프랑스어의 에글리스(eglise)를 대비해 보면 알 수가 있다. 처치는 독일어의 키르케(Kirche)하고 어원이 같다. 키르케는 원래 고대 독일어에서 키르카(kirka)에서 유래했다고 하는데, 우리나라의 장승이나 성황당 같이 무꾸리[祀神行爲]를 하는 장소를 뜻하는 말이었다고 한다. 따라서 이 말에는 공간적인 규정성, 그러니까 장소적인 뜻을 함축하고 있다.

프랑스어의 에글리스(eglise)는 고대 그리스어의 에클레시아(ekklesia)에서 왔다는 게 정설이다. 에클레시아는 모임이나 신약성서에서 말하는 회중(會衆)을 뜻하며, 따라서 장소적인 규정성이라기보다는 그리스도 공동체의 구성원을 뜻한다. 비슷한 뜻으로 그리스어의 코이노이아(koinoia)가 있는데, 지금은 신학 공부하는 사람들 사이에 통하는 전문용어다. 장소적인 규정인 영어의 처치(church)나 독일어의 키르케(Kirche)하고 뜻이 같은 가톨릭(천주교)의 전용어가 성당이란 의미의 카테드럴(cathedral)이다. 성당을 뜻하는 바실리카(basilica)라고 하는 또 다른 말도 있다. 라틴어에서 바실리카는 비교적 규모가 큰 건물, 또는 후대에 이르러서는 고대 로마 시대의 공공장소인 대규모 석조 건물을 지칭하는 말이다. 한데 그 어원은 그리스어의 왕궁이라는 뜻의 바실레이아($\beta\alpha\sigma\iota\lambda\epsilon\iota\alpha$)에서 유래한다. 그런데 카테드럴에서 카테다(catheda)는 그리스어에서 의자 또는 좌석을 뜻하는 말이며, 따라서 기독교의 신·구교가 갈라지기 이전까지의 고대 교회에서는 주교좌가 있는 주요 성당을 뜻하는 말로 정착이 되었다. 왕궁이라는 말에서 유래한 바실레이아는 주교좌가 있는 오늘날의 성당보다는 상위 개념의 회당으로서 적어도 콘스탄티누스 황제 이후 주요 성당을 지칭하는 말로 정착이 되었다고 생각할 수가 있다.

이 바실레이아라는 말이 지니는 심장한 뜻을 신약성서의 복음서와 연관을 지어 생각해 보기로 한다. 성서에서 이 말은 장소나 건물로서의 왕궁이라는 뜻보다도, 거기서 한 걸음 더 나아가서 '왕국'이라는 뜻으로 쓰이고 있다. 신약성서, 특히 마태복음서에서는 이 왕국이라는 뜻의 바실레이아를 지상의 왕국($\beta\alpha\sigma\iota\lambda\epsilon i\alpha\varsigma$ $\tau o\tilde{u}\kappa\acute{o}\sigma\mu ou$=마태복음4;8)[1]과 하늘의 왕국=천국($\beta\alpha\sigma\iota\lambda\epsilon i\alpha$ $\tau\tilde{\omega}v$ o $\dot{u}\rho\alpha v\tilde{\omega}v$=마태복음 4;17)으로 구분해서 쓰고 있다. 이는 분명 성 아우구스티누스 (354-430)의 지상의 왕국(civitas terrena)과 신국(civitas Dei)을 떠올리게 하며, '천국과 지상의 나라'의 대칭적인 구도의 신학 사상을 연상케 하는 의미심장한 서술이라고 본다. 물론 성 아우구스티누스는 마태복음이 쓰여진 지 거의 삼백여 년이 지난 뒤에 태어난 사람이므로, 복음서를 읽지 않고 신앙의 체험만으로 독창적으로 천국과 지상의 왕국이라고 하는 이분법적인 신학 사상의 체계를 완성했으리라고는 볼 수가 없다.

내가 왜 이런 말을 하는가 하면, 오늘날 한국에서 신구교도를 합친 1천5백만의 그리스도교인을 포함해서 전 세계에 25억이 넘는 대부분의 기독교 신도들이 죽어서는 생전에 닦은 선악의 행위에 따라 천국이나 지옥 둘 중에 한 곳으로 가는 걸로 믿기 때문이다. 적어도 성경에 그렇게 쓰여 있다고 철석같이 믿는 동시에, 가톨릭에서는 교회가 정한 교리에 따라 신도들이 이를 받아들이기를 묵시적으로나마 가르친다.

초기 그리스도 공동체

위에서의 어원을 가지고 설명한 그리스도 공동체의 존재 방식은 오늘날 신·구교를 망라한 기독교 교회가 강조하는 통속적인 신학하고는 성격이 판이하게 다르다. 한마디로 말한다면 적어도 아우구스티누스가 등장하기 이전까지 기독교인들은 모두 예수가 당장 재림해서, 죽은 자 산 자를 가

---

1 한글판 성경에는 '천하만국'으로 표기하고 있다.

리지 않고 모두 그 앞에 무릎을 꿇게 하여 심판을 내린 다음, 영원히 사는 자와 완전히 없어져서 소멸당하는 자로 나누게 한다고 믿었다. 신약성서의 마지막장으로 편집이 된 요한계시록을 비롯해 구약의 묵시문학의 예언서들이 이런 믿음을 갖게 하는 뒷받침이 되고 있다. 이는 1세기부터 4세기까지 제정 로마 치하에서 그리스도교 공동체에 대한 지독한 탄압 상을 반증한다는 뜻이기도 하다. 물론 적어도 2세기 중엽까지는 신약성서 대부분의 문서들이 성립이 된 걸로 알려지고 있지만, 적어도 오늘날 우리가 접할 수 있는 완정본 형태의 신약성서는 4세기 중엽 아우구스티누스가 살았던 카르타고(오늘날의 튀니지)에서 나왔다는 게 정설로 되어 있다.

신학적 기준

여기서 우리가 간과해서는 안 되는 사실은, 외경이라고 부르는 문서들을 제외시키고 정경으로 신약성서가 편집이 될 때, 그 신학적 기준이 무엇인가의 물음이다. 그 기준은 무엇보다도 예수의 죽음과 더불어 그를 구세주라고 믿고 따르는 민중들의 구원에 대한 강렬한 소망이라고 생각한다. 특히 CE 70년에 마사다에서 유대인 최후의 저항 세력이 궤멸당한 후 제2디아스포라라는 형극의 길을 걷지 않으면 안 되었던 유대 민족의 처절한 소망, 예수의 재림이 실현되어 단말마적인 폭압에 의한 노예 상태에서 완전히 해방이 되고, 최후의 심판이 이루어진다고 하는 거의 광적인 믿음인 것이다. 물론 이 부분에 있어서는 신약성서의 복음서(특히 소 계시록이라고까지 말하는 마태복음 24장)를 비롯한 바울 서한문, 내지는 요한 계시록을 포함한 신약성서 전반에 걸쳐 근간이 되는 종말 사상을 근거로 이런 상황이 오직 초대 그리스도 공동체의 민중에게만 해당이 되는 걸로 이해하기 십상이다. 하지만 당시 유대 민족 전체가 그들의 신앙 때문에 탄압의 대상이었다고 봐야 할 것이다.

오늘날의 관점에서는 그리스도교인과 유대인이 명확히 구별된다. 하지만 그런 분명한 구별은 기독교가 공인된 이후에, 그리고 서양의 중세 초기부터 신교 문제와 관련해서 유대인에 대한 차별 의식이 뚜렷이 표면화하면서 이루어진 일이다. 무슨 뜻인가 하면, 기독교의 공인 이전까지 로마 관헌이나 시민권자에게는 기독교도와 유대교도를 구분하는 뚜렷한 기준이 존재하지 않았다는 말이다. 대부분의 로마인은 기독교도와 유대교도를 구별하지 못했다. 사도 바울처럼 로마 시민권자, 나중에 노예로 끌려온 유대인 그룹은 모두 하나의 유대 종교를 믿는 것으로 간주되었다. 따라서 그리스도교를 신봉하기 때문에 탄압을 받아야 했던 것은 아니었다. 실제로 초대교회 당시, 지중해 연안으로 뿔뿔이 흩어져서 산재하는 유대인 공동체는 시나고그를 중심으로 공동생활을 영위하였는데, 그리스도 신앙인은 유대교 신앙공동체의 하나의 분파로 인식이 되었다. 바울의 서한문에서 나오는 메타노이아(개심, 혹은 개종)와 코이노이아(범 유대인 신앙 공동체 안에서의 그리스도 신앙인 분파)의 개념은 여기서부터 파생을 한 것이다. 이 부분에 대해서 뒷받침이 되는 증언으로, 초기 그리스도교 전도를 이끈 70명의 제자 가운데 한 명이자, 아굴라의 아내인 브리스길라의 증언이 있다.

사도행전(8장 2절)에 의하면 로마 황제 클라우디우스는 로마에서 유대인 추방령을 내렸다고 한다. 클라우디우스로부터 제위를 승계한 네로는 폭군으로 알려져 있고, 특히 기독교인에 대한 대박해 사건을 일으켜, 베드로를 십자가에 거꾸로 매달게 해서 죽이고, 또 바울은 참수를 해서 죽게 했다고 한다. 그러나 역사적으로 근거가 없는 허망한 이야기에 불과하다. 4세기 무렵에 그리스도교인들이 지어낸 근거 없는 이야기가 대부분이다. 3세기 무렵 초기 기독교의 호교론자인 테르툴리아누스나 락탄티우스가 이 부분에 관해서 과장해서 언급한 까닭에, 그게 전승으로 내려오면서 교회사에서 정식으로 채택이 되었던 것이다.

박해와 관련된 진실

테르툴리아누스나 락탄티우스 등의 호교론자나, 에우세비우스[2] 등 교회사가가 네로의 폭정에 덧붙여 기독교도에 대한 박해의 사실을 과장해서 기술함으로써, 초대 그리스도교 신앙 공동체의 실상을 이해하는 데 혼란을 가져왔다. 그 결과, 사실과는 동떨어진 허구에 기초한 전승을 후대인들이 곧이곧대로 믿는 결과를 초래했다. 특히 64년에 발생한 로마의 대화재에 기독교인의 학살을 결부시킨 기술을 비롯해서, 네로가 팔레스타인에 가서 유대교에 입교했다고 하는 내용 등은 모두 허구에 불과하다.

기독교 신도에 대한 조직적 박해는 오히려 로마의 5대 현군[3]이라고 하는 마르쿠스 아우렐리우스(121~180) 황제 때 있었다는 것이 역사적 사실과 부합한다. 물론 이때까지만 해도 그리스도교도와 유대교도의 구분은 분명하지 않고, 그저 로마의 국교를 믿지 않는 유대인 집단이 학살당했다는 것으로 이해가 된다. 아우렐리우스 황제 이후에 등장하는 군인황제 시대부터 그리스도교도 박해가 점점 증가하기 시작하는데, 303년에 디오클레티아누스 황

---

2 제31대 교황 에우세비우스와 동명이인이다.
3 5대 현군은 네르바, 트라야누스, 하드리안, 안토니우스, 마르쿠스 아우렐리우스이다.

제의 명령에 의하여 그리스도교도를 학살하고 교회와 신도의 재산을 몰수하는 대박해 사건이 일어난다. 디오클레티아누스 황제는 현군의 반열에는 들지 못해도 유능한 통치자였다. 그가 기독교교도 박해를 명한 데에는 군에 침투한 기독교의 세력이 군대의 사기를 떨어뜨리고 복무 기강의 해이를 가져와서 영토의 방위와 국내 치안 유지에 위기감이 팽배해졌기 때문이다. 그는 시정에서 기독교인들을 사교 집단이라고 매도하고 있는 점과 특히 피와 살을 상식한다는 악의적인 소문(성찬 의식에서 제공하는 포도주와 빵에서 유래)이 돌고 있는 점을 이용하였고, 또 기독교인들끼리 형제자매라고 부르는 호칭에서 근친상간을 조장한다는 구실을 붙여, 그것을 박해의 명분으로 삼았다.

콘스탄티누스의 로마 입성

콘스탄티누스 황제는 막센티우스와의 최후의 일전을 겨룬 밀비우스 다리의 대회전에서 승리한다. 로마 북쪽에 있는 밀비우스 다리는 티베르강을 건너서 시내로 진입하기 위해서 반드시 거쳐야 하는 전략상의 요충이다. 막센티우스의 여동생 파우스타가 콘스탄티누스의 후처이므로 둘 사이는 처남과 매부 사이이다. 그러나 정치의 세계에서, 특히 로마 황제라고 하는 어마어마한 권력을 놓고서 죽느냐 사느냐의 생사를 건 건곤일척의 권력 싸움터에선 남남 사이만도 못한 노릇이었다. 그러면 어째서 처남 매부 사이에 삶과 죽음을 가르는 운명적 대결의 사투를 벌여야만 했을까? 그것은 디오클레티아누스 황제가 고안해 낸, 전 로마 판도의 4분할 통치라고 하는 특수한 행정 시스템에서 비롯했다. 디오클레티아누스는 지중해를 둘러싸고 있는 당시의 로마를 네 개의 행정구역으로 크게 분할했다. 각각의 지역을 옛날의 지명대로 열거하면 다음과 같다.

1. 니코데미아: 오늘날의 터키 영토에 해당하는 지역과 시리아, 팔레스타인 및 이집트 등 북아프리카의 일부 지역
2. 시르미움: 오늘날의 세르비아와 그 주변국 및 발칸반도
3. 메디오라눔: 이탈리아 반도와 스페인 및 지중해 건너편의 북아프리카 대부분의 지역
4. 아우구스타 트레베로룸: 오늘날의 영국과 프랑스 영토 대부분을 포함하는 라인강 서쪽의 서부 유럽 지역

(위의 네 개의 로마 통치 구역은 서열이 매겨져 있는 것은 아니다. 번호는 서술 편의상 붙인 것임)

각각의 통치 구역에는 정제(正帝=Caesar)가 있고 그 아래에 부제(副帝=August)가 있었다. 이는 전통을 가진 로마제국의 정치제도로서 확립되어 온 것이 아니다. 제국의 판도 안에서 막강한 군사력을 배경으로 정치적 세력을 키워 온 고위 지휘관들이 군대를 이끌고 로마로 쳐들어와서 정권을 찬탈하는 일이 없도록 하려는 디오클레티아누스 황제의 고육책이었다. 따라서 네 개 지역 각각의 정제나 부제는 위계상 다른 지역과의 관계에서 상하가 없었다. 그럼에도 수도를 로마로 하는 메디오라눔이 역시 로마제국의 판도 안에서는 노른자위에 해당하는 게 아니겠는가?

콘스탄티누스는 원래 동방정제인 갈릴레우스의 휘하에서 군인으로서의 경력을 쌓고 나중에 서방정제인 아버지 콘스탄티우스 클로루스를 따라 스코틀랜드 지방의 빈란군 진입에 나섰다가, 병사한 아버지의 자리를 물려받아 자신이 아우구스타 트레베로룸 지역의 황제임을 선포하게 된다. 이리하

여 그는 현재 프랑스와의 국경 근처에 있는 독일 서부 도시인 트리어를 거점으로 라인 강 동쪽에서 침범해 오는 프랑크족을 진압해서 로마제국의 변경을 안정시키는 데 큰 공을 세웠다. 그 무공의 명성이 로마의 원로원에까지 알려졌고, 콘스탄티누스는 로마제국 전체의 권력을 쟁취하고자 알프스를 넘어서 메디오라눔의 황제인 막센티우스의 군을 격파해 나가다가, 마지막으로 밀비우스의 결전에 임하게 되었다. 막센티우스도 더 이상 물러설 수 없는 최후의 대결이었다. 막센티우스는 티베르 강을 배수진으로 삼아 콘스탄티누스 군대와 혈전을 벌였다. 하지만 감투 정신의 결여와 작전의 실패로 최전선에서 진두지휘하던 막센티우스 자신마저 강물에 빠져 죽어 완전히 패배하고 말았다. 콘스탄티누스는 막센티우스의 머리를 잘라서 창끝에 꽂아 가지고 로마에 개선을 했다.

밀비우스 다리의 기적

밀비우스 전투가 벌어지기 전날 밤 콘스탄티누스에게 영적인 계시가 나타났다. 이게 바로 밀라노칙령을 가능하게 한 일종의 기적이라고 보는 게 호교론적인 교회사가의 입장이다. 계시의 내용은 X와 P의 문자를 조합한 ☧로 되며, 그리스어로 크리스토스(ΧΡΙΣΤΟΣ=그리스도)의 두 문자를 딴 것이라는 게 정설이다. 이 문자가 콘스탄티누스의 꿈에 나타난 것은 물론이고, 한참 전투가 벌어지고 있는데 홀연히 하늘에 나타났다고 한다. 그 기적 때문에 콘스탄티누스 군대가 승전을 했다는 거다. 그로부터 ☧의 기호는 로마 군대의 군기에 해당하는 라바룸에 새겨지게 되었다고 한다.

원래 로마 군대는 행렬의 선두에 군기를 앞세우는데, 빨간 바탕의 장방형으로 된 붉은 천에 금박의 문자로 SPQR(Senatus Populusque Romanus=로마공화정)이라는 금박의 문자를 새겨 넣은 모양이다. 이것을 라바룸(labarum)이라고 한다. 나치의 대원이나 군대의 행진 대열에도 앞선 대원이 철십자의 마크를 새겨 넣은 장방형의 군기를 앞세우는데, 이는 물론 로마 시대의 라바룸에서 유래한 것이다. 밀비우스 다리의 대회전에서 ☧ 문자가 새겨진 라바룸이 등장했다는 설화는 없으나, 콘스탄티누스 측의 군대가 어떤 형식이든 그리스도교와 관련이 되는 상징물을 이용했거나, 그러한 징표를 암시함으로써 전승에 크게 기여했을 것이라는 데는 수긍이 가는 점이 있다.

콘스탄티누스 측의 군대는 오늘날 프랑스 북부 지방인 갈리아 출신이나 게르만족 출신의 용병들로 구성되어 있었다. 이들은 로마 시민으로 이루어진 막센티우스의 군대에 비해 더욱 용맹무쌍하였다. 그런데다가 이미 디오클레티아누스 집권기에 사기 저하와 규율의 해이의 문제가 있었다. 로마 본토의 정규군을 공격하는 콘스탄티누스의 군대가 예수 그리스도의 초월적인 권능을 업고 전투에 임했다고 하는 전황은 상대방의 취약한 부분을 찌르는 전술이었다. 따라서 당시의 사정을 입체적으로 판단해 볼 때, 밀비우스 다리의 기적 이야기를 단순히 허황된 소문으로만 치부할 수가 없다.

콘스탄티누스가의 비극

콘스탄티누스대제의 어머니인 헬레나는 출생지가 소아시아의 비티니아라고 알려져 있다. 오늘날로 치면 이스탄불 시의 맞은편에 있는 우스크다르를 포함한 일대를 비티니아라고 하는데, 그렇다고 해서 헬레나를 터키인이라고 하면 곤란하다. 그때는 멀리 중앙아시아에서 건너온 셀주크 터키가 소아시아에까지 진출하기 훨씬 전이었으니 말이다. 따라서 헬레나나 그의 아들인 콘스탄티누스대제는 비잔틴 계의 혈통을 이어받았고, 멀리는 고대 그리스인의 후예라고 생각해 볼 수도 있다. 헬레나의 부모는 여관을 운영했는데, 그녀가 16세 되던 해에 이 여관에 머물던 대제의 아버지인 콘스탄티우스 클로루스하고 관계를 맺어서 아이를 갖게 되었다고 한다. 콘스탄티누스의 탄생지는 오늘날의 세르비아의 니슈로 알려져 있다. 나중에 대제로서 추존이 된 콘스탄티누스가 단순히 로마를 정치적으로 통일한 위업을 남긴 군주였다는 사실 이상으로, 그가 기독교 역사에 불멸의 이정표를 세웠다는 사실 때문에, 천한 신분 출신인 어머니 헬레나가 후세에까지 성녀로서 길이 이름을 남겼다고 본다.

헬레나는 그리스도교의 역사에서 최초로 성인 반열에 오른 인물이다. 성경에 등장하는 예수 어머니 성모마리아나 그 밖의 여성은 모두 가공이라기보다는 하여간 신화적인 인물이라고 말할 수밖에 없기에, 교회사의 기록상에는 아무튼 헬레나가 최초의 성녀인 것이다. 전승에 의하면 헬레나가 홀로 팔레스타인 순례 길을 떠나서 골고다에 이르러 예수와 함께 처형당한 두 사람의 몫까지 합쳐서 세 개의 십자가를 발견하고 이를 로마로 가져왔다고 한다. 또한 예수를 못 박을 때 쓴 못도 함께 찾았는데, 지금 이탈리아에 있는 어느 종교 박물관에서 이를 전시하고 있다고 한다. 헬레나가 기독교에 정식 입교한 해는 313년인데, 그해 밀라노칙령이 반포되었으므로 조금은 부자연스러운 면도 없지 않다. 왜냐하면 헬레나의 출신지로 봐도 그렇고, 또한 아들인 콘스탄티누스대제가 태어난 나수스(오늘날 세르비아의 니슈)가 이미 2세기 후반에서 3세기 초반까지는 기독교가 토착 민중 층에 깊숙이 뿌리를 내린 지역이었을 것이라는 판단이 서기 때문이다. 이미 사도 바울 당시에도 마케

도니아의 이북 지역에 대한 전교 활동이 언급되고 있으므로[4] 4세기 초에는 발칸반도 북부 지역은 물론 오늘날 중부 유럽의 변두리의 이교도 지역까지 그리스도교가 자연스럽게 전파되었으리라는 점은 의심할 여지가 없다.

오늘날 이스탄불의 대안 지역인 고대의 비티니아는 당시 소아시아라고 부르는 지역의 일부에 속하므로, 적어도 2세기에는 상당수의 기독교 신도들이 존재했으며, 사도행전에서 말하는 마케도니아 북부는 세르비아와 육속이 되는 만큼 역시 2세기 무렵에는 기독교가 널리 전파되어 있었으리라고 본다. 그렇게 본다면 밀라노칙령을 계기로 헬레나가 기독교에 입교했다기보다는 벌써 그 이전에 신자가 되었을 것이다. 그녀는 여관 주인의 딸이라는 이야기 외에도 술집의 하녀라는 설도 있고, 아무튼 당시로서는 대장군이 정처로 삼을 신분은 못 되었다. 막말로 하자면, 그저 임지에서 노류장화 격으로 콘스탄티누스의 아버지와 한 두어 번 통정을 한 것인데, 아이가 생기자 떼어버리지 못하고 원정지를 전전하던 게 아니었나 한다. 하지만 클로루스도 출세를 위해서는 정략결혼을 생각하지 않을 수 없었고, 그렇게 해서 정처로 맞은 여인 데오도라는 바로 자신의 라이벌이자 정적인 동시에 협력자이기도 했던 황제 막시미안의 딸이었다.

그 이후, 헬레나는 한마디로 버림받은 여인이 되고 말았다. 그나마 장대같이 우람한 아들을 낳았으니, 그 나름의 믿는 구석은 있었을지 모르나, 그럴수록 상대적인 박탈감이 그녀의 오장육부를 에어 놓는 듯 했을 게 분명하

4　신약성서 사도행전 16장 9절에 보면 바울에게 밤에 환상을 통해서 어떤 마케도니아 사람이 나타나서 우리를 구원해 달라고 간청했다는 대목이 나온다. 이것을 가지고 기독교 교회사에서는 그리스도교 전교의 세계화의 시초라고 말하고 있다.

다. 그러나 상서롭지 못한 일이 여기서 멈추지는 않았다. 남편에게 버림받은 그녀가 오직 유일하게 의지하고 사는 믿음직스런 아들 콘스탄티누스조차 조강지처를 버리고 새장가를 들었던 거다. 콘스탄티누스의 첫 번째 아내이자 헬레나의 며느리인 미네르비나 역시 아들 크리스푸스를 낳고 소박데기가 되어야만 했다. 다름이 아니라 아들 콘스탄티누스 역시 출세를 위해서는 신분이 낮은 아내 미네르비나를 떨쳐 버리고 황제의 딸인 파우스타를 새 아내이자 정처로 맞았다. 미네르비나 쪽으로 말한다면 시어머니인 헬레나하고 똑같은 신세가 되고 만 꼴이다. 그런데 설상가상으로 콘스탄티누스가 맞이한 새 아내인 파우스타는 데오도라와 마찬가지로 막시미안의 딸이었다. 상스럽게 부자간의 관계를 이야기 하면 동서지간이었다. 당시 로마 사회에서는 근친혼이 아주 일상적인 일로 여겨졌다. 따라서 우리네 도덕 기준으로 이를 재단한다는 건 무리일지 모른다. 그럼에도 콘스탄티누스 부자의 아내이자 어머니인 헬레나로서는 적어도 마음이 편할 수는 없었을 터이다. 결국 콘스탄티누스가의 부자연스러운 가족관계가 드디어 파탄 지경에 이르는 사단이 벌어진다. 그것은 콘스탄티누스대제의 아들인 크리스푸스와 젊은 아내 파우스타와의 불륜 관계 때문에 벌어지는 비극으로 막을 내리지만 콘스탄티누스대제에게 심대한 마음의 상처를 남긴 것으로 야사의 기록들이 전하고 있다. 이로 미루어 헬레나가 받은 마음의 상처 또한 상상하기 어려웠으리라고 능히 짐작할 만하다.

대를 이어 대 로마제국을 이끌어 갈 황태자인 크리스푸스는 일찍부터 아버지를 따라 동방 원정에 나아가서 혁혁한 무공을 세운 장수였다. 로마 사회가 모두 선망하는 청년 장교였던 것이다. 하긴 전 로마가 흠모하는 황태자가 그렇게 쉽사리 자신의 미래를 망치는 실수를 범하지는 않았을 것 같다. 적어도 후세에 서술된 역사 기록은 그 점을 분명히 하고 있다. 문제는 크리푸스가 통정을 했다고 하는 파트너인 파우스타이다. 황제의 딸로서 절세의 미모인 그녀는 나이 지긋한 남편 콘스탄티누스대제와의 사이에 세 명의 자녀를 두었음에도, 아직 30살이 채 안 된 젊은 여성이었다. 그녀의 혈육인 아버지와 오빠는 구수지간인 콘스탄티누스대제의 손에 비참하게 죽었다. 하지만 이는 역사시대인 고대에서 근세에 이르기까지 어느 나라에서건 피비린내 나는 정치사회에서는 흔히 있을 수 있는 일이다. 일본에서는 덕천가강(德川家康)이 과거에는 자신의 상전이었지만 현재는 정적이라는 이유만으로 풍신수길의 여동생이자 조강지처인 아내의 목을 잘라 제 손으로 죽이지 아니하였던가. 여하간 콘스탄티누스대제는 자신의 손에 죽은 정적의 혈육이었지만, 젊은 아내 파우스타를 극진히 사랑했던 애처가였던 것만은 사실이다.

오늘날에는 교황의 관저로서 위용을 자랑하는 로마 시대의 건축물인 라테라노 궁전은 원래 최고위 집정관을 지냈던 섹스티우스 라테라노가 마음을 먹고 지은 대저택이었다. 제정 로마 시대에는 로마에서는 손꼽히는 호화 건물이었다고 한다. 콘스탄티누스는 이 웅대한 궁전을 그냥 파우스타에게 주었다. 그 밖에도 콘스탄티누스 황제가 아내 파우스타를 사랑한 흔적은 많다. 그런 콘스탄티누스가 아내 파우스타가 자신의 대를 이을 아들 크리스푸스와 통정을 했다는 사실을 알고 도저히 참을 수 없었을 터이다. 불같은 성미의 콘스탄티누스는 아들을 죽여 버리기로 작심했다 그래도 로마인들의 이목이 있는 거니까 군사재판에 회부했다. 말이 재판이지 사형 언도는 기정사실이었다. 그리고 아내인 파우스타는 스스로가 자살을 하도록 유도했다는 게 정사의 기록이다. 그러나 여기에는 적지 않은 복선이 깔려 있는데, 파우스타 측은 크리스푸스가 먼저 자신을 겁탈했다고 남편에게 고변을 했다는 것이다. 거기에는 남편의 대를 이어 로마 황제의 자리에 오르는 것이 당연한 크리스푸스를 제거해서 자신의 소생을 황제로 등극시키려고 하는 음모에서 나온 간계라는 설이 만만치가 않다. 그러나 그보다는 파우스타가 먼저 순진한 유혹을 해서 통정을 하고 그런 사실이 발각되자 발뺌을 하려고 크리스푸스에게 잘못을 뒤집어씌웠다는 게, 오히려 설득력을 얻고 있다.

파우스타는 열탕에서 목욕을 하다가 질식사를 했는데, 이 열탕욕은 로마의 상류층 여인들이 원치 않는 임신을 했을 때 중절을 하려는 목적으로 이용을 한다는 거였다. 이렇게 보면 그녀가 열탕욕을 하게 된 사연은 역시 크리스푸스와의 관계에서 아이가 생겼다는 추측을 가능하게 한다. 한데 파우스타에게 열탕욕을 권한 것이 헬레나였다는 설도 있다. '일부함원 오월비상'(一婦含怨 五月飛霜)이라는 말은 반드시 동양 여인에게만 국한된 게 아니다.

헬레나는 성녀이기 이전에 이승에서는 도저히 서리서리 맺힌 한을 다 어찌할 수 없을 정도로 가슴 깊숙이 비수를 품고 살아왔을 성싶다. 그렇기 때문에 그녀에 대해서 사후에 그렇게도 종교적으로 추존을 하는 부덕(婦德)의 소유자라는 전승은 사실과 부합하지 않는 허구일 가능성이 많지 뭔가. 헬레나는 다른 무엇보다도 비천한 신분의 출신이라는 것 때문에 소박데기가 되어야 했던 며느리, 미네르비나에게 안타까울 정도의 동정심을 가진 것 같다. 그리고 또 자신의 떡두꺼비 같은 아들을 홀려서 손자를 죽음에 이르게까지 한 파우스타에 대한 절치부심의 증오의 감정을 숨길 수가 없었을 터이다. 이런저런 사정을 고려하면 헬레나가 파우스타를 열탕에 보내서 죽게 만들었다는 스토리는 사실성 여부와 상관없이 그럴싸하게 설득력이 있다. 여하간 콘스탄티누스 가문의 엉망진창의 가족 관계에서 빚어지는 비극상은 오늘날까지 서양의 호사가들의 입방아에 오르고 있는데, 특히 크리스푸스와 파우스타와의 관계는 계모와 전처 자식과의 불륜 관계를 줄거리로 하는 페드라의 신화를 너무나도 닮았다고 해서 호기심의 대상이 되고 있다.

대제와 그리스도교 신앙

콘스탄티누스대제는 근육질에다가 아주 괄괄한 성미의 전제군주로서, 선이 아주 굵은 전형적인 무골이다. 그가 말년에 기독교 신앙에 깊이 빠져든 것, 그리고 자식으로서의 어머니에 대한 애틋한 감정은 동양식의 형식화된 효성이 아니라, 인간성 내면에 잠재하는 모태에의 회귀를 갈망하는 본능에서 우러나온 게 아닌가 한다. 콘스탄티누스 황제가 그리스도교 신앙에 깊이 빠져든 것은 시대를 망라한 모든 제왕에게서 보기 드문 현상이었다. 콘스탄티누스대제의 출신 지역은 고대 지명으로 일리쿰으로, 오늘날의 크로아티아와 세르비아를 포함한 발칸반도의 전 지역을 말하는데, 그의 탄생지인 나수스는 일리쿰의 중앙부에 해당한다. 발칸반도 남부의 동쪽 끝인 보스포루스 해협을 경계로 해서 그 너머가 옛날 지명으로 소아시아라고 하는 아나톨리아 반도이다. 오늘날은 터키공화국이 들어섰지만, 그 옛날에는 넓은 평원이 무인지경으로 남아 있던 터이다. 이곳은 로마제국의 동방정제인 막시미누스-다이아가 다스리던 곳이다. 원래 동방정제인 리키니우스하고 분할하여 통치하기로 되어 로마제국의 중앙부인 메디오라눔 쪽에서 보면 형편없는 벽지나 다름이 없었다. 밀비우스 다리에서 대회전이 있을 무렵인 312년경 로마의 부제인 막센티우스가 그에게 밀사를 보내서 제휴를 요청했다. 막시미누스-다이아는 보스포루스 해협을 건너서 발칸반도로 치고 들어가서,

리키니우스의 세력을 타도하고 자신이 홀로 동방정제의 자리를 독차지할 생각으로 호시탐탐하고 있던 차, 물실호기라고 여길 기회가 찾아 온 게 아닌가. 막센티우스로 말하자면 중국의 전국시대에 자주 등장하는 원교근공(遠交近攻)의 전술이 로마에서도 통용되는 셈이다. 이런 낌새를 진작 알아차린 콘스탄티누스 대제와 리키니우스도 동맹을 맺었다.

콘스탄티누스가 막센티우스를 견제하기 위해 그의 아버지 막시미아누스의 딸(파우스타)을 후처로 맞아들여 정략결혼에 의해 동맹을 맺은 것처럼, 리키니우스에게도 자신의 이복 여동생을 출가시켜서 그와 역시 처남 매부의 사이가 되었다. 그런데 밀비우스 다리에서의 전투에서 독력으로 막센티우스 군대를 완전 제압한 콘스탄티누스대제는 리키니우스의 원조를 받지 않아도 되었다. 하지만 둘 사이의 동맹 관계는 쉽사리 깨질 수가 없는 것이어서 313년의 밀라노칙령은 콘스탄티누스대제와 리키니우스 동방정제의 공동 명의로 반포된 것이었다. 한데 이 밀라노칙령의 포고령의 내용을 잘 살펴보면 기독교도 다른 로마제국의 다른 종교와 마찬가지로 동등한 조건에서 차별을 받지 않는 것이지, 기독교가 로마의 국교로 된다고 못을 박은 건 아니다. 기독교가 사실상 로마제국의 국교로 정해지는 것은 데오도시우스 1세 황제(재위기간: 379~395년) 때이다. 콘스탄티누스가 337년에 죽었으니까, 그로부터 42년 후에 데오도시우스 1세가 제위에 올랐는데, 그동안에 열 명 이상의 황제가 거쳐 갔다. 로마제국이 분명 쇠퇴기에 들어간 여실한 증거를 보여준다고 하겠다.

콘스탄티누스대제가 로마를 평정하고 수도를 콘스탄티노플로 옮기는 즈음은 웅대한 스케일의 정치적 과업을 완성한 연후이고, 그때부터 종교적 사업에 매진하는 것으로 봐야 하지 않을까 한다. 그렇다고 해서 그가 정작 기독교에 귀의해서 예수님의 제자가 될 것을 맹세했고, 그리하여 신앙 가운데서 살 것을 서원했는가? 그에 대한 것은 알 수 없기에 그 문제는 별개로 보아야 한다.

최후의 전투

밀라노칙령에 공동 서명을 한 리키니우스는 후에 그리스도교 탄압 조치를 부활한다. 콘스탄티누스대제와 리키니우스가 동맹 관계를 청산하고 다시 적대 관계로 돌아선 것은 그리스도교 박해 문제를 둘러싼 의견 대립 때문만이 아니었다. 대제로 말하자면 리키니우스를 무찔러 자신이 전 로마의 판도 안에서 유일무이한 황제로 군림하겠다는 야심을 드러낸 것인데 반해서, 리키니우스는 로마는 자신의 처남인 콘스탄티누스와 공동 통치해야 한다는 주장을 폈다. 피차 권력욕에서 우러나와, 도저히 타협이 불가능한 일전불사의 의지를 노골적으로 드러낸 결전은 콘스탄티노플에서 멀지 아니한 아드리아노플에서 전개되었다. 324년의 일인데, 이때 ☧ 문자가 새겨진 라바룸이 처음으로 정식 등장했다는 것이며, 리키니우스 군대는 상관에게서 그 라바룸을 절대로 쳐다보지 말라는 엄명을 받았다고 한다. 나중에 아버지의 노여움을 사서 살해당한 크리스푸스가 이때 병선을 이끌고 리키니우스군의 수상 부대에 궤멸적 타격을 입혀서 혁혁한 전과를 올려 부친을 기쁘게했다고 한다. 신의 도움이 있었던지, 아들의 용전 감투 덕분인지 하여간 이 아드리아노플 전투에서 리키니우스는 결국 포로로 잡히는 신세가 되어 버렸다. 콘스탄티누스대제는 매부인 리키니우스를 연금 조치하는 것으로 관대하게 처우했지만, 결국 얼마 못 가서 약속을 위반했다는 구실을 붙여 죽여 버리고 말았다. 아, 권력과 정치의 비정함이여!

로마로 개선을 한 다음, 얼마 지나지 않아서 콘스탄티누스는 믿음직한 아들 크리스푸스가 어여쁜 아내 파우스타와 간통을 했다는 사실을 알게 된다. 격노한 대제는 물불을 가릴 겨를이 없이 아들을 처형하였다. 나중에 간교한 여인의 음해로 빚어진 비극임을 알고 난 연후에 대제의 회한은 더 말할 나위가 없었을 터이다. 그것 때문에 대제가 세례를 받고 그리스도교인이 되었다고는 말할 수가 없다. 그리고 나중에 말하겠지만, 세례를 받았다는 사실에 의문도 적지 않다. 물론 소박데기 어머니 헬레나에 대한 애틋한 정 또한 무시할 수 없는 대제의 신앙 동기의 하나가 될 터이다. 그래서 어머니가 태어난 비티니아에 헬레나폴리스로 격상된 도시를 만들기도 했다.

그런데 콘스탄티누스대제의 밀라노칙령의 반포에 버금가는 종교적 위업은 니케아종교회의를 주재했다는 사실이다. 325년에 개최된 니케아종교회의는 우스크다르시에서 조금 떨어진 곳에 있는 장소에서 열렸는데, 이스탄불에서 보스포루스 해협을 건너면 갈 수 있었다. 당시에는 비교적 큰 도시였는데, 아주 오래 전에 지진으로 도시의 일부가 호수 속으로 가라앉았다고도 한다. 콘스탄티누스 황제는 당시 지중해 연안의 그리스도교의 거점 도시에서 온 모든 주교들을 망라하여 회의를 주재하는 의장 역할을 했다.

그 무렵 콘스탄티누스대제는 로마와 콘스탄티노플 사이를 수시로 왕래했는데, 준마가 끄는 병거를 타고 쾌속 질주하다가 하천을 건널 때는 뗏목이나 배를 이용했을 터이다. 한 일주일 걸렸다고 한다. 요즘 같으면 여객기로 두 시간이면 충분한 거리인데도 말이다.

니케아종교회의

니케아종교회의에서는 어떤 내용의 신학적 논쟁이 벌어졌으며, 그 쟁점을 간추린다면 도대체 무엇일까? 그것은 바로 오늘날까지도 기독교의 교리에서 석연치 않게 꼬리를 남기고 있는 삼위일체의 문제이다. 기독교의 신구교에서 다 통하는 사도신경에서 말하고 있듯이 성부 성자 성령의 삼위일체를 말하며, 이에 앞서 '전능하사 천지를 창조하신 하느님… 성령으로 잉태하사…'의 부분에 주목할 필요가 있다. 물론 이 사도신경은 니케아종교회의에서 제정된 신앙고백은 아니고, 작자가 누구인지를 알 수 없는 가운데 후대에 와서 널리 통용되기에 이르렀다. 그렇지만 니케아종교회의에서는 갑론을박 끝에 결론은 내지 못한 채, 다음번 회의로 미루었다. 50년 후에 인근 지역의 칼게돈에서 다시 회의를 했지만, 거기서도 그저 흐지부지하다가 오늘날까지 그럭저럭 유야무야로 이어져 온 것이다.

알렉산드리아 학파

그러면 니케아종교회의에서 제기된 삼위일체설의 배경에는 어떤 문제의식이 도사리고 있는 것일까. 당시 그리스도교의 신학 사상을 좌지우지하는 그룹은 알렉산드리아 학파였다. 알렉산드리아는 지금은 별 볼일이 없는 항구도시에 불과하지만, 기원전만 하더라도 세계 최대의 도서관을 구비한 학문의 도시였다. 초기의 그리스도교 이론가들 중 많은 이들이 여기 출신이었다. 클레멘스와 오리게네스를 비롯해서, 니케아종교회의에 참석해서 양파로 나뉘어 머리가 터지게 싸운 아리우스와 아타나시우스도 이곳에서 왔다.

이 점에서 본다면 정치의 중심지인 로마도 저리 가라할 정도였다. 니케아종 교회의는 생사를 걸고 서로 격렬하게 맞선 격투장과 같았다. 아리우스파와 아타나시우스파가 극한의 대립을 하게 된 이유는 예수의 속성에 대해 의견이 달랐기 때문이었다. 전자가 예수는 '피조물'이라고 주장하는 데 반해, 후자는 신적 존재라고 우기면서 맞섰다. 당시의 사람들도 바보는 아니다. 처녀가 아이를 못 낳는다는 건 상식으로 다 알고 있었다. 따라서 동정녀 마리아의 수태설은 이치에 맞지 않는다는 거였다. 그러므로 예수를 피조물로 간주해야 한다는 것이다. 만약 그렇게 되면 종교의 신비성을 어디서 찾을 것인가 하는 문제가 생긴다. 그래서 회의장 안에서 논쟁이 거칠어지다가 폭력 사태도 심심치 않게 일어난 모양이다. 드디어 승부의 추가 아타나시우스파 쪽으로 기우는 절호의 찬스가 왔다. 그날은 콘스탄티누스대제가 참석한 가운데 콘스탄티노플의 소피아 성당에서 미사를 드리게 되었던 모양이다. 그날의 회의 벽두에 드리는 미사는 아리우스가 집전하기로 작정이 되어 있었다. 콘스탄티누스 황제의 신임이 두터운 아리우스가 연장자로서 첫 순서부터 주재를 하는 게 당연시되었기 때문이었다. 아, 그런데 그가 시간이 다 되어도 영 나타나지를 않는 거였다. 하는 수 없이 대타로 아타나시우스가 등장했다. 오늘날의 교회사에서는 이 대목과 관련해서 신의 섭리라고 주장을 하고 있다. 왜냐하면 아타나시우스가 미사를 집전하면서 그의 주장이 정통으로 인정이 되고, 아리우스는 이단으로 그리스도교의 역사에서 완전히 제외되었기 때문이다. 한데 그 전날 밤에 누군가 아리우스의 밥그릇에 독약을 집어넣었다는 건 한참 나중에 가서야 알려진 사실이었다. 독약을 넣은 장본인은 다른 자가 아니라, 바로 아타나시우스였다. 콘스탄티누스 황제는 당시 신학상의 쟁점이 무엇인지 알 턱이 없었다. 그저 황제라는 권위를 가지고 군림을 했을 뿐이다.

로마와 콘스탄티노플

콘스탄티누스대제가 어째서 로마를 버리고 비잔티움(나중에 콘스탄티노플)을 수도로 정했고, 또 그곳에서 그리스도교의 역사에 가장 중요한 전환점이라고 할 수 있는 니케아종교회의를 개최하고 주재했는가 하는 물음에 답변하고자 하는 게 이 글을 쓰는 목적은 아니다. 그렇지만 콘스탄티누스 황제가 오로지 그리스도에게 자신의 여생을 완전히 맡기겠다는 서원을 가지고 정작 마음속에서 절절히 우러나오는 신앙심 때문에 종교 문제에 깊숙이 간여한 게 아니라는 점은 지적하고 싶다. 이 점에 관해서는 그가 평생토록 로마의 국가 최고 사제직(pontifex maximum)[5]을 내던지지 않았다는 사실과, 그리스도교를 국교로 인정하려고 노력한 흔적이 전혀 없다는 것 등, 여러 가지 근거가 있다. 이 부분은 개인의 신앙심과 관련이 되므로 대수롭지 않은 이야기에 불과한 것 같지만, 실제로 서유럽 정치사와 관련해서 매우 중요한 의미를 지닌다. 오늘날 보다 타당성이 있는 주장은 콘스탄티누스대제가 니케아종교회의에서 아리우스파와 아타나시우스파와의 사이에 벌어진 신학 논쟁에 개입해서 후자 쪽에 손을 들어준 건 정치적인 목적 때문이라는 것이다. 종교의 교리 논쟁이 사회 통합에 지장을 주고, 그리하여 제국의 통치에 누수 현상이 생기는 걸 방지하려는 의도였다는 것이다. 그렇다고 해서 왜

---

5 이는 로마의 신학적 체계가 확립되지 않은 다신교 성향의 로마 전통 종교의 우두머리이다. 비교하면 조선 시대의 국왕이 각종 국행의 제사를 주관하던 역할과 비슷하다.

하필 수도 로마를 버리고 비잔티움으로 천도를 하였는가에 대한 의문은 아직도 해결이 안 된 채 남아 있다. 하지만 원래 콘스탄티누스의 의도는 소피아(현재 불가리아의 수도)로 천도할 계획이었지만, 이미 비잔틴 제국의 수도여서 도시 기반이 잘 형성이 되어 있고, 해상교통이 좋은 이점 때문에 비잔티움(오늘날의 이스탄불)으로 신도읍을 결정했다는 설이 타당하다고 생각한다. 어쨌든 그는 로마를 버리고 동쪽으로 갔다.

대제의 기진장

콘스탄티누스대제는 실베스테르(나중에 제33대 로마 교황으로 추존이 됨) 주교한테 세례를 받았다고 한다. 이를 증명하는 문서가 바로 '콘스탄티누스대제의 기진장(寄進狀 Constitutum Donatio Constantini)'인데, 그 내용은 다음과 같다.

> 나는 한센병에 걸려 로마교황 실베스테르 주교한테서 세례를 받은 후 치유되었다. 거기에 대한 감사의 표시로 로마 주교에게 나와 동등한 권력을 부여하면서 전체의 서방세계를 맡기고 나는 콘스탄티노플로 은퇴하느니라.

이것이 사실이라면 콘스탄티누스대제가 어째서 동방으로 갔는가의 수수께끼 같은 원인에 대해서 완전하지는 않지만 대략적인 사정은 이해할 수 있다. 하지만 이 문서는 8세기 중엽에 바티칸 내부에서 위조된 것으로 밝혀졌고, 가톨릭교회에서도 이를 인정했다. 그러면 어째서 이렇게 신성한 가톨릭교회의 중심부에서 이런 위조 행위를 조장 혹은 묵인할 수가 있었을까? 이 부분을 이해하려면 11세기 이후 서유럽에서 전개되는 로마 가톨릭의 우위성(優位性) 논쟁을 이해해야만 한다. 이른바 나중에 서유럽의 중세 정치사에서 교황과 세속적인 군주와의 성직자 서임권(敍任權) 투쟁의 문제에서, 로마 교황청의 수장인 교황은 신의 섭리에 의해서 이 땅에 예수의 대리자로 선택이 되었다는 점을 부각시켜야만 했기 때문이다.

로마교황이 지상에서의 예수의 대리자라는 점을 특별히 강조하는 대목은, 성서에 기록이 되어 있다고 바티칸 측에서 주장하고 있고, 오늘날의 10억이 넘는 가톨릭교도도 그렇게 믿고 있다. 그 대목이 바로 유명한 마태복음 16장 18-19절에 나오는 대목인 예수가 베드로에게 말하는 "반석 위에 교회를 지을 터이며… 천국에 가는 열쇠를 주리니…"하는 구절이다. 하지만 이것이 곧 로마를 뜻하는가에 대해서는 보다 더 설득력 있는 근거가 필요하다. 로마교회의 수위권 주장을 뒷받침하는 또 하나의 전승이 있다. 베드로가 네로의 박해(CE 64년)를 피해서 로마 시내에서 도망쳐 나오는데, 홀연 노상에서 예수가 나타났다는 것이다. 그래서 베드로가 "주여, 어디로 가시나이까?"(Quo vadis Domine)[6]라고 물으니 예수가 기독교인들을 처형하는 장소로 간다고 대답을 했다는 것이다. 그래서 베드로도 발길을 되돌려 그곳으로 가서 십자가에 거꾸로 매달려 순교를 했다고 한다. 그 시신을 거두어 바티칸 언덕에 무덤을 만들었는데, 후에 베드로의 무덤 위에 바실리카를 세워서 오늘날의 베드로 대성당의 기원이 되었다는 이야기가 있다. 한편 사도행전에 보면 사도 바울이 말타섬을 거쳐서 시실리에 상륙했다는 기록이 나온다. 하지만 이를 사실로 인정할 만한 그 밖의 기록은 없다. 그는 네로의 박해 때 로마에서 참수를 당했다고 하는데, 이 역시 십자가에 거꾸로 매달려 순교한

---

6 폴란드의 작가가 같은 제목의 소설을 써서 1905년에 노벨 문학상을 수상했다.

베드로와 마찬가지로 전설로 전해 내려오는 것뿐이다. 사실이라고 입증할 만한 사료는 없다. 이 역시 하나의 전승으로 치부될 뿐이다.

325년의 니케아종교회의 때 실베스테르 교황(나중에 추존)은 참석하지 않았지만, 두 명의 대표를 파견했고 나중에 회의의 결정을 그대로 인정했다. 이때 교리상의 쟁점으로 부각되는 피조물설과 삼위일체설은 결국 알렉산드리아 교구에서 시작된 문제였으므로, 로마 교구에서는 결코 이목이 집중될 리가 없었다. 하지만 로마가 실질적으로 지중해 연안 지역을 포함하는 대로마제국의 수도였고, 또 콘스탄티누스대제의 임시 근거지가 로마였으므로, 로마 교구에서 온 두 명의 사제들은 은연중에 자기 교구의 수위성에 자부심이 있었을 법하다. 실제로 그 문제가 비공식적인 의안으로 설왕설래한 흔적은 있지만 의외로 주목을 받지는 못하였다고 한다.

서로마제국은 476년 게르만족의 용병 대장인 오도아케르가 쿠데타를 일으켜 왕위에 오름으로써 1천여 년의 찬란한 역사에 종지부를 찍었다. 지중해 건너편인 북아프리카 히포의 주교이자 고대 서양철학의 완성자라고 하는 성 아우구스티누스는 대로마제국의 낙조의 광경을 지켜보면서, 로마가 지상의 천국(왕국=civitas terrena)이라는 미련을 버렸다. 그래서 신국(civitas Dei)이 로마인을 초월해서 전 인류의 소망이라고 역설한 것이다. 이교도의 야만인이 지배하는 로마 땅은 결코 베드로의 혼이 머무는 데가 아니라고 생각했던 것이다. 따라서 천국의 열쇠를 거머쥔 베드로가 머무는 바티칸 언덕은 한낱 허망한 돌무덤의 폐허로 쓸쓸한 자취를 남길 뿐이었다.

그럴 즈음 콘스탄티노플에서는 마지막의 영명한 전제 황제인 유스티니아누스 1세(재위 518-527)가 다시 로마제국의 영화를 되찾겠다고 굴기하는 모습을 보였다. 유스티니아누스 황제는 오늘날 시민법의 법원(法源)이 되는 유스티니아누스 법전을 편찬하는 큰 사업을 벌여서, 후세의 법문화에 큰 이정표를 마련한 인물이었다. 그는 게르만족의 수중에 떨어져서 허우적거리는 서로마제국의 일부를 회복해서 콘스탄티누스대제의 위업을 계승하겠다는 야심을 드러냈다. 특히 그는 니케아종교회의에 버금가는 사업으로서 지중해 연안의 다섯 주요 도시–로마, 콘스탄티노플, 안티오키아, 예루살렘, 알렉산드리아–를 그리스도교의 교구로 확정하고 이를 법제화하는 일을 했다. 여기서 기억해야 될 사항은 유스티니아우스 1세가 로마 대교구의 수위성을 인정할 수 없다는 사실을 분명히 했다는 점이다.

맺는 말

로마 바티칸의 수위성에 대한 논란은 서로마제국의 판도 안에서의 독특한 역사사회적인 조건과 정치적 환경의 변화에 따라서 대체로 10세기를 전후해서 부활을 하게 된다. 이것이 동서 정치사에서 유례를 볼 수 없는 교황황제주의라고 하는 독특한 종교-정치제도를 낳게 한다. 그러나 첫머리에서 말한 것처럼 실질적 권력이 수반되지 않는 종교적 권위는 세속적 권력과 타협을 하지 않고서는 독자적인 존립이 불가능하다. 바로 서유럽에서 카롤링 왕조로부터 이어지는 신성로마제국이 이 때문에 1천 년 동안 존속을 할 수가 있었다. 세속권으로서 신성로마제국은 각기 서로 상충하는 정치적 이해관계를 가진 제방(諸邦) 제후 세력들을 하나의 원만한 정치적 통일체로 이끌어 가기 위해서 초월적인 종교적 권위가 절대로 필요했다. 그것이 바로 바티칸이었다.

마지막으로 오늘날 보편적인 정치 이념이자 인류가 하나의 숙명인 양 추구해야 하는 민주주의 정치제도, 또는 민주주의의 정치의식이나 정치문화라는 것도 이 1천여 년에 걸친 종교적 권위와 세속적인 권력의 상관관계에서만 파악이 가능하다는 사실이다. 서임권 투쟁에서부터 시작해서 영국의 마그나-카르타, 청교도 혁명, 권리장전, 프랑스혁명, 나아가 20세기에 전 지구를 피로 물들인 볼셰비키 혁명도 그 연원을 따지자고 하면 종교적 권위와 세속적 권력의 융합과 갈등이라고 하는 복잡한 관계의 도식에서 이해가 될 수 있다. 단지 그것이 서유럽의 정치사에서만 역사적 체험으로서 형성이 되어 왔다는 점에서, 또 그것을 이해하고자 하면 근대 합리주의적 사고의 모식(模式)이 거기에서부터 우러나왔다는 사실을 알아야 한다. 이에 대해서는 다른 지면을 통해 설명하고자 한다. (2015.9)

김대열

성현(聖顯)으로서의
중국 표의문자와 도교의 상징

학생 시절에 어느 개론서에서 서양 종교는 '계시'의 종교이고 동양 종교는 '깨달음'의 종교라는 구분을 읽은 적이 있다. 단순한 설명은 나름대로 설득력이 있다. 같은 것을 표현하는 두 가지 정식이 있을 때, 보다 더 단순한 것이 더 진리에 가깝다는 이론도 있다. 자연 세계처럼 가상으로 또는 최대한 이상화시켜서 관찰하거나 연구할 수 있는 경우에는 이러한 이론이 상당히 유효하다. 그러나 인간과 사회의 경우엔 그렇게 이상화시키는 것 자체가 어렵다. '서양 종교' 혹은 '동양 종교'라 불리는 것도 그 안을 자세히 들여다보면 각각 매우 다양한 심지어 상이한 요소들이 자리하고 있다. 차라리 복잡한 그 내용이 오히려 비슷하다고나 할 수 있지 않을까? 동양과 서양을 종교의 차이를 통해서 떡 썰듯 썩둑 잘라 나누어 버린 위의 구분이, 서양엔 '깨달음'의 종교가 없고, 동양엔 '계시'의 종교가 없다는 것을 의미한다면 여기엔 충분히 반론의 여지가 있다.

이의성(二義性)으로서의 상징

'계시에 따르는 회심'과 '깨달음'은 둘 다 성(聖)의 상징을 통해서 가능하다는 점에서 서로 배타적인 것이 아닐 뿐 아니라 공통점마저 있는 듯하다. 성의 상징은 인간의 자아 인식의 근본이자 내면의 장(場)으로서의 언어와 밀접한 관련이 있다. 상징은 인간의 깊이를 드러내고, 의미를 넘쳐 흘러나오게 하고, 영적으로 교감하게 하고, 삶의 깊이에 참여할 수 있게 하는 언어이다. 상징의 대상, 즉 상징을 통해서 파악되는 것은 진리이다. 과학에서의 진리가 객관화된 실재라면, 상징은 상징된 것이 내 마음속에서 살아 숨쉬는 관계를 형성할 때 진리성을 확보한다. 그래서 상징의 힘은 과학적 언어로서의 기호와는 다른 것이다. 과학적 기호가 인간 내면과 연결되는 것은 어디까지나 인위적인 것인 반면, 상징의 경우 그 연결의 힘은 우선 상징 자체에 있다. 상징이 지시하는 것과 지시되는 것의 연결은 인간의 마음속에서 저절로 피어 오르는 것이다. 상징은 1차적인 감성적 의미 속에 그것을 초월하는 제2의 비감성적 의미를 내포하고, 이 후자는 전자가 보여주지 못하는 존재－이념, 실체, 가치 등－의 차원을 드러낸다. 이렇게 상징은 제2의 의미를 향해 있다. 또한 상징에서는 우의(寓意)와 달리 제1의미와 제2의미가 불가분의 관계에 있다. 꽃은 내 눈 속에서 아름다움으로 피어나지만, 이 아름다움도 꽃이란 시각적 대상이 없으면 안 된다. 꽃과 나와의 융합 속에서 비로소 아름다움이 생겨나는 것이다. 감각적 대상인 백합꽃이 비감각적 가치인 청정(淸淨)함으로 곧장 유추되는 것이 아니다. 청정이라는 가치는 그 꽃을 보는 인간의 눈 속에서 피어나는 것이다. 여기에 상징의 애매함과 불투명성이 있다. 그럼에도 상징은 감성계(感性界)와 이념계(理念界)를 연결시켜 주는 특수한 힘이 있다. 그래서 상징을 통해서 감성이 이념에 도달하고 이념이 감성으로 내려온다고도 한다. 두 세계를 연결하는 상징의 본질적인 힘은, 바로 이렇게 나의 내적인 힘에 의해서 내가 무언가에 동화되는 것에 있다. 살아 있는 상징은 나를 초월로 이끌고, 그래서 나는 나의 참된 근원, 근거로 인도되는 느낌을 갖는다. '말씀의 계시'이든 '진리의 깨달음'이든 모두 상징이 지닌 힘에 참여하려는 희망의 표현이란 점에서는 동일한 것이 아닐까?

성현(聖顯)[1]의 시각 언어

성(聖)을 드러내는 상징 형식의 특성을 구술 언어[2]와 문자 언어[3]로 구분해 볼 수도 있다. 사실, '서양 종교'라 불리는 곳에도 '동양 종교'라 불리는 곳에도 청각 언어적인 요소와 시각 언어적인 요소가 모두 섞여 있다. 다만, 우선 순위와 '함량'의 차이가 있고 그 걸어온 궤적이 다를 뿐이다. 도교에서는 문자 언어를 위주로 하는 계시를 찾아볼 수 있다.

선사시대의 중국에서 국가 행정은 종교와 점술에 의존하고 있었다. 왕은 이 세상의 중대한 결정을 내리기 위해서 저 세상의 의견, 즉 신들의 의지를 점술을 통해서 물었다. 주지하다시피 갑골문자는 지금까지 알려진 중국 문자 가운데 가장 오래된 형태이다.(그림1과 그림2)

---

1 종교적 궁극적 가치의 현현(顯現).
2 들리지 않는 것을 들리는 것으로 나타내는 것.
3 보이지 않는 것을 보이는 것으로 나타내는 것.

〈그림 1〉과 〈그림 2〉 갑골문

답을 얻고자 하는 질문과 가능한 답을 거북 등딱지나 소의 견갑골에 문자로 새기고 나서, 균열이 생기게끔 홈을 판 후, 그 홈을 잉걸로 지지면, 표면이 파열되면서 균열선이 생긴다. 이것이 점술가의 요구에 응하는 조상들의 답변으로 해석되었다. 고대 중국의 상형문자에서 우리는 계시 매개체로서의 기호와 표의문자 사이의 연관을 관찰할 수 있다. 이 원초적 '불 지짐'의 행위에서, 바로 신령들 자신이 그 점술 도구 위에 도래해서 점술가가 (듣고 옮겨 적는 것이 아니라) 보고 읽어 낼 자취를 남기는 것으로 이해되었다. 성현(聖顯), 즉 초월적인 '점술 표기'와 국가의 공식적 '점술 표기'의 관계는 '말'을 거치지 않는 직접적이고 즉시적인 것이었다. 달리 말하자면, 중국의 상형적(象形的) '표기'는 '말'을 옮겨 적기 위해서 만들어진 것이 아니라 이 세계의 실재를 직접적으로 지적하기 위한 상징과 같은 것이었다. [4]

중국 문명 초기에 '그리기' 혹은 '쓰기'는 이렇게 신들의 세계와 소통을 가

---

4 Léon Vandermeersch 1980, Wangdao ou la voie royale: recherches sur l'esprit des institutions de la Chine archaïque, vol. II, Structures politiques, les rites, Paris, Ecole Française d'Extrême-Orient, pp. 262-263; John Lagerwey 1986, "Ecriture et corps divin en Chine", in Le temps de la réflexion, 1986, VII, Corps des dieux, p. 281.

능하게 하는 기능이 있었다. 그 '쓰기 전문가', 즉 필경사(筆耕士)들은 보이지 않는 무시무시한 능력에 사로잡혀 이 신들의 세계에 무한한 숭경을 경험했을 것이다. 이 사회는 의례에 철저히 구속되었고, 이 '쓰기'가 지닌 신성한 힘 때문에, 행동에서뿐만 아니라 사고방식에서도, '쓰기'의 세속적인 사용은 오랫동안 배제되었다.[5] 이 그래픽 언어는 차후에 점술 차원에서 벗어나 더 이상 거북의 등딱지를 필요로 하지 않는 담론을 뒷받침하긴 하였지만, 이 그래픽 담론은 여전히 구어적(口語的) 담론 너머에 머물게 된다.[6]

중국의 그림 문자는 불가시적 세계, 생명의 원초적 상태를 표현하는 형이상학적 도구이기도 하다. 반데어메흐슈에 따르면, 중국 문자의 가장 오래된 원형은 수호 정령들의 상징을 조합한 것, 단순히 부적과 같은 것, 즉 언어학적 분절 없이 나란히 놓이거나 겹쳐진 그림들이었다. 후에 '말하다'라는 뜻을 지니게 되는 '왈(曰)'이라는 '그림'과, '말로 알리다'라는 뜻을 지니게 되는 '고(告)'라는 '그림'은, 원래 각각 '신비로운 글을 바치는 데에 사용하는 성스러운 물건'을, 그리고 '신령들에게 글로써 알리는 의례'를 나타냈다. 이 물건과 의례는 도교에서 여전히 중요한 자리를 차지하고 있다. 특히 이 물건은 '향불을 피웠던 향로'였을 것으로 추측된다.[7] 잘 알려져 있듯이, 향불을 피우는 것은 신들과 소통하기 위해서이다. 향 연기 모양도 하나의 시각적 표징이다. '신(神)'이라는 문자도 원래는 소용돌이를 그리며 가냘프게 올라가는 향

5 Jacques Gernet 1963, "La Chine: aspects et fonctions psychologiques de l'écriture", in L'écriture et la psychologie des peuples, Paris, Armand Colin, p.36.
6 Vandermeersch 1980, op cit., pp.262-263.
7 Vandermeersch 1980, op cit., pp.473-479.

연기 모양을 나타내는 것이었다.[8]

이 상형적 표기의 성스러운 '매력'은 도교 전통 내에서 좀 더 독특한 표현 방식을 낳게 된다. 초기 표의문자의 형성과 밀접한 관련이 있는 그 근본적인 사유 방식과의 연관을 그대로 유지하면서, 실재의 모습, 신(神)들과 영(靈)들의 명칭, 그들에게 접근 수단, 그들의 몸을 나타내기 위해서 새로운 형태의 '쓰기'가 출현한다.[9] 그것은 중국 우주론, 특히 도교의 기(氣) 개념과 밀접한 관련이 있다. 주지하다시피, 생명의 원천으로서의 기(氣)는 우리 주위를 둘러싸고 있는 동시에 우리 내면을 채우고 있다. 도(道)와 함께, 기(氣)는 단일하고 연속적인 존재들의 집합인 우주의 기반을 이루고 있다고 여겨졌다. 서양에서는 '숨쉬기', 따라서 '말'을 먼저 연상케 하는 '기(氣)'는 중국에서는 '쓰기'와 더 밀접히 또 우선적으로 연관되어 있다. 우주론적이자 영성적 차원을 지닌 기(氣)의 개념에서, 신성화되고 인격화된 기(氣) 개념이 기원후 2세기경에 출현하게 된다. 바로 이 시기에, 한 신성(神聖)이 인간의 영성적 '행정'의 임무를 도사(道士)들에게 부여한다. 그리하여 그의 계시에 기초한 도교 전통 하나가 탄생하고 이때부터 신성의 세계가 그 기(氣)의 응결을 통해서 드러난다, 계시된다는 생각이 출현한 듯하다. 신격화된 노자인 '노군(老君)'이 바로 그것이고, 이는 우주의 근원인 세 가지 원초적 기(氣) 가운데 하나이다. 이 '노자'는 우주처럼 기(氣)로 구성된 신성한 '몸'의 가장 탁월한 형태이다. 그 이래로, 여러 형태의 그림들이 기(氣)의 응축, 즉 신성을 표현하게 된다.

---

8 John Lagerwey 1985, "The Oral and the Written in Chinese and Western Religion", in Religion und Philosophie in Ostasien (Festschrift für Hans Steininger), G. Naundorf, K. H. Pohl, H.-H. Schmidt ed., Würzburg, Königshausen und Neumann, p.302.

9 Gernet 1963, op cit., p.35.

즉 우주적 기(氣)의 '계시'인 것이다.[10]

성현으로서의 몸

몸은 기능적 복합 구조물이자 자타 (自他)의 관계를 매개한다는 개념을 지 니고 있다. 도교에는 다양한 형태의 '신성한 몸'이 있다.

중국에서 '쓰여진 것'은 기(氣)의 몸이 다. 도교적 상징들도 거기에 속한다. 아래 〈태상인조산진형도(太上人鳥山眞形 圖)〉(그림3)는 원초적 기(氣)의 원생지(原 生地)를 표현한다.

太上人鳥山眞形圖

〈그림 3〉[11]

그림의 둘레에는 글을 읽는 사람을 천상의 맛난 음식이 있는 동산으로 초 대하는 글이 새겨져 있다. 이런 종류의 그림은 주로 성스러운 산, 신화적 산을 나타낸다. 즉, 기(氣)로 이루어진 우주, 기(氣)로 가득 찬 '몸-山'의 진형(眞形)이

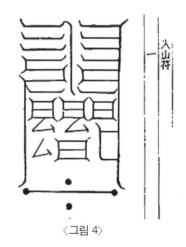

入山符

〈그림 4〉

---

10 Lagerwey 1986, op cit., p.281.
11 Lagerwey 1986, p.279에서 재인용.

다.[12]

〈노군입산부(老君入山符)〉(그림4)는 전통적
인 도교 부적이고 다섯 종류가 있다.

복숭아 나무로 만든 판자에 붉은색으로
그려진 이 상징들을 몸에 지니고 다니거
나 집에 걸어 두면, 산에 있는 잡신들이 얼
씬하지 못하게 하는 기능이 있다. 다른 그
림(그림5) 세 개는 덜 자주 사용되지만 기
(氣)의 그림과 일반 중국 상형문자와의 긴
밀한 관련을 명확히 보여주고 있다.

도사 그 자체도 상징이다. 그의 영성적
몸에는 신령들이 깃들 수 있고, 도사는 이

〈그림 5〉

신령들의 이름을 다 알고 있다. 의례를 행하면서 도사는 이 신령들을 자신
의 몸속에 깃들도록 초대한다. 도사는 자기의 몸을 채우는 이 기(氣)들의 비
밀을 알고 있다. 도사는 고대 중국의 점술가의 직속으로서 선조들과 똑같은
방법으로 상징들을 만들어 낸다. 문자로 이루어진 도교 상징은 구조, '진형
(眞形)', 즉 몸의 힘을 표현한다. 이 신성한 '몸'과 고대 점술가들이 읽었던 금
(균열) 사이에는 근본적인 차이가 없다. 기원을 전후해서 나타난 도교 문헌
에서는 나를 표현하기 위해서 '조(兆)'라는 단어를 썼는데, 원래 이 단어는 갑
골을 불로 지졌을 때 생겨나는 파열 무늬를 가리킨다. 서양의 로고스에 해
당하는 중국의 현(理)도 옥(玉)의 무늬임은 이미 잘 알려져 있다. 이러한 사유

12 Lagerwey 1986, op cit., p.279.

는 사물의 모양, 특히 보이는 것 너머에 있는 양식이나 구조에 대해 갖는 특별한 관심과 밀접한 연관이 있고, 중국 종교에서 의례를 중시하고, 중국 사회에서 적절한 행위를 중시하는 것과도 관련이 있다. 이는 서양의 목적론적 관점, 즉 이상적으로 설정된 궁극 상태에 비추어 행동을 조절하는 것과 대조적이다.[13]

또 도교의 계시 문헌들 가운데 몇몇은 그 자체로서 기(氣)의 표징이다. 종종 이들 문헌의 제목은 신의 이름이나 연단 제조법 이름 그 자체일 때도 있다. 상청(上淸) 전통의 경(經)들은 전(前) 우주적 존재를 겪은 바 있고, 세계를 구성한 것과 같은 방식으로 원초적 기에 의해 이루어졌다. 인간들의 손에 들어오기 전에, 이들은 땅이 형성된 것과 유사한 방식으로 고형화와 침전의 과정을 겪었다. 세계 생성 이전의 공허(空虛) 속에서 형성된 이들 문헌은 팔방으로 퍼지는 눈부신 섬광을 지닌, 태양과 달에 버금가는 광채를 지닌 거대한 빛이었다.[14]

중국 문자는 그 각각이 어의소(語義素)인 기호들의 총람이다. 이 표의 언어는 성(聖)의 다양한 형식이 독특하고 풍부하게 발전하는 데에 기여했다. 이를 통해서 '말'만큼이나 '그림'과 문자도 존재와 그 본질을 파악하는 방식 가운데 하나임을 확인할 수 있다.

---

13 *Ibid*, pp.279-280.
14 Isabelle Robinet 1984, *La révélation du Shangqing dans l'histoire du taoïsme*, Tome premier, EFEO, Paris, pp.112-113.

시각적 상징의 우위(優位)

이렇다고 해서 중국의 종교인 도교가 시각적 언어의 종교라고 단정지을 수는 없다. 도교에서 소리는 쓰여진 것의 음성적 형태, 혹은 거기에 덧붙여진 설명으로서 그 중요성을 지닌다. 신들과의 소통을 가능하게 하는 '진문(眞文)'의 근원적 형태는 우주의 패턴을 드러내는 '천문(天文)'이다. 우주의 태초에 천상의 문자들이 출현하는데 그들은 '빛의 패턴들'이다. 이들이 뒤섞이면 '(우주적) 동굴의 노래'를 자아낸다. 모든 도교 의례에서 부르는 노래들은 바로 이런 '(우주적) 동굴의 노래'인데, 이들은 태초 공간의 자궁 속에서의 (천문의) 소리 없는 출현을 가리키는 가청(可聽) 기호이다. 소리 내어 외우는 주문도 글의 음성적 형태다. [15] 또한 1차원적으로 선형화된 의례 텍스트가 담을 수 없는 것은 구전으로 전수된다. 이런 점에서도 음성이 도교에서 중요한 역할을 하지만, 근본적으로 도교에서는 글 혹은 그림이 소리에 우선한다.

중국 종교사에서의 도교의 일의미(一意味)

라깡이나 데리다에 따르면 인간은 먼저 시각적 지각을 통해서 언어의 세계로 들어간다고 한다. 아이는 말을 하기 전에 거울에 비친 타자가 된 자신을 알아본다. 즉 '분리된 자아'를 통한 자아 인식은 최초의 균열이고 욕망의 시작이다. 이후 아이는 말을 시작하지만 그의 말은, 상징적 차원으로의 접

---

15 Lagerwey 1985, op cit., pp.303-305.

근이 불가능한 한, 공허하다.[16]

아브라함 전통에서 신의 말씀은 구술 언어로 되어 있다. 그래서 그 '실재'에로 다가가는 접근로도, 인간의 공동체를 형성하는 기본적인 수단도 모두 구술적 '말'을 통해서이다. 말을 통해서 사고하고 말을 통해서 사회의 일원이 된다. 이 말씀이 옮겨 적힌 것이 성경이고, 바로 이것이 읽혔다. 도교 문헌은 지극히 '원시적'이어서 인간의 몸을 매개로 해서만 존재 가치가 있다. 그것을 읽는 일은 매우 주관적인 작업, 읽는 이로 하여금 그 글을 통해서 자기 내부를 읽게끔 하는 일이다. 반면, 성경 읽기는 보다 더 객관적이고 사회적이다. '말씀'은 선포되기를 기다리고 그것을 중심으로 공동체가 형성되기를 기대한다. '말씀'은 그 자체가 규율이 된다. 그리고 결국 이 말씀은 지식과 사회 '분열'의 계기를 마련한다. 르네상스, 종교개혁, 인쇄술의 발달은 종교, 학문, 사회의 새로운 형태들을 가져온다. 그리고 말씀은 다시 모든 종교적 맥락으로부터, 그 통일체로부터 독립하고, 과학과 신학으로 나뉜다. 이두 분야의 엄밀주의, 직해주의는 종파주의를 낳고, 그것은 자유주의를 낳고, 자유주의는 신의 죽음을, 신의 죽음은 홀로코스트를 낳는다.[17]

중국 역사에서도 이 '분열'은 문자 기호가 선형화(線形化)되면서 시작된다. 한 사회 계층은 이 선형의 문자 기호를 채택한다. 다른 계층은 그것이 그들의 '자율성의 시대'에 종말을 고할 것이기 때문에 이에 저항한다. 이 '자율성의 시대'는 바로 『노자』에 나오는 새끼줄을 묶어 (언어로) 사용했던 때, 『장자』에 나오는 "그들이 어미는 아나 아비는 모르는 때", 즉 완전한 일체의 때

16 *Ibid*, pp.309-310.
17 *Ibid*, pp.310-316.

를 일컫는다. 그리하여 기원전 4세기쯤에 다다르면 이 두 계층은 유자(儒者)와 도사(道士)로 구분된다. 이 두 계층은 이제 서로 다른 방식으로 문자 기호 문명에 속하게 된다. 유자들의 문자 기호는 이제 점점 더 구술화되고 선형화되어 간다. 그들은 시와 말씀, 역사를 적고, 판단하고 담론하기 위해서 문자 기호를 이용한다. 그래서 그들의 주요한 덕은 도덕적이고 사회적인 (말과 실행이 그 문자의 구성 요소인) 성(誠)과 (말과 사람이 그 구성 요소인) 신(信)이다. 그리고 마침내, 기(氣)의 내용이 되는 보다 심층의 구조로서의 이(理)라는 개념을 통해, 중국의 합리주의 담론을 발전시킨다. [18]

반면, 『노자』(56)에서 "아는 사람은 말하지 않고, 말하는 사람은 알지 못한다."라고 했듯이, 필경사(筆耕士)들의 점술적 기능을 물려받은 도사들은 말 대신 진서(眞書)를 쓰기 시작한다. 말은 진리를 담아 전달할 수 없다는 의혹은 『장자』에서도 보인다. "말은 단순히 불어 대는 바람이 아니다. 말은 말하려는 무언가가 있다. 그런데 말하는 것을 보면 모두가 일정하지 않으니, 과연 말하는 것이 있는 것일까? 없는 것일까? 사람들은 그것이 새 새끼들의 지저귐과는 다르다고들 하는데 과연 그럴까? 그렇지 않을까?"(《제물론》) 또 장자가 이렇게 말했다. "그러면 본래 물음으로 돌아가 보세. 자네가 내게 '자네가 어찌 물고기의 즐거움을 알겠는가?'라고 한 것은 이미 내가 그것을 안다고 여겨 물은 것이네. 나는 지금 이 호수가에 서서 그것을 안다네."(《추수》) 즉, 명백히 '보기' 때문에 안다는 것이다. 그래서 도교 전통은 청각적이라기보다 시각적이다. 『장자』는 이상적 인간을 '진인(眞人)'이라 하였다. 이 '진(眞)' 자의 중심에 있는 요소는 바로 '목(目)' 자이다. 이 진인은 곧 진문(眞文)과

18 Ibid, pp.317-318.

상응한다. 그는 구멍을 막고 문을 닫고 (『노자』56) 내관(內觀)을 실행한다. 그렇게 함으로써 자신의 내부 모습인 '진오(眞吾)'(『老君中經』), 즉 영원의 자궁 속에 새겨진 자신의 '조(兆)'를 관상하는 것이다. 목적론적이 아니라 형태론적이다. 6세기 이래로 오늘날까지 도사들이 '진인(眞人)'이라고 불리는 이유가 바로 여기에 있다.[19]

유자들과 도사들의 별리(別離) 과정은 이천 년가량 걸렸다. 명조(明朝)가 세워질 즈음에 완전히 갈라서게 되었으니 말이다. 그 과정에서 양 진영은 서로 다른 방식으로 불교의 도전을 겪어야 했다. 알파벳과 담론의 문명에서 온 불교는 중국 문화에 구술화와 합리화의 충격을 주었다. 중국 역사상 처음으로 표의문자를 표음식으로 사용하였고, 종교적 선전 즉 설교와 경전 복사를 통한 말씀의 전파를 도입하였다. 주지하다시피, 불상과 불교 문헌을 복제하기 위해 사용된 인쇄술은 중국에서 구텐베르그보다 5세기 앞서서 발명되었다. 불교가 중국 경제에 가져온 합리화 효과는 여러 학자들이 구체적으로 보여준 바 있다.[20]

불교에서 충격을 받아 도교도 변하기 시작했다. 도교 의례에 도덕적 설명을 덧붙이고, 그 의례 순차(順次)에 종말론적 이론을 가하고, 공론에 뛰어들고, 수도원에서 암송할 장황한 규율들을 만들어 내고, 경문들을 모아 방대한 도장(道藏)을 만들고, 그것을 복제하여 배포하였다. 도교가 불교에서 방편(方便)을 배웠다면, 유교는 불교의 원리를 받아들인다. 그 결과가 바로 존재론에서 형이하(形而下)와 형이상(形而上)을 구분하는 송대의 신유교이다. 이 구

---

19 *Ibid*, pp.318-319.
20 *Ibid*, pp.319.

분의 공간적 차원은 불교가 지니고 있던 토속적 관념론의 시각적 구분과 관련이 있다.[21]

문화혁명으로 중국은 청각 언어를 채택하려고 시각 언어를 내팽개쳤다. 그 맥락은 '문명의 합리화' 경향과 무관하지 않다. 그리고 도교는 토속신앙의 대표적인 미신으로 매도되어 배척당했다. 그러기 몇 십 년, 인간과 사회의 새로운 이해를 지닌 학자들, 특히 인류학자들은 몇몇 남지 않은 도교 전통들이 모두 사라지기 전에 기록으로 남기려고 오늘도 중국의 방방곡곡을 찾아다닌다. '미신'으로 버려졌던 그것이 이제는, 더도 덜도 아닌, 독특한 하나의 사유 방식이자 표현 방식으로 여겨지기 때문이다.

오늘날 일의적(一義的) 언어를 통한 합리화, 형식화, 규범화, 효율화가 인간 존재의 깊이와 넓이를 상징하는 다의적(多義的) 언어를 상실하게 했다고 우리는 인식하고 있다. 언어의 엄밀성의 대가로 얻은 것은 언어의 평판화(平板化), 공허화(空虛化)이다. 인간 존재의 깊이, 삶의 깊이에 함께 참여할 수 있게 하는 언어를 다시 살려 내는 일을 해야 한다면, 바로 상징의 문제가 오늘날 특별한 의미를 갖는 이유일 것이다. 시각적 언어와 상징의 재발견이나 재인식의 필요성도 같은 길목에 있다.   (2011.9)

---

21 *Ibid.*

정진홍 |

서울이 그리워졌습니다

　대학에 입학하고 고향을 떠나 서울로 왔습니다. 청운(靑雲)을 품었는지는 잘 기억이 나지 않습니다. 서울역에 내리자 진눈깨비가 오고 있었습니다. 저는 검은색 '벙어리 교복'을 입고 있었습니다. 뱃지도 없고 교모도 없는 고교 교복을 우리는 그렇게 불렀습니다. 까까머리가 손가락 마디만큼 자라있었는데 금방 젖었습니다. 저는 조금은 어지럽게 느껴지는 길을 따라 종로 3가의 와룡동을 향해 걸음을 떼었습니다. 몇 번이고 길을 묻고 물으면서 낯선 것과 부닥친 당혹에서 이는 초조함을 누르려고 젖은 길을 의도적으로 천천히 걸었습니다. 머리뿐만 아니라 교복도 어깨부터 젖어 내렸습니다. 작지 않은 옷 짐도 그랬습니다. 당숙 댁에 도착한 것은 서울역을 떠난 지 2시간쯤 지난 뒤였습니다. 오면서 남대문도 보고 시청도 보고 멀리 있는 '중앙청'도 보았습니다. '실물'을 본 것입니다. 설레었습니다.

　이렇게 시작한 서울살이가 어느덧 반백 년이 훌쩍 넘었습니다. 내내 떠나온 고향이 그리웠습니다. 서울은 끝내 객지입니다. 얼마 전까지만 해도 마음이 부허(浮虛)할 때면 만사 떨쳐 버리고 차를 몰아 고향에 갔습니다. 물론, 다시 말하지만 물론, 그곳에는 아무도 없습니다. 그래도 갑사(甲寺)를 거쳐

계룡산 연천봉에 올라 자라던 마을 마루골(宗谷)을 내려다보고 오면 한결 공연한 심란함을 잠재울 수 있었습니다.

저는 아직 '향수(鄕愁)'를 무어라 정의해야 할지 자신이 없습니다. 잃은 것인지 버린 것인지 분명하지 않은, 그러나 '내 것'이었던, 이제는 그렇지 않은, 그래서 내 마음대로 갈 수 없는 어떤 공간과 시간에 대한 아린 기억, 이렇게 말해도 괜찮을런지요. 어원론(語源論)을 간과하는 제 이러한 경솔함을 꾸중하실 분들이 많으시겠지만 꼭 그렇게 말 뿌리를 캐고 싶지는 않습니다. 까닭인즉, 억지입니다만, 제게서 그 용어가 비롯한 제 경험 속의 어원과 그 용어가 지닌 자전적(字典的) 어원 사이의 괴리를 아직 제가 수습하지 못하고 있기 때문입니다.

그러나 어찌됐든 서울살이와 향수는 늘 함께 있었습니다. 객지에 있었으니까요. 하지만 '세월이 꽤 흐르면' 객지가 사라지든 고향이 사라지든 그렇게 그 둘은 서서히 어느 쪽에 수렴되면서, 아니면 그 둘을 다 넘어 이제까지 없던 '다른' 정서가 솟으면서, 제 삶을 이끌 '수도 있어야 하는 것'이어야 옳았습니다. 한데 그렇지 못했습니다. '~하면 ~하리라'라는 조건절은 한 문장을 구성하는 데는 아무런 모자람이 없이 완벽하지만 삶의 현실과 늘 조화로운 것은 아닌 듯합니다. 그리고 보면 저는 아직도 글과 실제 사이의 거리를 힘들어 하는 모자람을 조금도 채우지 못하고 있습니다. 그런 것 같습니다.

서울살이가 객지살이라는 의식 때문에 향수는 서울에서의 삶을 지탱하는 원천적인 힘이기도 했습니다. 그렇지 않았다면 연천봉 오르내림을 그리 잦게 숨차하지 않아도 되었을 것입니다. 한데 언제부터인지 저는 향수란 삶을 지탱하는 힘이라기보다 치유되지 않는 '질병'일지도 모른다는 생각을 하게 되었습니다. 그러한 생각이 갑작스러운 어떤 계기에서 이루어진 것은 아닙니다. 그러나 서서히 저는 향수에 젖어들기보다 그것과는 다른 기억, 회상, 혹은 그리움에 빠져들기 시작하면서 향수가 마치 편식(偏食)처럼 내 건강에 도움이 되지 않는다는 것을 스스로 확인해 갔는지도 모릅니다. 정확히 말씀 드린다면 서울에 살면서 서울에 대한 기억, 회상, 그리움을 지니기 시작한 것인데, 그것은 고향에 대한 향수보다 어떤 경우 더 아리고 저린 것이었다고 감히 말씀드릴 수 있습니다.

참 뜻밖의 일입니다. 저는 서울에 살면서, 그 서울이라는 객지에서 살면서, 그 삶이, 그러니까 서울이, 그 객지가, 기억 · 회상 · 그리움으로 제 깊은 바닥에 쌓일 줄은 정말 몰랐습니다. 그런데 그렇게 되고 말았습니다. 서울역에 가면 그리움이 왈칵 솟습니다. 와룡동 가까이 종묘 마당에 다가가기만 해도 그렇습니다. 종로 5가와 혜화동은 아예 회상이 지천으로 깔린 곳입니다. 정동에서부터 대한문을 지나 동아일보사를 끼고 탑골공원을 거쳐 동대문을 돌아 동묘를 옆에 두고 신설동까지 종로를 하염없이 걸으면 서울은 아예 기억입니다. 현란한 간판도, 시끄러운 소리들도, 어깨를 스치고 눈을 마주하며 서로 앞뒤를 갈라 걷는 숱한 사람들도 물결처럼 일렁이는데, 그런데 하나도 없습니다. 지금 여기의 서울을 걸으면서 저는 기억, 회상, 그리움 속에 있는 서울을 겪습니다. 참 잦게 그렇습니다.

그럴 때면 골목에서 시간이 흐릅니다. 그 여운을 좇아 어떤 모퉁이를 돌면 지금 여기는 한겨울인데 감꽃이 핀 파란 쇠대문 집에 가 닿습니다. 가슴이 두근거립니다. 검은 머리가 어깨까지 찰랑거리는 맑은 여인이 환한 미소로 저를 반깁니다. 잠시 저는 진흙을 미처 닦지 못한 채 신고 온 구두가 걸립니다. 그런데 그녀는 그것을 본체 하지 않습니다. 마음이 편해집니다. 향기가 대문 안 작은 마당에 가득합니다. 감꽃 향기인지 그녀의 향기인지 저는 구별하지 못합니다. 그렇게 오래 행복하고 싶습니다.

그런데 시간이 갑자기 땅속으로 스밉니다. 당혹스럽고 아쉽습니다. 해질 녘 땅 그림자처럼 그렇게 기억이 사라집니다. 저는 속수무책입니다. 회상은 그렇게 사라집니다. 눈이 내립니다. 바람이 시립니다. 저는 골목도 감꽃도 파란 쇠대문도 향기도 없고 그녀도 없는 서울, 그 겨울의 한복판에서 그리움을 숨 쉬고 있는 저를 발견합니다.

내일의 골목에서는 또 어떤 기억이 저를 유혹할지 알 수가 없습니다. 어쩌면 덕수궁 돌담, 그 몇 번째 기와가 저를 회상 속으로 끌어들일지도 모릅니다. 아니면 이 겨울, 잔설 밑에서 젖은 낙엽 한 잎이 아득한 그리움을 일깨우며 그때 거기의 낙엽인 양 저를 어디론지 이끌지도 모를 일입니다. 그러다가 기억은 언제나 땅으로 스밉니다. 시간이 그렇듯 그렇게 스미며 사라집니다. 그렇게 사라져 어떻게 되는지 알 수가 없습니다. 그런데 어느 순간 회상은 지금 여기와 상관없이 계절과 하늘과 구름과 냄새와 그림자와 사람마저, 그녀마저, 또 다시 좋게 합니다. 그 그리움은 지금 여기의 저를 더없이 행복하게 합니다. 그리움은 서울에서의 제 삶을 지탱하게 하는 힘의 원천입니다.

향수와 기억을 어떻게 다르게 설명해야 할지 모르겠습니다. 이제까지 제가 말씀드린 맥락에 의하면 향수는 객지의식에 담기는 것이고, 회상은 객지의식이 가셔진 의식이 담는 것이라고 말할 수 있습니다. 또는 향수는 그리움 이전의 그리움이고 그리움은 향수 이후의 그리움이라고 해도 좋을지 모르겠습니다. 향수는 스스로 자신의 이야기의 사실적 한계를 지닙니다. 그러나 기억은 그렇지 않습니다. 회상은 스스로 자신의 한계를, 삶을 좇아 한없이 늘려 나갑니다. 향수는 제 서울살이를 담지 못합니다. 그러나 그리움은 서울살이를 담고 또 고향살이를 거기에다 얹어 담습니다. 향수는 포개지지 않는 기억입니다. 그런데 회상은 차곡차곡 포개집니다. 그렇다면 향수는 멈춘 기억인 데 비해 회상은 움직이는 살아있는 것이라고 해도 좋을 듯합니다. 그리고 살아있는 그리움은 시제(時制)를 벗어납니다. 지난 듯 여기 머뭅니다. 그리고 여기 머무는 듯 내일에 이어집니다. 그러기에 내일에의 그리움이라는 언표조차 어색하지 않습니다.

그런데 이것으로 향수와 기억의 다름을 나누기에는 아직 많이 모자랍니다. 더 보탠다면 향수는 공간지향적인 시간의식이지만 회상은 비공간지향적인 시간의식이라고 할 수도 있습니다. 향수는 특정한 공간경험을 전제합니다. 그리고 그것은 실은 정태적인 공간입니다. 향수는 그 공간이 낳는 독특한 그리움입니다. 그렇기 때문에 그 공간경험의 상실이 그 공간이 함께 했던 시간의 상실과 더불어 낳는 기억을 향수라고 할 수 있습니다. 그러므로 향수는 특정한 시간을 흡수한 특정한 공간에서 유리된 그 시공의 주체가 지닌 회상입니다. 이와 달리 그리움은 제한된 공간이 없습니다. 그러한 의미에서 비공간적입니다. 언제 어디든 그것이 그 때 거기가 되면서 그것에 대해 지니게 되는 기억입니다. 그 시공에서 유리된 주체는 없습니다. 시간이 시간의 경험주체로부터 일탈하여 스스로 땅 속으로 스미고 사라져도, 그랬다고 하는 사실에 대한 회상이 회상을 파헤치면 스민 시간은 그 공간 속에서 다시 제 몰골을 드러냅니다. 공간의 상존은 시간의 축적과 다르지 않습니다. 그리움은 이렇게 있습니다. 그것은 거듭 말하지만, 그러한 의미에서 비공간지향적 시간의식입니다.

세월이 참 많이 흘렀습니다. 몸이 마음을 따르지 않습니다. 이제는 고향에 가는 일이 쉽지 않습니다. 공주에 이르는 길은 더 가까워졌는데 제 여행

길은 더 오래 걸리는 먼 길이 되어 갑니다. 갑사에서 연천봉에 오르는 한 시간 반 남짓한 산행(山行)도 그렇습니다. 바위와 골짜기와 비탈이 이제는 두 시간 반도 더 저에게 등행(登行)을 강요합니다. 좀 있으면 가는 일도 오르는 일도 조용히 접어야 할지도 모릅니다. 그렇게 될 것입니다. 드디어 그 때가 되면 향수는 향수로 자신을 잘 다듬어 스스로 마감할 것입니다. 그 때가 되면 향수를 일컬어 객지살이의 힘의 원천이라는 장황한 수식을 할 필요도 없을 것입니다. 향수는 다소곳이 향수로 조용히 머물다 그림자처럼 질 것입니다.

이쯤 되면 늘그막에 할 수 있는 유일한 여유인 '마을 다니는 일'로 서울살이가 자리잡게 되는 것은 당연합니다. 저는 기억과 회상과 그리움을 좇아 부지런히 서울을 쏘다닙니다. 그러면서 때로는 기억이 침봉(針棒)이 되어 지표(地表)를 뚫는 일을 마다하지 않습니다. 겹쌓인 회상의 단층을 긁어내는 것은 그리움의 어쩔 수 없는 충동입니다. 이미 표백된 뼈들과 만나기도 합니다. 녹슨 자물쇠를 주워 찾을 길 없는 열쇠의 행방을 아파하기도 합니다. 환희는 늘 그늘 따라 가려진다는 것조차 확인하기도 합니다. 그럴 때면 저는 언제나 해를 등지고 걷지 않으면 안 됩니다.

삼선교 전셋집에서는 막내 누이가 섬돌에 앉아 공기놀이를 하고 있습니다. 서둘러 홍릉 무허가 주택, 그래도 '등록된 무허가집'이라 안심하던 집에 들릅니다. 첫 아이를 사산(死産)하고 누워 있던 아내가 웃고 있습니다. 이번에는 봉원동으로 갑니다. 젊은 애비가 자식을 목에 얹고 안산(鞍山)을 뛰어오릅니다. 또렷한 기억이, 스산한 회상이, 저리게 아린 그리움이 그 동네 동네 길목들에서 홍수처럼 흐릅니다. 서울은 이미 객지가 아닙니다. 그렇다고 거기가 고향일 수는 없습니다. 향수는 자기의 발언을 삼갑니다. 적어도 기억이 서울을 방황할 때면 그렇게 자제합니다. 회상은 향수를 향해 고맙다고 해야 할지 아니면 내 언어에 메아리를 쳐 주어야 할 것 아니냐고 항변을 해야 할지 망설입니다. 그러나 초조해 하지 않아도 좋습니다. 그러한 초조가 일 즈음이 되면 가뭄에 쏟아진 소나기처럼 향수는 홀연히 지금 여기에 스밉니다. 보이는 것은 다만 지금 여기입니다. 지금 여기가 자신 안에 담고 있는 기억과 회상과 그리움뿐입니다.

서울 거리를 흐느적거리다 '푯(標)말'을 발견한 것은 우연이었습니다. 저는 그 일이 놀랍고 고마웠습니다. 어쩌면 향수마저 잃은 어떤 사나이의 애끓는 객지살이가 빚은 그 객지에 대한 충정의 흔적일지도 모른다는 데 생각이 미치자 저는 제가 할 일을 남에게 빼앗긴 것 같은 아쉬움조차 느꼈지만 그것은 동류의식(同類意識)에서 비롯한 것이었습니다. 그만큼 반가웠습니다. 옛 사간원 자리, 이항복의 집터, 우정총국, 삼봉 정도전 집터… 스민 기억은 그렇게 자기가 실재였음을 푯말을 통해 드러내고 있었습니다.

하지만 제 기억은 푯말되어 있지 않습니다. 아직 그럴 필요가 없습니다. 푯말이 없어도 저는 그 때와 자리를 조금도 혼란 없이 찾아낼 수 있기 때문입니다. 결코 그 때 거기가 그대로 있지 않습니다. 하지만 기억은 회상을 통해 그리움으로 자신을 가꾸면서 그 때 거기를 재현하는 데 아무런 어려움을 겪지 않습니다. 그렇기 때문에 제 삼선교는, 제 홍릉은, 제 봉원동은 아무런 푯말이 없습니다. 없어도 좋습니다.

하지만 그것은 경망한 낙관이었는지도 모르겠습니다. 푯말에 대한 반가움은 곧 공포로 바뀌었습니다. 푯말 세우기가 치밀한 기획을 통해 이루어진, 선택된 기억의 영속화를 위한, 힘의 작희(作戱)라는 사실을 알았기 때문입니다. 제 기억의 푯말은 없어도 좋은 것이 아니라 있을 수 없는 것이었습니다. 만약 제가 제 푯말을 세우려 했다면 아마 틀림없이 어떤 힘에 의하여 강한 규제를 받았을 것입니다. 저는 서서히 그 푯말의 출현과 더불어 스밈조차 거절당한 제 기억의 처연한 무산(霧散)과 제 회상의 불가항력적인 소멸과 제 그리움의 굴욕적인 종말을 예감해야 했습니다. 그리고 그것은 예감이 아니라 현실이었습니다. 푯말은 기억해야 할 것이 무언지 천명하고 있었고, 회상의 내용이 어떤 것이어야 하는가 하는 규범을 제시하고 있었고, 그리움의 당위가 어떤 이념을 좇아 이루어져야 하는지를 설정하고 있는 것이었습니다.

뿐만 아니라, 바로 그러한 이유에서, 푯말은 스미는 기억을 스미지 못하게 합니다. 사라지는 회상을 사라지지 않게 합니다. 그리움도 푯말은 그리움이지 않게 합니다. 그래서 푯말은 기억도 회상도 그리움도 기억이거나 회상이거나 그리움이게 하지 않습니다. 그러면서 푯말은 푯말입니다. 더 정확히 말하면 기억도 회상도 그리움도 푯말이 스스로 담습니다. 푯말에 담기지 않은 기억도 회상도 그리움도 이제는 없다고 해야 더 분명합니다. 푯말은 드러난 기억이 아니라 기억을 여과하는 권력입니다. 저는 그것을 미처 알지 못하고 감동했고, 그리고 알고 나서는 두려웠습니다.

그러므로 제 기억은 이 풍토 속에서는 실은 없어야 합니다. 제 회상은 발설조차 하지 말아야 하고, 그리움은 지닐 엄두를 내서는 안 됩니다. 서울에서의 제 기억의 현존이 이러합니다. 푯말의 존재론에 대한 제 인식은 마침내 향수에의 죄의식이 스멀거리려는 즈음에서 저를 회의와 분노의 사잇길에서 그리움조차 머뭇거리게 합니다. 바야흐로 우리는 '푯말의 시대'를 살고 있는지도 모릅니다. 그런데 저는 눈치 없이 '달라진 세상'을 잘못 살면서 제법 '내 기억'을 숨 쉬고 있다고 저를 속이고 있었습니다.

한강 둔치에 있던 갈대들이 다 베어졌습니다. 그리고 그 자리에 꽃밭이 생겼습니다. 물이 넘쳐도 갈대밭은 그 우거진 모습을 스스로 지우지 않습니다. 강물도 갈대숲을 그렇게 아낍니다. 그러나 둔치의 꽃밭은 큰물을 스스로 견디지 못합니다. 강이 아예 꽃밭을 아끼지 않는지도 모릅니다. 갈대와의 공존을 살아온 강이 꽃밭과의 공생에 익숙할 까닭이 없습니다. 자연의 부자연스러움이 자연을 통해 이루어진다는 역설이 제게는 부담스럽습니다. 그래서 그랬는지요. 갈대가 사라진 자리, 꽃밭 옆에 '자연학습장'이 생겼습니다. 권력의 지혜는 늘 상상을 넘어섭니다. 강가에 갈대가 자라는 자연스러움을 베어내고 거기 꽃밭을 만드는 부자연스러움을 통해 어쩌면 자연의 자연다움이 어떤 것인지를 더 잘 가르칠 수 있다고 판단한 깊은 배려가 낳은 산물인지도 모릅니다. 회의와 분노 사이에서 머뭇거리는 못난 모습만 아니었다면 이는 감격스럽기조차 한 일입니다. 그런데 어떤 시인이 이를 다음과 같이 읊었습니다.

자연학습장

나 자연학습하러 가요

학습할 자연이 저기 있어요

지중해 연안에서 한강변까지 온 수선화

자신이 자신을 즐기는 일은 힘에 겹고

흰색의 관을 낮춰 쓰고

우리들의 관상초로 살아가요

여기서는

꽃이 피고

나무가 자라고

꽃이 피어 있고

나무가 자라 있는데

수선화는 수선화 팻말로

수수꽃다리는 수수꽃다리 팻말로

콩과의 자홍색 진분홍 저 박태기는 박태기 팻말로

가시붓꽃은 가시붓꽃 팻말로

군집을 이루며 하품하는

자연학습장에는 팻말이 피어 있네요

꽃이 져도 팻말이 피어 있고

팻말을 보고도 나는 향기를 맡아요

자연이 팻말나무 속에서 나를 불러요

측백나무과의 황금동백 곁에서

아가미같이 잎들을 흔들고 있는

조림용의 풍성한 나무

곁에서

나는 숨을 쉬고 싶었지만

장미과의 키 작은 나무, 옥매

여린 잎이 나고 있는 무궁화

수국

흰말채나무

꽈리

애기똥풀

옆의 돼지감자 뚱딴지

그리고 꼬리조팝나무를 꾹꾹 지나면서

강변 흙들을 헤치고

지금은 4월

모두가 나르키소스

나의 수선화인 나무팻말들의 속삭임을 들으면서

오늘에야 자연을 배운답니다

자연이 전설이 아니려면 팻말나무가 있어야 한다구요

저기 보아요

어린아이들 꾸역꾸역 몰려오네요

이사라 시집 『가족박물관』 중에서

　자연은 이제 더 이상 자연으로 있지 않습니다. 자연은 학습장 울안에 있습니다. 우리가 배우는 자연은 그렇게 울안에 있습니다. 그런데 그 울안에 있는 꽃들은 모두 팻(牌)말로 피어 있습니다. '자연학습장 안에는 팻말이 피어' 있습니다. '꽃이 져도 팻말이 피어 있고/ 팻말을 보고도 … 향기를 맡습니다. 자연은 팻말을 통해 나를 부릅니다. 자연과의 만남이 이루어지는 구조는 이러합니다. 그것이 인식의 구조이고, 그래서 삶의 구조이기도 합니다. 팻말이 없으면 아무것도 없습니다. 모든 실재는 팻말 안에 있습니다. 삶도 당연히 그러합니다. 꽃이 없어도 팻말이 있으면 우리는 꽃의 향내조차 맡습니다. 그러나 꽃이 있어도 팻말이 없으면 그 꽃은 없습니다. 오늘 우리의 삶의 세계가 이러합니다. 회상을 함부로 숨 쉬어서는 안 됩니다. 그리움의 정서도 명명(命名)된 울안에서 펼쳐야 합니다. 그렇게 하지 않으면 우리는 살아남지 못합니다. 스스로 그렇게 됩니다. '자연이 전설이 아니려면', 그러니까 자연이 실재이려면 자연의 자존(自存)만으로는 불가능합니다. 팻말이 있어야 합니다. '어린아이들'이 그렇게 자연을 배우기 위해, 그렇게 살아야 하기 때문에 '꾸역꾸역 몰려'옵니다. 어쩌면 저는 그렇게 몰려가는 어린이의 대열을 열심히 쫓다 어느 순간 일탈하는 게으름을 범했거나 과오를 범하는 무엄한 삶을 살고 있는지도 모릅니다. 그러면서 그 아이들에 대한 우울한 연민을 시인과 더불어 공감하고 있는지도 모릅니다.

그것이 푯말이든 팻말이든 실재의 실재성은 그것들 없이는 확보되지 못합니다. 그런데 그것조차 그렇게만 있지 않습니다. 푯말의 존재는 스스로 자기 '진화'를 기합니다. 그래서 우리는 어느덧 푯말조차 적합성을 잃은 다른 '장치(裝置)'를 발견합니다.

서울특별시가 조성한 타임캡슐: 서울시에서 정도(定都) 600년을 맞아 펼친 기념사업 중 하나로 1994년 당시 서울의 생활, 풍습, 인물, 문화예술 등을 상징할 수 있는 문물 600점을 선정하여 특수 제작된 캡슐 속에 저장하여 2394년

개봉하여 400년 전 서울의 모습을 후손들이 재조명해 보는 기회를 제공하고
자 조성하였습니다.

서울특별시 120다산콜센터(02-120)에서

이제 기억은 땅에 스미지 않습니다. 회상을 그것이 스민 땅속에서 파내지
않아도 됩니다. 그리움은 서울역에도 봉원동에도 없습니다. 저는 이미 1994
년, 타임캡슐에 들지 못하면서 후세의 기억에서 차단당한 채 안개 피듯 사
라진 실재입니다. 지금 여기 이렇게 있는 것은 온전한 '가현(假現)'입니다. 푯
말조차 이제는 차츰 실재의 지표(指標)일 수 없게 되어 갑니다. 다만 다행한
것은 타임캡슐은 적어도 정해진 기간 스스로 침묵한다는 사실입니다. 이를
테면 400년 동안 자신을 드러내지 않습니다. 땅속에서 자신의 시간을 기다
립니다. 그동안 저는 제 기억을 억제당하지 않습니다. 적어도 지금 여기의
저는 그러합니다.

그러나 그렇다고 해서 그 때 거기의 삶 주체들도 그러한 것은 아닙니다.
그러므로 푯말의 진화는, 곧 타임캡슐은, 이를테면 400년 뒤의 기억을 통제
하는 것과 다르지 않습니다. 400년 뒤에 사람들이 지닐 회상과 그리움을 지
금 가두는 것과 아무런 차이가 없습니다. 물론 그 때 그곳에서의 기억과 회
상과 그리움이 타임캡슐에 담긴 것만을 지닐 까닭은 없습니다. 그들 나름의
자기 현실을 지닐 것이기 때문입니다. 그 때 거기의 어떤 '나'도 홍릉의 기억
과 삼선교의 회상과 진눈개비 내리는 길의 초저녁을 그리워할 것입니다. 하
지만 400년 전에 담아 놓은 실재가 그 기억과 회상과 그리움의 부동(不動)하
는 준거가 되리라는 것은 충분히 짐작됩니다. 그렇다면 그들이 그 때 거기
서 지닐 기억은 이미 지금 여기에서 철저하고 완벽하게 통제되어 가고 있는

것이라고 말하고 싶어집니다.

풋말이 기억을 풀어내는 처음이고, 회상을 누리는 내용이며, 그리움을 충동하는 힘이어야 한다는 규범은 지금 여기에서 살아야 하는 저에게 거의 강박관념으로 작용합니다. 그러나 팻말의 소멸이 확실하게 예상되는 지점에서 저는 산재(散在)한 풋말들을 앞으로는 찾아 헤매지 않아도 될 거라는 예상에 커다란 위로를 받습니다. '응축된 실재'의 발언을 이를테면 400년만 끈기 있게 기다리면 될 것이기 때문입니다. 하지만 이것은 말이 아닙니다. 타임캡슐 안에는 제 기억이 들어 있지 않습니다. 그것을 향유할 기회도 없습니다. 400년 뒤에 제가 있을 까닭이 없으니까요. 그리고 보면 타임캡슐은 '팻말의 허구'로 실재를 장식하는 역사주의의 무게에 억눌린 질식할 것 같은 현대의 자의식이 터뜨린 '익살'일지도 모릅니다. '이것이 너희의 기억과 회상과 그리움의 내용이어야 하는 거야!' 하는 선언이 지닐 수 있는 역사의식의 시제는 사뭇 흥미롭지만 그것이 참으로 그러할 수는 없습니다. 그러므로 이 타임캡슐이라는 '사건'을 두고 의미론을 펴는 것은 익살에 익살을 더하는 일에 지나지 않을 수도 있습니다.

그런데 풋대의 진화는 분명합니다. 이를테면 팻말이 실재를 만드는 일은 꽃밭에서 멈추지 않습니다. 어쩌면 이름이 실재를 낳는 구조가 드러내는 가현의 불투명한 잠행(潛行)이 빚을지도 모르는 '음산함'을 저어하는 까닭인지도 모르겠습니다. 그림자와의 겨룸은 언제나 패배를 초래한다는 사실을 모르는 사람은 하나도 없습니다. 분명한 것은 '팻말의 제거'라고 해도 좋을 다른 현상이 등장했다는 사실입니다. 그것은 적극적이고 힘찹니다. 있는 것, 있었던 것은 모두, 그러니까 '생활양식, 전통문화, 예술, 이야기, 신화, 개인의 경험, 역사 기록 등'을 모두 담을 투명한 '그릇'을 마련하는 일이 벌어진 것입니다. 잃어버릴 수도 있었을 제 향수와 제가 지금 여기에서 지닌 서울의 기억과 회상과 그리움도 그 그릇에는 다 담길 수 있을 듯합니다.

하지만 그 그릇을 만들고 거기에 모든 '있는 것'을 다 담는 일이 간단하지는 않습니다. 언어의 여과(濾過) 작업이 우선되지 않으면 안 됩니다. '향수'는 물론 '기억'이나 '회상'이나 '그리움'은 '지식'이라는 범주 또는 정보라는 범주 안에서 다시 걸러져야 합니다. 속성의 변화는 당연합니다. 앞의 용어들을 아예 폐기하는 것이 더 좋을 수도 있습니다. '지식'과 '정보'는 그 자리를 차지하는 새로운 개념들입니다. 저는 제 향수와 기억에서 비롯한 향수와 그리움, 곧 고향을 향한 가슴앓이와 서울에서 보낸 세월이 낳은 기억과 회상과 그리움이 지식인지 정보인지 모르겠습니다. 그러나 그것을 알고자 하는 의도를 간과한 채 현대는 숨 가쁜 질주를 스스로 하고 있습니다. 저는 당연히 현기증에 시달립니다. 그런데 그 과정에서 지식과 정보가 어떻게 '있는 것'들을 모아 '그릇'에 담고 있는지 보여주는 구조는 확연합니다.

'지식의 정보화'가 암묵적 지식을 명시적 지식으로 바꾸는 외재화(externalization)의 과정을 의미하는 것이라면 '정보의 지식화'는 명시적 지식을 암묵적 지식으로 전환하는 내재화(internalization)의 과정을 뜻하는 것이다. 지식의 정보화가 지식을 정보로 가공하는(혹은 디지털화하는) 것이라면 정보의 지식화는 그렇게 가공된 정보를 활용하여 '나만의 지식을 만들고자 하는 것'이다.[1]

---

1   신광철, 「종교문화 원형 활용사업의 의의와 전망」, 한국종교문화연구소, 『종교문화원형 활용의 의의와 전망』, 2008. 2쪽.

아무래도 좋습니다. 제 그리움이 정보여도 지식이어도 상관이 없습니다. 그 모두가 아니어도 좋습니다. 분명한 것은 새로 등장한 '그릇'에 '있는 것'이 담기면 그것이 '나만의 지식'이 될 수도 있다는 가능성의 확인입니다. 제가 두려운 것은 향수의 소멸에 이어 겨우 확보한 서울의 회상조차 잃을지도 모르는 것이기 때문입니다. 이미 팻말의 현존에서 저는 그러한 상실을 뼈저리게 경험한 바 있습니다.

그런데 그 그릇이 무언지 짐작하면서 제 안도는 다시 불안으로 바뀌어 갑니다. '문화콘텐츠'가 그것입니다. 저는 그 그릇이 이를테면 타임캡슐과 달리 투명하기를 바랐습니다. 그리고 그것은 그러합니다. 저는 그 그릇이 담은 어떤 것이든 현재 시제를 지니리라 기대했습니다. 그리고 저는 그 그릇이 무엄하게도 모두를 담을 수 있으리라 상상했습니다. 그리고 그것은 누구에게나 언제 어디서나 넣고 꺼낼 수 있는 그릇이라 여겼습니다. 그리고 그것은 그러합니다. 하지만 거기에 담기는 것은 그렇지 않았습니다. 그것은 '발굴, 정리, 활용'(신광철, 4쪽)되는 것이어야 했고, 그런 순서로 넣고 꺼내는 것이어야 했습니다. 제 기억이 발굴되지 못하면 저는 제 기억을 제 것으로 만들 수 없을 것 같습니다. 제 회상이 정리 과정에서 탈락한다면 저는 회상을 누릴 수 없습니다. 당연히 제 그리움이 활용될 수 있는 것이 못 된다면 제 그리움은 처음부터 없는 것이 될 수밖에 없습니다. 이것은 꽤 실망스러운 일입니다. 제게는 그렇습니다. 이러한 진화는 저를 불안하게 합니다. 그 불안이 무엇엔지 쫓기는 것과 같은 초조함으로 바뀐 것은 다음과 같은 친절한 '설명'과 만났을 때부터입니다. 어떤 사람이 한국문화콘텐츠진흥원에 도대체 문화콘텐츠라는 것이 무엇인가라고 물었을 때 답변이 이러했습니다.

문화콘텐츠(Culture Contents)란 창의력, 상상력을 원천으로 '문화적 요소'가 체화되어 경제적 가치를 창출하는 문화상품(Cultural Commodity)을 의미합니다.

저는 아직 제 상권(商圈)을 마련하지 못했습니다. 뿐만 아니라 제 향수도, 기억도 회상도 그리움도 문화콘텐츠에 담지 못했습니다. 그것이 정보나 지식일 까닭이 없습니다. 그렇다면 지금 여기를 사는 '도덕'은 제 고향살이와 객지살이를 모아 서둘러 그것을 정보화하고 지식화하여 상품으로 만들어 내는 일입니다. 그래서 교환가치가 있고, 이윤을 내고, 그것을 향유할 수 있는 삶을 향해 '돌진'해야 할 것 같습니다. 하지만 그렇다고 해서 팔릴 까닭이 없습니다. 그리고 정직하게 말한다면 제 향수와 제 기억과 회상과 그리움을 팔고 싶지도 않습니다. 팔지 않을 겁니다. 팔지 않습니다.

계룡산 연천봉에 다시 오르고 싶습니다. 꼭 그렇게 할 것입니다. 서울역으로 가서 진눈깨비를 맞고 싶습니다. 그것이 여름이어도 좋습니다. 저는 틀림없이 그 계절에서도 진눈깨비를 맞을 것입니다. 그리움을 그리워하는 일과 회상을 회상하는 일과 기억을 기억하는 일을 터럭만큼도 놓치고 싶지 않습니다. 그것은 제 삶의 부분이 아니라 삶 그 자체입니다. 구두창 밑에서 흔적도 없이 비벼져 사라지는 개미처럼 제가 그렇게 지워진다 해도 제 삶은 우주보다 크다고 믿고 싶습니다. 그렇게 알고 싶고 그렇게 살고 싶습니다. 그렇게 하고 있어 이렇게 있다고 생각합니다.

역사가 무언지 잘 모르겠습니다. 그 개념이 우리의 의식을 점유한 까닭을 알 수 없습니다. 무엇이 지워진 자리에 그것이 자리를 잡았는지도 잘 모르겠습니다. 향수가 퇴색하고 객지에 대한 기억이 회상되어 그리움으로 자리 잡는 것이 역사라면 그 역사는 '저'를 간과하지 않는다고 감히 항변할 수 있습니다. 그런데 강가에 갈대가 베어지고 꽃밭이 마련되면서 팻말이 서고, '있는 것' 다 어떤 그릇에 담아 시장에 내놓고 팔릴 것, 팔리는 것, 팔리지 않는 것들을 솎아 내는 어떤 격률이 역사라는 이름으로 수식되고, 문화라는 이름으로 다듬어진다면, 그래서 그것은 불가항력적인 것일 수밖에 없다고 한다면, 저는 '나는 속지 않고 싶어!' 하고 절규하겠습니다. 다들 웃겠지만.

서울역에 갔습니다. 아직 을씨년스런 겨울 끝자락이 노숙자들을 움츠리게 하는 지하도 입구에서 소주병을 든 한 여자 노숙자가 이렇게 외치고 있었습니다.

'xx 새끼들아! 나도 새끼 낳았다. xx⋯ 나도⋯'

역사라는 것, 역사적이라는 것이 도대체 무엇입니까? (2009.3)

3.
예술의 향기

이연승

Just A Kiss

켄 로치 감독의 〈Just a Kiss〉라는 영화를 얼마 전 우연히 보면서 오갔던 이런저런 생각을 이야기하고자 한다. 다른 피부색과 다른 종교 전통을 가진 남녀 사이에 전개되는 러브 라인에 이런저런 갈등 요소를 엮어 만든 이 영화의 스토리는 그리 신선한 것이 아니다. 영국 글래스고 지방에 정착한 파키스탄인 2세인 카심은 이슬람 전통 안에서 살아가는 집안의 유일한 아들로서 지금은 클럽의 D.J.이며, 아일랜드 혈통을 물려받은 로이신은 굳이 가톨릭 전통을 박차고 나오지는 않은 정도의 가톨릭 신자로서 가톨릭 계통 학교의 훌륭한 음악 교사다. 검은 피부의 카심이 흰 피부를 가진 로이신의 그랜드피아노 운반을 돕게 되면서 마치 피아노의 검은 건반과 흰 건반처럼 그들은 자연스럽게 호감을 느끼며 어울리게 된다. 카심에게는 이미 집안이 정해 놓은 약혼녀가 있었으나 로이신을 사랑하기 때문에 그는 부모에게 말도 하지 못한 채 집에서 나와 로이신과 함께 살고, 이 과정에서 이들의 사랑이 카심의 집안에 가져오는 크고 작은 불행으로 둘 사이의 갈등은 자꾸 불거진다. 로이신 역시 가톨릭 학교에서 정식 교사가 되기 위해서는 교구 신부의 추천을 받아야 하는데, 다른 종교를 가진 남자와의 동거는 교사로서의 자격에 합당하지 못한 것이라는 교구 신부의 강경한 태도로 말미암아 직업을 잃게 된다. 정혼녀가 찾아오면서 극에 이른 둘의 갈등은 카심이 상심과 분노에 휩싸인 로이신을 찾아와 '정신 나간 더두(개구리라는 뜻으로 이들 연인 사이의 애칭임)'라는 말과 함께 포옹하는 장면 속에서 잠시 수면 아래로 가라앉으며 이 영화는 끝이 난다. 어떠한 해결책도 쉽게 떠오르지 않고 다만 몇 가지 관계의 파탄이 예상될 뿐이지만 캔 로치는 여기에다가 즐거운 마침표를 가볍게 찍었다. 앞으로 사람들이 이런 무거운 문제들을 더 이상 무겁지만은 않게, 또 자신의 진실한 감정에 맡기며 살아갈 수 있기를 바라는 마음에서였을까 하는 생각이 들었다.

종교는 근원적인 삶의 방식과 밀접하게 연결되어 있고, 오랫동안 축적되어 온 그 삶의 방식이란 것이 언제 어디서든 한 개인에게, 그리고 그와 직·간접적인 관계를 맺고 있는 크고 작은 집단에 영향을 미친다는 것은 너무나 당연한 사실이다. 종교란 단지 개인적인 신앙이거나 정례화된 의식에 참가하는 문제에 그치는 것이 아니라 바로 삶의 방식이기 때문에, 시간의 켜가 겹겹이 앉은 종교 전통에 속한 사람이 그 전통에 속하지 않은 이들과 만날 때 구체적인 삶의 현장 여기저기에서 삐걱거리는 마찰음이 생기고 내면적으로도 온 존재를 뒤흔드는 여파가 계속 울리게 되는 것도 당연하다. 그럼에도 불구하고 이 영화가 잘 만들어졌다는 말을 하려는 것이 아니다. 나는 이 영화를 보면서 요사이 유럽에서 유일하게 신도수가 증가하고 있다고 하는 이슬람교의 특성을 떠올리게 되었고, 아울러 이를 유교의 과거 및 현재와 비교하게 되었다. 생각해 보면 이슬람교의 교리만 삶의 구석구석에서 통제력을 발휘하는 것도 아니고 가족이나 친족 간의 강한 유대감을 강조하는 것도 아니다. 사실 모든 종교 전통들이 다 그러하다. 얼핏 생각하기로는 하루에 다섯 차례나 자신의 신앙을 몸짓으로 드러내야 하는 솔랏은 이슬람적 삶의 방식을 유지, 강화, 확산해 나가는 데에 큰 영향력을 발휘할 것 같기는 하다. 그러나 이 영화가 설정한 상황같이 전 지구촌의 촌민들이 서로 이동하며 섞여서 살아가는 삶의 환경에서 여전히 모든 이슬람 신앙을 가진 이들이 아무런 종교적 신념의 동요 없이 전통적인 믿음과 실천을 온전히 지켜나가리라고 기대하기는 어렵다.

이 영화에서 카심의 여동생 타하라는 매우 영특하고 독립적인 성격을 가진 고등학생으로서, 부모님의 허락 없이 자신이 원하는 대학의 학과에 합격했지만, 아버지는 여자애가 집을 떠나 대학에 다니는 것을 허락하지 않고 그 지역에 있는 대학에 가라고 강요한다. 이런 장면을 보면서 대부분의 사람들은 아마도 가족의 이름으로 개인의 학업이나 직업 등을 통제하려는 시도가 합리적이지도 않고, 이 통제에 순응하는 것이 바람직하지도 않다고 느낄 것이다. 조금 확대하여 생각해 보자면, 개인의 권리와 자유가 종교에 바탕을 둔 가족이나 집단의 규제보다 더 우위에 있으며, 앞으로도 당연히 그러한 추세가 이어지리라 추측된다. 친언니에 대하여 "우리 언니는 자기를 이슬람교도라고 생각해요."라고 말하는 타하라의 경우, 자신이 선택한 대학에 진학하여 가족과 떨어져 생활하게 되면 히잡을 두르고 어김없이 솔랏을 실천하리라 예상하기는 어렵지 않을까? 타하라는 여러 선생님들과 급우들 앞에서 자신의 소견을 발표하면서 자신은 글래스고의 시민이자 파키스탄 사람이고, 이슬람 집안에서 태어났으며 가톨릭 학교에 다니고 있는 십대 소녀라고 자신의 정체성을 밝힌다. 그러면서 서구 사회가 50여개국의 10억이 넘는 모든 이슬람교도들을 모두 똑같이 테러분자인 양 취급하면서 도덕적 우월감을 갖는 것을 받아들일 수 없다고 목소리를 높여 외친다(이 영화는 9.11

사건이 일어난 다음 해에 만들어졌다). 반박의 여지가 없는 이 주장에 대한 반응은 백인 남학생들의 야유와 욕설이다. 타하라의 가방을 빼앗아 달아나는 백인 남학생들을 타하라와 카심이 뒤쫓다가 음악실의 기타를 부수고 피아노 반주를 하던 로이신을 만나게 된다. 이 자그마한 고등학교에서의 한바탕 소란은 지구촌의 축소판이었다 해도 과언이 아닐 것이다. 이주와 이민이 잦아지고 전 세계의 정보들이 공유되는 이 마당에 타하라보다 더 복잡한 정체성의 결을 가진 사람들은 더욱더 늘어날 것이다. 그럼에도 불구하고 혈통적 혹은 종교적 순종주의를 강조하며 배타적인 태도를 갖는 경우는 점차 사라질 것이다.

열애 중이던 로이신과 카심에게 가톨릭과 이슬람의 교리 차이는 아무 문제가 되지 않는다. "너의 종교에도 천사가 있니?" "그럼!", "처녀가 아이를 낳았다는 교리는?" "물론 있지!", "빵과 포도주가 피와 살로 변하는 교리는?" "말도 안 돼!", "그러니까 너는 가브리엘이 동굴에서 마호메트의 귀에 하느님의 말씀을 한 마디씩 들려주었다는 걸 믿는구나?" "물론이지!" 등의 대화가 과일을 먹고 음료를 마시며 연신 깔깔대는 가운데 진행된다. 이어서 이들은 가난한 이웃을 위한 자선이라거나 이웃을 자신과 같이 사랑하라거나 하는 보편적인 인류애에 관한 실천적 차원의 교리에 서로 공감하며 축배를 나눈다. 물론 이들 두 젊은이들은 자신의 종교를 그다지 진지하게 여기지 않기 때문이기도 하겠지만, 다양한 종교를 가진 다양한 인종들이 섞여서 살아가는 오늘날, 사람들이 서로에게 호감을 가지거나 연인 사이가 되거나 동업자 관계가 되는 데에 서로 다른 호칭으로 신을 부르거나 서로 다른 신을 믿는다는 것이 큰 장애가 되지는 않을 것이며, 되어서도 안 된다는 것을 많은 이들이 공감할 것이다.

이 영화에서 가장 기억에 남는 것은 임시 교사였던 로이신이 학교측으로부터 정식 교사로 채용하겠다는 통보를 받고 기뻐하면서 동의서를 받기 위해 교구 사제를 찾아갔던 장면에서 오갔던 대화다. 이것을 그저 형식적인 절차에 불과하리라 여겼던 로이신은 이교도 남성과 혼인도 하지 않은 채 동거한다는 것을 문제 삼으면서 의외로 강경하게 추천을 거부하는 신부 앞에서 전혀 그러한 사실을 숨기거나 수치스러워하지 않는다. 그녀는 오히려 신부가 사생활의 영역에 속하는 자유와 권리를 침입하는 몰상식한 태도를 취한다고 여기는 듯 기가 막힌다는 태도를 보이며, 중장년층으로 보이는 교장이 가톨릭 계통의 이사회에서 관리, 운영하는 학교이기 때문에 어쩔 수 없다고 하자 차라리 실직을 택한다. 아직도 우리나라의 꽤 여러 대학에서는 직원을 채용할 때 특정 종교의 교인이라는 증명서를 요구하는 것으로 알고 있다. 대개는 개신교 계통의 대학에서 개신교 신도라는 증명서를 담당 목사에게 받아서 제출하라고 요구하며, 이 때문에 심각한 갈등을 느끼거나 취직을 아예 포기하는 경우는 거의 없다고 한다. 너도 알고 나도 알지만 그냥 넘어가는 식이다. 이런 관행이 과연 무엇을 위한 것이며, 또 언제까지 지속될 것인가?

물론 현대사회에서도 교육이란 기본적으로 기존 체제의 재생산이라는 기능이 있기 때문에 본질적으로 어느 정도 보수적인 성향을 띠게 될 것이다. 하지만 지금은 더 이상 종교적인 세계관이 덮개(canopy) 역할을 하지 못하며, 특정 종교의 전통적인 삶의 방식을 지금의 학생들에게 그대로 전수할 수만은 없는 상황이다. 어떤 종교도 요람에서 무덤까지 공적, 사적 영역의 생활에 대하여 그 나름의 종교적 삶의 방식을 강요할 수 없게 되었다는 사실도 자명해졌다. 전통적 사회에서 종교는 무엇을 배워야 할지, 어떤 직업이 바람직한지는 물론, 그 종교가 인정하는 결혼의 형식을 거쳐 다음 세대를 양육해 낼 것을 가르치고 인도하는 역할을 담당했다. 그러나 현대인들에게 학업이나 직업의 선택, 성적인 취향, 결혼 여부의 선택 등은 더 이상 종교와 상의할 문제가 아니고 종교가 관여할 수 있는 문제도 아니게 되었다. 바야흐로 대다수의 현대인들은 학업, 직업, 연애, 결혼, 그 어느 항목에서도 종교적 규제가 영향력을 발휘하지 못하게 됨을 당연시하게 된 것이다. 종교란 지극히 사적인 영역에 속하는 것이기에 국가도 그 자유를 보장해야 하며, 종교란 진실로 거룩한 영역에(만) 속하는 것이기에 세속에서의 구체적인 개인의 삶에 일일이 관여해서는 안 된다는 것이 현대인들의 상식이다.

나는 이 영화를 보면서 여전히 이슬람교는 살아 있는 종교 전통으로서 삶의 다양한 영역에 영향력을 발휘하고 있지만, 카심이나 카심의 여동생과 같은 젊은 세대들이 늘어남에 따라 앞으로는 점차 그 영향력도 축소되고 그 영향력이 발휘되는 영역도 축소되리라는 예상을 하게 되었고, 아울러 우리나라에서 유교는 이미 이러한 과정을 밟아 왔던 것이 아닐까 하는 생각을 하였다. 유교가 이미 많은 영역에서 영향력을 발휘하지 못하는 종교 전통이 되어 버렸다는 것을 적어도 가시적인 영역에서는 수긍할 수밖에 없고, 비록 예전보다 많은 연구비가 정책적으로 지원되고, 더 많은 이들이 유교를 연구한다고 해도 살아 있던 유교적 삶의 세계를 21세기에 재현하리라는 희망을 가지는 이는 거의 없다. 바로 이런 상황에서 현대 한국 사회에서 유교 현대화의 길을 모색하기 위한 과정으로 유교 근본주의나 전통주의와 대비되는 유교적 최소주의(Confucian minimalism)—유교의 내면적 핵을 고수하되 외적 가

변적 요소들은 과감히 개혁해 나가자는 주장—[1]가 제기되었을 것이다.

그런데 그 내면적 핵을 천도(天道)와 인성(人性)에 대한 믿음이라고 하며 그 것을 고수하자고 한다면[2] 과연 현대인들에게 어떤 메시지를 전달하는 효과가 있을까 의문이다. 이천 년도 넘는 옛날 사마천으로 하여금 "과연 하늘에 도가 있느냐!"라고 절규하게 만들었던 그 천도(天道)에는 여러 층차가 있지만 기본적으로 자연의 운행 질서라는 면이 포함되어 있기 때문에 서구의 천문학과 역법이 소개되기 시작한 이래 전통적인 천지의 운행 질서에 대한 신념은 일찍이 붕괴된 셈이다. 그러나 사마천이 원망했던 천도, 즉 인격성이 투사된 그 천도는 여전히 절대적인 정의와 선이 투사된 것으로서 기독교의 공의의 하느님과 마찬가지로 신념의 대상이 될 여지가 있다. 하늘이 낸 인간의 선한 본성에 대한 신념이 강하고 맹목적일수록 세상 살기는 험난할지 모르지만, 천도와 인성을 믿는다는 것은 복음을 수용한 것임에 틀림없다. 돈도 명예도 가족도 건강도 다 잃은 욥(Job)이 부서진 기와 조각으로 부스럼을 긁으면서도 원망조로나마 하느님을 부를 수 있었던 것처럼 강인한 삶의 근원을 부여잡고 있는 셈이기 때문이다. 그런데 현실적으로 다시금 천도와 인성에 대한 신념을 회복하고 유교의 정신을 되살려 살아 숨쉬는 종교 전통으로 만드는 일이 누구를 위하여 왜 필요한 것인지를 숙고해야 하지 않을까 하는 생각이 든다. 결국 세속화의 과정을 이미 힘겹게 지나온 유교 전통에 대하여 다시 유교의 의례를 현대적으로 복구하자거나, 그 핵심적 교리에 대한 신앙심을 갖자거나 하는 주장이 어느 정도나 현실적이고도 실현가능한

---

1 길희성, 「한국사회와 유교적 최소주의」, 66-67쪽.
2 상동, 66-69쪽.

것일지 의구심이 든다.

 20세기 중・후반기에 활발히 전개되었던 모우종산(牟宗三) 선생을 비롯한 많은 현대 신유학자들의 논의나, 뚜웨이밍(杜維明) 선생을 비롯하여 서구권에서 유교의 의미와 그 현대적 가치를 설명하고 설득하는 담론이, 비록 많은 연구자들의 주목을 끌고 많은 책과 논문들을 양산해 낸 것은 사실이다. 그러나 이것이 현대인의 구체적이고도 일상적인 삶의 세계를 유교적으로 변화시키는 효과를 가져왔다고 말하기는 어렵다. 과거 유교 문화권에 속해 있던 동아시아 사회 역시 예외가 아니며, 따라서 현대의 유교를 '떠도는 유혼(Lost Soul)'이라고 표현하기도 한다. 중국의 경우, 전 세계적으로 공자 아카데미를 설립하여, 중국어와 중국 문화를 거의 무상으로 보급하고 학술과 문화 교류를 지원하는 사업을 국가적으로 추진하고 있다. 이 사업은 문화적 민족주의(Cultural nationalism)의 차원뿐 아니라 국가적 민족주의(State nationalism)에까지 널리 걸쳐 있는 것으로 보인다. 원숙한 지혜를 갖춘 현인으로서의 공자상에 더하여 현실감각이 뛰어나고 정치적, 전략적 수완도 남 못지않았던 공자의 면모를 부각시킨 영화(《공자》, 2010)를 만드는 것은 현재 중국의 국가적 문화 정책과 관련이 있기에, 후진타오 주석도 후 메이 감독을 만나 세계적으로 공자를 알릴 좋은 기회라고 하며 격려와 당부를 아끼지 않았을 것이다. 당시 중국에서는 〈공자〉와 동시에 개봉되었던 영화 〈아바타〉에 일종의 상영 제한조치 비슷한 것이 취해지기도 하여 덕분에 '공아지쟁'(孔阿之爭: 공자와 아바타의 싸움)이라는 신조어를 둘러싼 이야기들이 한동안 인터넷을 장식했다. 그러나 아무리 많은 중국 인민들이 〈공자〉를 본들, 그리고 앞으로 〈맹자〉니 〈순자〉니 하는 영화가 만들어진들 중국이 교육제도나 관료제도 등을 과거 유교적인 방식으로 전회할 리도 없고 중국 인민들의 삶의 방식이

유교적으로 변화할 리도 없다. 중국 정부가 유교를 그들의 문화적 상징으로 선전하기에 혈안이 되어 있다고 해도, 중국에서 유교는 정치집단이나 자본 집단의 소프트 파워로만 그 역할이 축소, 제한되어 버린 것이 아닌가 싶다.

그렇다면, 이러한 양상은 50여 년 전 J. 레븐슨이 현대사회에서 유교는 박물관의 유물로서만 의미 있으리라고 했던 그 예견을 보여주는 것일까? 나는 그렇지는 않으리라 생각한다. 아무리 사회, 경제 구조가 바뀌고 관료제도가 바뀌었다고 해도 이천 년 가까이 지배적인 영향력을 발휘하던 유교 전통이 백 년 사이에 박물관의 먼지 쌓인 박제품이 되어 버린다는 것은 납득하기 어렵다. 한국의 경우로 논의를 축소해 보자면, 스스로를 유교도라고 자처하는 사람들의 숫자는 비록 급격히 감소하는 실정이지만, 그래도 여전히 한국인의 종교적 심성의 보편적 기반을 유교에서 찾으며, 정서상으로나 생활 습관의 곳곳에서 유교적인 에토스나 규범들이 녹아 있다는 것을 발견하곤 한다. 바야흐로 유교는 나날이 쓰면서도 그런 줄을 모르는[日用而不知] 삶의 세계에 스며 있는 종교 전통이 되었는지도 모르겠다. 다만 그 형체를 알아볼 수도 없을 만큼 용해되어 유교에는 더 이상 〈Just A Kiss〉에서 설정한 종교적 갈등의 소지조차 사라졌는지도 모른다. 그런데 그렇다고 해서 이제 유교를 성공적인 종교 전통으로 복원해야 하는가? 유교도의 숫자를 늘려야 하고 유교 교단을 세력화시켜야 하는가? 나는 어쩌면 지금 유교의 모습은 가장 21세기적으로 변모한 양상일 수도 있다고 생각한다. G. 알리토는 일찍이 1979년에 『*The Last Confucian*』에서 량슈밍(梁漱溟, 1893-1988)을 '마지막 유가'라고 불렀지만, 그건 축자적인 의미에서 사실이 아니다. 아마도 한동안 우리는 동아시아의 위대한 지성인이나 지도자들을 보내면서 이와 같거나 비슷한 말을 하게 될 것임에 틀림없다. 스스로 유교도라고 자처하지 않으면서 유교

의 교조를 지킨다는 자각도 없이 자발적으로 유교적인 덕목들을 실천하는
이들이 존재하고 있다면, 이것이야말로 켄 로치가 이상적이라고 여길 만한
바람직한 이슬람이나 가톨릭의 미래상이 아닐까? 나도 이쯤에서 서둘러 즐
거운 마침표를 찍어야겠다. (2010.9)

박규태

클림트, 꽃의 구원
에로티시즘 · 죽음 · 모노노아와레

"예술가로서의 나를 알고 싶다면, 세상에 알려질 만한 유일한 것인 내 그림들을 주의깊게 관찰하여 내가 누구인지, 그리고 무엇을 원하는지를 발견해야 한다… 내 자화상은 없다. 나는 회화의 대상으로서 나 자신에 전혀 관심이 없다. 오히려 다른 사람들, 특히 여성에 관심이 있고, 그보다 다른 형태에 관심이 많다. 나는 스스로를 특별히 흥미로운 사람이 아니라고 생각한다. 하루 종일 그림을 그리는 화가이며, 인물과 풍경, 그리고 가끔 초상을 그린다."(구스타프 클림트)

들어가기 : 그림 속으로

존 말코비치 주연의 영화 〈클림트〉(라울 루이즈 감독, 2006년)는 외로운 병동에서 죽어가는 오스트리아 화가 구스타프 클림트(Gustav Klimt, 1862-1918)의 임종 장면에서 시작된다. 죽기 직전에 주인공의 입에서 튀어나온 말은 바로 '꽃'이었다. 꽃이란 무엇인가? 그가 나의 이름을 불러 주었기 때문에 나는 그에게로 가서 그의 꽃이 되었노라는 바로 그 꽃인가? 아니면 살살이꽃, 숨살이꽃, 뼈살이꽃처럼 죽은 자를 살리는 바리공주의 꽃일까? 어떤 꽃이든 클림트에게 그것은 생명의 상징이고 특히 '영원히 여성적인' 구원의 꽃이었으리라고 상상해 본다. 그의 그림들은 바로 이런 꽃이었다. 어떤 이들에게 클림트의 꽃은 추한 포르노그래피일 수 있으리라. 하지만 너무 아름다워서 우리로 하여금 죽음을 떠올리게 만드는 어떤 것을 추하다고 말할 때, 그런 의미에서만 클림트의 꽃은 추하다. "예술가로서의 나를 알고 싶다면, 세상에 알려질 만한 유일한 것인 내 그림들을 주의깊게 관찰하여 내가 누구인지, 그리고 무엇을 원하는지를 발견해야 한다."는 클림트 자신의 권고를 받아들여, 이름 높은 미술사가나 비평가들과 비스듬한 거리를 유지한 채 오직 그의 그림들을 최후의 궁극적인 권위로 삼아 어쩌다 한 번쯤 꽃 속으로 들어가 보기로 하자.

팜므 파탈의 화가 : 에로티시즘과 죽음

올 가을과 겨울 신종플루의 대유행이 예상되는 가운데 어수선한 시간의 물길 속에서 나는 엉뚱하게도 클림트의 죽음을 떠올린다. 클림트도 독감으로 사망했기 때문일까. 정확히 말하자면 그는 스페인 독감에 따른 폐렴 합병증로 인해 56세의 일기로 세상을 떠났다. 실은 독감에 걸린 당시 그는 이미 뇌일혈로 반신불수 상태에 빠져 있었다. 그리하여 혹자는 클림트가 생애 내내 죽음의 공포를 안고 있었고 그것이 그의 작품 세계에 반영되어 나타난다는 점을 지적하기도 한다.

클림트의 그림에 나오는 여자들은 하나같이 특별한 느낌을 준다. 그 여자들은 어쩌면 죽음에 대한 그의 공포와 등치물이었을지도 모른다. 클림트에게 꼬리표처럼 따라다니는 '여인의 화가'라는 호칭도 뒤집어 보면 죽음과 에로티시즘에 대한 그의 색깔 있는 감성과 무관할 수 없다. 군이 "에로티시즘, 그것은 죽음까지 파고드는 삶"이라는 바타이유의 명제를 들먹이지 않더라도, 클림트의 에로티시즘이 죽음의 풍부한 표정을 함축한다는 점을 상상하기란 그리 어렵지 않아 보인다. 그런 죽음의 얼굴은 특히 그의 그림 속에 자주 등장하는 '팜므 파탈'을 통한 원초적 여성성의 추구와 더불어 모습을 드러낸다. 달리 말하자면 그것은 생명과 창조의 여성성이자 동시에 파괴와 공포의 여성성이기도 한 대모여신의 에로티시즘이다. 클림트의 그림에는 특히 요염한 분노의 여신들의 이미지가 많이 나온다. 그 원초적 여성성은 압도적인 여성의 힘을 느끼게 한다. 바로 이런 이유 때문에 당대의 수많은 부르주아 남성들이 클림트의 그림을 적대시하고 비판했을 것이다.

클림트가 이처럼 세계를 압도하는 힘과 공포로서 여성성을 묘사한 것은 그의 자아 성장 과정과 무관해 보이지 않는다. 라캉의 용어를 빌리자면 클림트는 '상상계'에서 '상징계'로의 진입이 순탄치 않아 어머니로부터의 심리적 독립을 충분히 이루지 못했던 것일지도 모른다. 이 점을 뒷받침해 주기나 하듯이, 클림트는 평생 결혼을 하지 않은 채 어머니와 두 명의 누이와 함께 한 지붕 아래 살았으며, 1915년 어머니가 작고한 후 3년 뒤 그 역시 56세로 사망했다. 그의 어머니에 대한 자세한 기록은 없지만, 영화 〈클림트〉가 묘사하듯이 그녀가 정상적인 여성이 아니었음은 분명해 보이며 누이 한 사람도 어머니처럼 평생 정신적인 질환을 앓았다고 한다.

하지만 여성성에 대한 그의 공포에도 불구하고 그림 속의 꽃들과 여성들은 한눈에 일상적 생활의 차원에서 벗어나 극도로 세련되고 우아하며 신비스럽기까지 하다. 이 여인들은 감각적인 선과 화려한 색채로 장식되어 있으며 유혹하는 느낌을 주어 어딘지 모르게 도발적이다. 인간의 비밀스러운 영역과 관계가 있을 것 같은 욕망과 억압에서 도출된 이미지들이라고나 할까. 나는 그 안에 숨어 있을 법한 무언가를 상상해 보려고 애쓰지만 잘 떠오르지 않는다. 무엇인지 알 수 없는 어떤 것, 주체도 대상도 아니면서 나와 분리되어 이질적인, 그러면서 나를 집요하게 공격하는 어떤 것, 심지어 도착적이고 비참하고 혐오스럽고 오염되고 그리하여 결국 공포스러운 어떤 것… 줄리아 크리스테바가 '아브젝트'라 부른 저 무시무시한 원초적 여성성 말이다. 이런 여성성이 거부하기 어려운 매혹으로 우리를 사로잡는다는 사실은 매우 역설적이다.

예컨대 죽음과 맞닿아 있는 에로티시즘의 비밀, 곧 팜프 파탈의 에로티시즘을 잘 보여주는 〈유디트1〉(1901)을 보라. 구약성서에 나오는 젊고 매혹적인 유대인 여성 유디트는 적장 홀로페르네스 장군을 유혹하여 취하게 만든 후 목을 잘랐다. 그녀는 번쩍이는 금장식으로 둘러싸여 있다. 그녀의 손에 들린 적장 홀로페르네스의 머리는 마치 연인의 머리만 같고 그녀의 섬세한 손가락은 자위하는 여인의 드로잉과 닮았다. 해골의 미소를 온몸으로 받아내는 〈삶과 죽음〉(1916)의 여인, 황금비로 변한 제우스의 정액을 허벅지 사이로 흘려 보내는 〈다나에〉(1907-1908)의 여인, 탄생과 죽음 사이의 잔인한 간격을 묘사한 〈여인의 세 단계〉(1905)의 여인들도 마찬가지다. 뿐만 아니라, 쾌락과 고통과 노동과 출산과 존재의 온갖 고통들 곧 인류의 합리성이 접근할 수 없는 자연 혹은 인간 이성이 통제할 수 없고 정복할 수 없는 어떤 것을 시사하는 〈철학〉(1907)의 여인들(철학은 결코 이성적인 학문이 될 수 없다!), 자연 앞에 속수무책으로 방치된 인간 운명을 상기시키는 〈의학〉(1907)의 부유하는 여인들(의학은 결코 죽음에서 해방시켜 주는 학문이 아니다!), 법과 정의의 권위를 비웃기나 하듯이 법정에 선 원죄자 인류를 유혹하는 〈법학〉(1907)의 여인들(법학은 전혀 정의롭지 못하다!)… 이들은 모두 인류를 집어삼키는 팜므 파탈의 벌거벗은 여인들이다. 이처럼 그의 에로티시즘은 죽음과 맞닿아 있다 그리하여 〈희망1〉(1903)과 〈희망2〉(1907-1908)의 임신한 여인들은 역설적으로 '희망 없음'의 출산을 기다리고 있는 듯이 보인다. 그것은 근원적인 죽음과 다름없다. 그렇다면 오직 죽음만이 유일한 희망이고 탈출구란 말인가?

꽃의 사제 클림트

〈그림1〉 고양이를 안고 있는 50세의 클림트

고양이를 안고 있는 50세의 클림트를 보여주는 사진이 있다.(그림1) 청색의 아라비아풍 통짜 옷을 입고 샌들을 신은 사진 속의 주인공은 영락없는 수도자 혹은 은둔자 사제의 얼굴을 하고 있다. 하지만 그 사제는 좀 특별나게 보인다. 원시인, 이방인, 노동자, 건달, 노숙자에다 심지어 정신병자의 느낌까지 풍기는 사제이기 때문이다. 사실 비엔나 분리파의 창시자인 클림트는 이른바 토탈아트의 대가로 말해지기도 한다. 그런데 토탈아트란 원래 혼란스럽고 놀라운 세계에 질서를 부여하려는 광범위한 철학적 시도로서, 예술가를 유사 영적 지도자로 보는 낭만주의적 믿음과 관계가 있다. 대장장이(금속공예가)의 아들로 태어나 자기

만의 꽃을 찾아 그림 속으로 들어간 저 클림트를 사제로 연상하는 것은 누구나의 자유이겠지만, 내게는 특히 그럴 만한 이유가 있다.

그것은 올 봄에 보았던 〈클림트 황금빛 비밀 GUSTAV KLIMT IN KOREA 2009〉 서울 전시회에서의 충격적인 경험과 관계가 있다. 아시아 최초의 단독 클림트전으로서 세계 최대 규모라는 이 서울 전시회에서 맨 처음의 충격으로 내가 만난 것은 바로 〈베토벤 프리즈〉(1902)였다. 이는 흔히 토탈아트의 정신이 가장 완벽하게 반영되었다고 평가되는 제14회 분리파 전시회인 〈베토벤 전시회〉에 출품된 대작이다. 베토벤 교향곡 9번 〈합창〉에서 영감을 얻었다는 총길이 34m의 대형 벽화로서 세 개의 패널로 구성되어 있다.

그중 제1패널 〈행복의 추구〉에는 마치 무중력 공간이나 물속을 떠다니는 느낌을 주는 여인(천사)들이 하늘을 나는 그림이 있고, 그 오른쪽 아래에는 벌거벗은 남자와 여자가 무릎을 꿇은 채 니체의 초인 혹은 클림트 자신

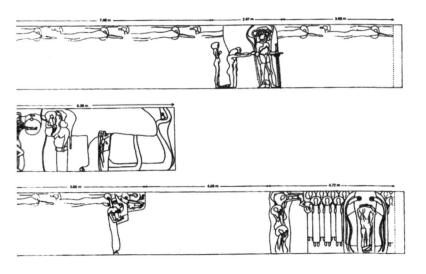

〈그림2-1〉 베토벤 프리즈 스케치(전체)

을 연상케 하는 황금기사에게 기도를 올리고 있다. 패널 소개문은 "나약함 속에서 겪는 인간의 고통, 그들에 대한 연민과 야망에 고무되어 있어 인간으로 하여금 행복을 얻기 위한 투쟁에 나서도록 격려하는, 재능을 타고난 강자에게 호소하는 인간들의 기도"라고 적고 있다. 이어 제2패널 〈적대적인 힘〉에는 거대한 고릴라의 모습을 한 괴물 티포에우스(타이푼)와 그의 세 딸 고르곤(질병, 광기, 죽음) 및 갈망(욕망), 음란(방탕), 무절제를 상징하는 여인들이 묘사되어 있다. 한편 제3패널 〈시에서 위안을 찾는 행복에 대한 염원〉은 예술이 인간을 이상의 왕국으로 인도하고 그곳에서만 순수한 기쁨, 행복, 사랑을 찾을 수 있다는 것을 베토벤의 제9교향곡에 나오는 "환희, 신들의 아름다운 불꽃이여, 온 세계에 이 입맞춤을 보내노라"라는 구절을 빌려 표현하고 있다.

이와 같은 벽화의 구성은 바그너가 1846년에 쓴 〈제9교향곡〉 해설에 따

〈그림2-2〉 베토벤 프리즈 부분(적대적인 힘)

른 것이라고 말해진다. 즉 싸움에 나서는 고뇌를 그린 제1패널은 제1악장, 적을 그린 제2패널은 제2악장, 인간을 구제하는 자를 그린 제3패널 앞부분은 제3악장, 그리고 남녀의 포옹을 그린 제3패널 뒷부분은 제4악장에 해당한다는 것이다.

로댕이 극구 찬양했다는 이 벽화의 주제는 말할 나위 없이 예술과 사랑의 중재를 통한 가련한 인류의 구원에 있다. 이를 위해 벽화는 행복을 희구하는 인류의 갈망, 적대적 세력으로서의 괴물과 요부, 그리고 마침내 시와 예술 속에서 행복의 갈망이 채워지는 결말 등을 묘사하고 있는 것이다. 이런 〈베토벤 프리즈〉 벽화에는 정작 음악으로서의 베토벤은 잘 느껴지지 않지만, 박해를 무릅쓰고 예술적 성전으로서의 토탈아트 정신을 구현하려는 구세주=예술가에 대한 송시가 웅변적으로 그려져 있다. 오랜 시간 동안 나를 붙들어 맨 이 벽화에서 꽃이 피어나는 것을 보고서야 난 비로소 전시회를 떠날 수 있었다. 과연 클림트는 꽃의 사제였구나. 그리고 그 꽃과 사제는 동양화의 여백 속에 마치 공(空)처럼 스스로를 비워 나가고 있었다. 날마다 작아져만 가고 있는 내겐 그렇게 느껴졌다.

클림트와 일본의 꽃

서른이 넘어 일본에 가서 처음 본 클림트 그림의 느낌도 마찬가지였다. 당시 사회주의에 심취하여 노동법을 공부한 나에게 그의 그림은 일본의 거대하고 호화로운 옛 건물들에서 수없이 본 금박 병풍을 비롯한 화려함의 극치인 장식들처럼 역겨웠다. 일본화로 상징되는 일본이 싫었듯 그 아류처럼 여겨진 클림트도 싫었다. 특히 일본인들이 클림트에 열광하는 꼴도 보기 싫었다. 심지어 우익작가인 미시마 유키오의 극단적인 탐미주의를 클림트에 비교하며 그 둘을 찬양하는 꼴에 질리기도 했다. [1]

일본의 대표적 전통 예능인 노(能)를 집대성한 제아미는 그의 탁월한 노(能) 이론서『풍자화전』(風姿花傳)에서 "숨기는 꽃을 알아야 한다. 숨겨야만 꽃이 된다. 숨기지 않으면 꽃이 아니다."라고 적고 있다. 클림트에게 꽃은 구원의 꽃이다. 그런데 일본인은 그 꽃 속에서 숨김의 미학을 보았다. 한 번 피어나면 한 번 지는 것이 꽃의 운명인가. 우리는 모두 꽃을 피우고 싶어한다. 그리고 할 수만 있다면 누군가에게 하나의 꽃이 되고 싶어한다. 하지만 떨어지는 꽃잎을 보여주고 싶어하는 사람은 별로 없을 것이다. 그런데 왜 일본인은 숨기는 꽃을 알아야 한다고 말한 것일까. 이 한마디 속에서 나는 겨울 속에 얼어붙어 있던 온갖 느낌들이 찰랑거리는 바람소리를 내며 걸어나오는 소리를 듣는다. 그러면서도 저기 문 밖에 클림트가 있는데, 내 빈약한 상상력은 어떻게 그의 꽃을 바라보아야 할지 몰라 아직도 그냥 서성거릴 뿐이다. 일본인들은 그런 클림트의 꽃을 어떻게 느꼈을까.

우리에게 그리 많이 알려져 있지는 않지만, 클림트와 일본 미술의 관계는 생각보다 밀접하다. 물론 클림트의 독특한 화풍에 영향을 끼친 것은 비단 일본만이 아니다. 비잔틴 모자이크, 고대 바빌로니아, 이집트, 미케네, 켈트, 중부 유럽 특히 루마니아의 민속과 농민미술 등이 그에게 끼친 영향은 결코 과소평가될 수 없을 것이다. 하지만 클림트의 황금 양식의 장식 표현, 즉 색이 아니면서 장식적이고 표현적인 역할을 하는 금색(또는 금박지)이 그의 팜

1 박홍규,『구스타프 클림트, 정적의 조화』, 가산출판, 2009, 28쪽.

프파탈적 여인들뿐만 아니라 전술한 〈베토벤 프리즈〉의 황금기사까지 뒤덮으면서 에로티시즘의 극치를 연출해 낸 데에서 우리는 비잔틴적 요소와 일본적 요소의 배합을 엿보게 된다. 또한 그가 즐겨 쓴 소용돌이 당초무늬는 명백히 아시아적인 것이며, 〈유디트1〉과 〈유디트2〉의 긴 수직 캔버스는 동양 미술의 족자를 연상시킨다. 한편 〈프리드리케 마리아 베어의 초상화〉(1916)는 고구려 도자기의 채색화에 근거하여 그려진 것이다. 클림트는 주제의 측면에서 주로 유럽식 전통에 충실했지만, 구도라든가 디자인 측면에서는 아시아에 대한 자신의 사랑을 숨기려 하지 않았다. 특히 클림트 후기의 여성 초상들은 화법 및 주제 모두 아시아 예술의 영향 하에 있음을 부정하기 어렵다.

이 모든 동양적 화풍과 관련하여 일본적인 것에 대한 클림트의 관심은 남다른 바가 있었다. 실은 클림트만 그랬던 것은 아니다. 서양에서 일본 미술은 1854년 미국과 일본의 조약 체결 이후 본격적으로 소개되어 크게 인기를 끌었다. 그 전에는 가구를 중심으로 하여 중국 미술이 인기를 끌었지만, 1873년 빈에서 열린 세계박람회에서 2백 점이 넘는 일본 물건들이 전시된 후 오스트리아 국민들은 아시아의 모든 것에 열광하기 시작했다. 이리하여 19세기 후반부터 일본 미술의 이차원적인 화면 구성, 강렬한 원색, 평면적인 원근법, 색면과 윤곽선의 강조가 툴루즈 로트렉, 휘슬러, 반 고흐 등과 함께 클림트에게도 큰 영향을 끼치게 되었다. 가령 우키요에(浮世絵) 목판화와 칠기를 비롯하여 일본 부채 · 도자기 · 법랑 · 기모노 · 시적인 자연 · 대나무 · 잉어 · 등나무 · 벚꽃 · 수련 등의 일본적 요소들이 이들의 작품 세계에 종종 등장하게 되었다. 그러니까 비엔나 분리파가 1900년 제6회 전시회로 〈일본미술전〉을 개최한 것도 결코 가벼운 선택이 아니었던 것이다. 당시 파

리에서 새 아이디어의 원천 중 하
나는 일본 예술이었다. 클림트 역
시 일본 예술과 관련된 책들을 많
이 읽었다. 이른바 자포니즘에 매
료된 것이다.

특히 일본화의 여인상, 극단적인
수직 구성, 금은을 비롯한 색채, 화
려한 추상적 장식 등이 클림트 작
품의 색채를 비롯하여 구성과 장
식 및 주제에 깊은 영향을 끼쳤다.
가령 이 점은 비엔나 분리파의 기
관지 〈성스러운 봄〉창간호의 삽화
를 비롯하여, 스토클레 저택 식당
에 그린 당초무늬 장식 벽화〈스토

〈그림3〉 스토클레 프리즈 부분(기다림)

클레 프리즈〉및 황금 양식 시대의 대표작이자 마지막 그림으로 말해지는
〈키스〉(1907-1908) 등에서도 잘 엿볼 수 있다. 〈스토클레 프리즈〉의 한 장면인
〈기다림〉의 여자 무용수는 일본인을 모델로 한 것이며(그림3), 사람들에게
가장 많이 알려져 있는 작품인 〈키스〉의 여자는 회오리 모양 문양과 꽃으로
묘사되어 있고 남자는 무채색의 직사각형 문양으로 표상되어 있다. 일종의
구원이라 할 만한 합일과 충만의 경지를 보여주는 여인의 표정은 공간의 깊
이가 느껴지지 않을 정도로 평면적이고 아주 장식적인 방식을 통해 에로티
시즘의 일본적 승화를 보여주는 듯싶다. '모노노아와레(もののあはれ)'가 그것
이다.

모노노아와레의 에로티시즘

17세기 후반 근세 일본의 도시에서는 종래의 헤이안적 미의식인 모노노아와레가 옷을 바꾸어 입고 일종의 연대감정으로서 모노노아와레적 공동성이란 것이 형성된다. 그 후 오늘날에 이르기까지 일본인들은 여전히 이런 감정을 가지고 있다. 이와 같은 모노노아와레에 의거함으로써 공동성을 구축한 근세 이후의 일본 문화에서는 논리가 아니라 감정이 현실을 구성한다. 이런 근세적 모노노아와레의 출현과 거의 동시대인 17세기 후반에 등장한 우키요에는 모노노아와레의 공통 감각에 의한 육체 길들이기와 순화(에로티시즘의 거세) 혹은 그런 순화에 대한 반작용(에로티시즘의 과잉)의 하나의 표현이라는 측면을 내포한다. 이런 상황에서 근세 중기의 색도론(色道論)을 대표하는 야나기사와 기엔(柳澤淇園, 1704-1758)은 『히토리네』(独寝, 1725년경)에서 "속지 않고 싶다면 유곽에서 놀지 마라. 유곽은 속기 위해 가는 곳이니까, 속으면 속을수록 좋다."고 하여 인간이 본질적으로 연기적(演技的) 존재임을 주장한다. 이 때 연기의 토대는 속(안)과 겉(바깥)의 미묘한 짜깁기에 있다.

일상생활에서의 아픔과 비애를 서로 직접 확인하는 것이 아니라, 아무렇지도 않은 듯이 가장하면서 그래도 슬쩍슬쩍 나타났다 숨었다 하는 속 감정을 서로 암묵적으로 알아차릴 때 모노노아와레가 비로소 가슴을 파고들어 사람들 간의 연대감을 낳게 된다. 고통과 비애 그 자체는 부정적인 것이지만 그것을 있는 그대로 노출하는 것은 인간의 약함을 드러내는 것밖에 되지 않는다. 그것은 자기와 마찬가지로 말 못 할 고통과 비애를 안고 살아가는 상대방에게 자기혐오를 불러일으킬 뿐이기 때문이다. 그 결과 서로 경멸하게 되고 더욱 고독해질 수밖에 없을 것이다. 하지만 만일 그 고통과 비애를 혼자서 용감하게 견디면서, 다 감추거나 하지는 않은 채 우연히 속내가 드러나는 경우는 어떨까? 고뇌를 보여주지 않으려는 노력은 인간적인 강함의 증거이므로, 속내가 슬쩍슬쩍 드러날 때 그것은 더 이상 원래의 속내가 아니라 거짓에 의해 매개된 속내이며, 따라서 더 이상 경멸받을 만한 약함의 드러남이 아니게 된다. 숨기는 꽃처럼 말이다.

그리하여 그런 속내는 인간이 공유하는 근원적인 슬픔이 드러남으로써 전면적으로 공감할 만한 것으로 변용된다. 이런 공감으로부터 생겨나는 연대감정을 일본 정신사에서는 '모노노아와레'라고 부른다. 즉 모노노아와레를 환기하는 데에는 속내를 감추면서도 드러낸다는 역설적인 조작이 필요하다. 이는 오직 연기에 의해서만 가능한 것이다. 하지만 그 연기는 의도적인 것이어서는 안 된다. 의도적인 연기는 공감을 이끌어 내지 못한다. 역설적이게도 연기는 연기가 되어서는 안 되는 것이다. 야나기사와가 보기에 유녀야말로 그런 일본 근세사회의 연기적 구조를 극한적인 방식으로 사는 존재였다. 그는 단순히 유녀를 동정한 것이 아니다. 유녀는 이 세상의 지옥(유곽)에서 에로티시즘을 연기하는 존재이므로, 죽음의 냄새를 풍기는 유녀와의 교제는 타성에 빠지기 쉬운 연기적 일상에 내포된 위태로운 취약성을 각성시킨다. 그런 각성이야말로 참된 에로티시즘을 유발한다는 것이다. 이처럼 야나기사와는 연기의 실존화에 의해 모노노아와레와 에로티시즘을 양립시키고자 했다. 그 후 이와 같은 일본적 공감의 미학인 모노노아와레는 국학의 대성자 모토오리 노리나가에 의해 마침내 종교적 차원에까지 상승하게 된다. 이를테면 모노노아와레를 아는 것이 선이고 모르는 것은 악이라는 식이다.

어쨌거나 클림트 또한 이와 유사한 빛깔의 감수성으로 하층계급의 누드

모델들에게서 최상의 에로티시즘을 끌어낼 줄 알았던 모노노아와레의 대가였던 셈이다. 그러니까 클림트가 자포니즘에 매력을 느낀 것도, 그리고 일본인들이 클림트에 열광하는 것도 우연의 일치는 아닌 듯 싶다. 일본인들은 정말 클림트를 징그럽게 좋아한다. 심지어 그들은 〈모노노케〉(나카무라 켄지 감독, 2007년)라는 TV 애니메이션 시리즈에까지 클림트를 끌어들였다. 그것은 에도시대의 주술적 약장수가 모노노케를 잡으러 전국을 방랑한다는 내용의 애니메이션인데, 내가 여태껏 본 일본 애니메이션 가운데 가장 일본적인, 너무나 일본적인 색채와 무늬와 느낌표들로 가득 차 있다. 그런데 거기에는 흥미롭게도 클림트의 그림들이 배경 화면으로 등장한다. 물론 이것이 시대고증을 전혀 무시한 설정임은 말할 나위 없다. 실제로 오늘날 일본에는 클림트 마니아가 5백만, 애호가까지 합치면 1천만을 넘는 클림트 팬들이 있다고 한다.

빠져 나오기 : 출구 없음의 미로에서

그럼에도 아시아 최초로 열린 세계 최대 규모의, 그것도 금세기 최후의 클림트전이 일본이 아니라 한국에서 열리게 된 까닭은 무엇이었을까? 혹자는 인터넷 강국 한국의 클림트 블로그 및 관련 사이트가 무수히 많이 존재한다는 점이 유리하게 작용했다는 말도 한다. 하지만 그것은 아마도 빙산의 일각에 지나지 않은 것이리라. 나는 그 진짜 이유를 한국인의 심성에서 찾고 싶다. 클림트의 작품 중 4분의 1이 풍경화라는 점은 의외로 많이 알려져 있지 않다. 그것도 그냥 풍경화가 아니라 모네라든가 고흐 등에 필적할 만한 클림트의 풍경화에는 사실 한국인의 종교적 감성을 자극하는 그 무엇이 있어 보인다. 우선 거기에는 공간에 특이한 감각이 깃들어 있다. 클림트는 당시 흔히 사용되던 오페라 망원경의 성질을 이용하여 평면적인 공간을 만들어 냄으로써, 멀리 있는 풍경들을 내면 가까이 끌어와 자세히 표현하고 화면 전체에 동일한 무게로 색감을 부여하는 데 성공했다. 그리하여 자연과 그 안에 있는 제 요소들이 관객의 정신세계와 완벽하게 조화를 이루게 한 것이다. 그런데 한국인의 감수성을 두드린 것은 이처럼 내면의 깊이를 평면적으로 펼칠 줄 알았던 클림트의 기교만이 아니었다. 그보다 더 본질적인 것은 풍경화의 문이다. 클림트의 풍경화에는 들어가는 문도 나오는 문도 보이지 않는다. 오직 세계를 향해 나 있는 작은 창문들만이 전부이다. 그리하여 입구 혹은 출구를 찾는 우리의 시선은 결국 그림 속에 갇힐 수밖에 없다. 역설적으로 이와 같은 반(半)폐쇄적인 풍경의 시퀀스가 한국인의 심성과 기묘한 울림으로 조우하게 된 것은 아닐지….

과연 클림트는 한국 사회의 구석구석까지 존재한다. 2009년에 방영된 KBS 주말연속극 〈솔약국집 아들들〉을 보면 그 솔약국 벽면에도 화사한 대형 클림트 그림이 걸려 있다. 아무런 맥락도 없이 그저 걸려 있다. 한국종교문화연구소 한 편에도 작은 클림트 그림이 영문도 모른 채 걸려 있다. 하지만 거기에 걸려 있는 것은 실은 클림트가 아니다. 알 수 없는 어떤 〈기다림〉일 것이다. 에로티시즘과 죽음의 기이한 회로를 벗어난 출구 없음의 미로 속에서 안개처럼 희미하게 떠오르는, 그러나 너무 깊어서 바닥을 알 수 없을 어떤 예감 같은 것, 그런 예감의 구원에 대한 깊은 꿈 같은 것으로서의 기다림 말이다. '깊이'야말로 모든 느낌과 앎, 곧 모든 기다림의 본질이니까. 나는 그런 기다림을 '꽃의 구원'이라 명명하고 싶다. 그런데 정작 나는 언제쯤이나 내 안의 꽃을 피울 것인가? (2009.9)

정진홍

시간을 벗어난 시간
회상과 희구의 미학을 위하여

이야기 풀기: '시간-내 존재'의 '시간-예속성'

인간은 시간 안에 있습니다. 그렇다고 하는 사실은 어쩌면 자명합니다. 그리고 다시 그렇다고 하는 사실은 인간이 철저하게 시간에 예속되어 있음을 뜻합니다. 당연한 일입니다. 어떤 사물 안에 존재론적으로 놓여 있는 사물은 그 사물에 예속될 수밖에 없습니다. 또한 그로부터 스스로 벗어날 수 없습니다. 따라서 인간이 시간 안에 있다는 것은 그가 시간으로부터 벗어날 수 없음을 뜻할 뿐 아니라 혹 그의 시간-일탈을 진술할 수 있다 할지라도 그것은 이미 인간의 존재를 부정하는 것과 다르지 않음을 뜻합니다. '시간-내 존재'의 '시간-예속성'이 주장되는 한, 인간은 시간으로부터 자유로울 수 없습니다.

그런데 인간의 삶의 현실에서 보면 '시간-내 존재'의 '시간 예속성'은 그 진술 자체가 시사하듯 그처럼 단순한 논리적 당위로만 묘사되지 않습니다. 도대체 그것은 '사실에 대한 기술'일 수조차 없기도 합니다. 실제 삶의 정황에서 일고 있는 인간의 '시간·경험'은 '시간-내 존재'의 '시간-예속성'을 당연한 것으로 승인할 수 없는 '다른' 모습을 '시간-내 존재'에게 경험하게 하기 때문입니다.

흥미로운 것은 우리가 '시간-내 존재'이면서도 시간을 인식한다는 사실입니다. 대체로 우리는 '~안에' 있을 경우 그 '~'을 인식하지 못합니다. 그 사물로부터 벗어나 '밖에 있어야' 그 사물이 겨우 보입니다. 실은 거의 현실적일 수 없음에도 우리가 이른바 '객관성'을 논의하는 것은 진정한 인식이란 이처럼 '밖으로부터 조망'이 이루어질 때 비로소 가능해진다고 여기기 때문입니다. 모든 인식론은 사실 그것을 이루려는 다양한 방법론의 모색이기도 합니다. 그런데 우리는 시간 안에 있으면서도 시간의 실재를 충분히 알고 있습니다. 그리고 그 앎에 바탕을 두고 온갖 현실적인 태도를 시간과의 만남에서 드러내고 있습니다.

이를테면 우리는 시간을 측정하기도 하고, 시간을 재단하기도 합니다. 시간에 맞추어 사는가 하면 시간에 쫓기며 살기도 합니다. 존재 자체를 시간의 장단(長短)으로 기술하기도 합니다. 물리적 시간에 근거한 역(曆)의 문화, 시계(時計)의 문화가 그 전형적인 예입니다. 그런가 하면 시간의 단절을 의도하기도 하고, 시간의 재생을 꾀하기도 합니다. 역의 문화와 더불어 있기도 하고 그렇지 않기도 하는 의례(儀禮), 제의(祭儀), 또는 제축(祭祝)의 문화가 그러합니다. 그러한 문화들은 의도적으로 어느 계기에서 현존하는 시간을 폐기하고 그렇다고 여기게 되는 끝자리에서 다시 시작하는 시간을 확인합니다. 그런가 하면 시간을 확장하거나 단축하기도 합니다. 물리적인 시간과 아무런 상관도 없다고 해야 옳을 그러한 시간을 우리는 경험하곤 합니다. 우리 일상 안에서 드러나는 의식(意識)의 시간이 그러합니다. 기다리는 시간의 지루함, 즐거운 시간의 쏜살같음이 그 예입니다. 더 나아가 시간의 무화(無化)를 의도하는가 하면 시간의 무한함 앞에서 현존하는 시간의 덧없음을 현실화하기도 합니다. 이른바 종교에서 일컫는 '구원'이나 '터득'을 시간을 준거로 기술한다면 바로 그렇게 묘사할 수 있습니다.

이러한 사실을 서술하면서 우리는 인간의 시간-경험이 내장하고 있는 매우 역설적인 구조와 접하게 됩니다. 연대기(chronology) 또는 역사(history)와 이에 마주하는 반-시간성(a-temporality) 또는 비-역사성(a-historicity)이라고 할 수 있는 두 흐름의 상충을 함께 직면하는 것입니다. 다시 말하면 우리는 시간-안에, 그리고 시간-밖에 머물고 있는 것입니다.

예를 들면 우리는 과거와 현재와 미래를 구분하고 그 시제(時制)에 맞추어 사실을 서술하는 엄연한 준거를 언어의 구문(構文)에서 가장 중요한 것으로 여깁니다. 하나의 문장 안에서 동사의 시제가 일치하지 않으면 우리는 그 문장이 진술하는 내용을 알 수가 없습니다. 아예 소통이 불가능해집니다. 그 문장의 사실 기술 자체를 인식할 수 없는 것입니다. 그러므로 시제는 일상을 구축하는 서술 범주라고 해도 좋습니다. 그런데 그러한 준거를 가지고 말하고 쓰는 일상을 우리는 '역사적인 시간 의식'에 바탕을 두고 이루어지는 것이라고 할 수 있습니다. '시간-안'의 존재의 모습이기 때문입니다.

하지만 우리 일상이 모두 이러한 것은 아닙니다. 이를 시간·경험의 날줄이라 한다면 씨줄을 이루는 또 다른 시간·경험이 아울러 자리하고 있습니다. 시제의 구분이 무의미한, 또는 그것이 뒤섞이는 실제를 살고 있는 것입니다. '회상'과 '희구'가 그러합니다. 앞의 것은 지금 여기에 깃든 지나간 시간의 현존이고, 뒤의 것은 지금 여기에 깃드는 아직 이르지 않은 시간의 현존입니다. 그런데 회상 안에 담긴 과거는 이미 과거가 아닙니다. 지나간 것이지만 다시 여기에 되돌아온 것이기 때문입니다. 그리고 바로 그것이 현재를 구축하는 기둥이 되고 있습니다. 이를 달리 말하면 '과거이기를 그만 둔 과거'의 현존이라고 할 수 있습니다. 그것은 과거 안에 있는 과거가 아니라 현재 안에 있는 과거입니다. 그렇기 때문에 그 과거는 과거이지만 과거이지 않습니다. 적어도 '역사적 의식'에서 이룩된 시제의 혼란이 이 자리에서는 불가피합니다. 희구도 다르지 않습니다. 과거를 진술한 앞의 논리와 다르지 않게 이를 '미래이기를 그만 둔 미래'의 현존이라고 말할 수 있습니다. 그러므로 미래는 미래이지만 미래이지 않습니다. 희구에서도 시제의 혼란은 회상의 경우와 다르지 않습니다. 이러한 경험을 우리는 '역사적인 의식'과 마주하는 '비역사적인 의식'이라고 할 수 있습니다. '시간-밖'의 존재의 모습을 드러내 주고 있기 때문입니다. 당연히 현재는 이 자리에서 보면 스스로 시간이기조차 그만둡니다. 다만 과거 아닌 과거와 미래 아닌 미래가 만나는 공간일 뿐입니다. 그러므로 현재는 '공간화된 시간'이라고 해야 겨우 묘사되는 실재입니다.

시간이 지닌 이러한 역설적 구조의 경험 때문에 시간-내 존재의 시간-예속성을 당연한 것으로 진술하는 것은 처음부터 비실제적입니다. 그러한 주장은 다만 현실을 추상화한 관념의 자리에서 겨우 발언될 수 있을 뿐입니다. 그런데 알 수 없는 것은 우리가 사는 오늘의 문화 정황에서는 '역사적 시간'이 시간·경험 전체를 판단하는 준거로 기능하고 있습니다. 인간의 시간-예속성을 배제한 채 행해지는 어떤 인간에 대한 서술도 온당하지 않다는 주장이 그것입니다.

하지만 그렇지 않습니다. 우리의 삶은 오히려 비역사적이라고 해야 적합할 만큼 과거-현재-미래의 혼효(混淆)를 일상화하고 있습니다. 역사적인 범주로 정리되는 시간·경험이란 오직 일상을 벗어난 추상적인 개념의 논리 체계에서나 가능합니다. 역사적 시간·경험은 이념 지향적 태도에서만 타당성을 가진다고 해도 좋을지 모릅니다. 다시 말하면 무엇을 어떤 이유에서든 정당화할 필요가 있다고 판단될 때 출현하는 것이 역사의식입니다. 해석되지 않은 역사란 없다는 것, 역사란 일어난 일 중에서 어떤 것을 선택하여 그것에다 의미를, 그것도 지금 여기를 준거로 하여, 부여한 것이라는 사실을 유념하면 그러한 주장을 온전히 부정할 수는 없습니다.

그렇다면 실은 우리가 얼마나 비역사적인 시간·경험을 살아가고 있는지 좀 더 구체적으로 부연할 필요가 있습니다. 이를 우리는 우리의 일상적인 '이야기' 또는 '이야기하기'를 통해 살펴보았으면 좋겠습니다.

풀어낸 이야기 다듬기: 이야기, 회상과 희구의 표상

우리는 이야기를 하고 삽니다. 매일매일이 그러합니다. 보고 듣고 느끼고 생각하는 것을 우리는 이야기합니다. 그러므로 이야기는, 또는 이야기하기는, 본 것-볼 것, 들은 것-들을 것, 느낀 것-느낄 것, 생각한 것-생각할 것들의 언어화 현상이라고 할 수 있습니다.

그런데 삶은 그것이 언어화될 때 비로소 스스로 자신의 '모습'을 드러냅니다. 삶 자체가 아니라 그것의 언어화 현상이 비로소 삶을 축조(築造)한다고 말할 수 있습니다. 겪었던 일은 '말하기'를 통하여, 마치 지어지는 집처럼, 터도 벽도 공간도 창문도 지붕도 마련하면서 스스로 자신 안에 삶이 담기도록 합니다. 이를테면 "그런데 말이야. 그래서 이러구 저러구…그랬어!" 하는 데 이르지 못한 삶은 아직 '삶다움'을 지니지 못합니다. 언어화되기 전까지 삶은 구체적인 '의미'로 지녀지지 않는다고 말할 수도 있습니다. 삶의 의미론은 이야기하기를 통해 비로소 전개되는 것이라고 말하는 것이 더 분명할지도 모릅니다.

그래서 '이미'는 그 과거를 이야기하는 '지금-여기'에서의 이야기를 통해 비로소 의미 있는 일이 됩니다. 과거 자체가 과거인 채, 그러니까 이미 지나간 것인 채, '지금-여기'에서 의미를 가지는 것일 수는 없습니다. 이미 지나간 것이면 이야기도 하지 않습니다. 아니, 이야기하지 않으면 과거는 과거일 뿐입니다. 있었지만 없습니다. 하지만 이야기하면, 과거이기 때문에 지금 없지만, 있습니다. 그저 있는 것이 아니라 그 이야기하기 속에서 "이러구 저러구…"를 통하여 '의미 있는 것'으로 있습니다. 잊을 수 없을 만큼, '지금-여기'에서 되살펴 이야기를 하지 않으면 아니 될 만큼, 의미를 지닌 것으로 있게 됩니다. 그것은 이미 과거가 아니라 현재 안에 담긴 살아 있는 과거여서 과거이기를 그만 둔 현재화된 과거입니다.

이 같은 진술은 미래와 관련해서도 그대로 타당합니다. '그런데 말이야. 그래서 이러구 저러구…그렇게 할 거야!' 하는 데 이르지 못한 미래는 실은 없습니다. 미래를 경험하는 일이 없는 것이 아닙니다. 하지만 그것이 이야기되지 않으면 그 미래는 '지금-여기'에 담기지 않습니다. 미래는 '아직'이 '지금-여기'에 담기는 것이지 '그때-거기'에 머무는 미래는 미래가 아닙니다. '지금-여기'에서 아직 없는 '그때-거기'를 이야기한다는 것은 그 '아직'이 더할 수 없는 의미를 지닌 것으로 '지금-여기'에서 그려지기 때문입니다. 그렇게 그려지지 않는 미래는 '없는 미래'라고 하는 것이 옳습니다. 아직 미래가 아니라 현재에 담긴 미래여야 비로소 미래는 미래이게 됩니다.

물론 '지금-여기'에서 내가 '보고…' 등등을 겪을 수도 있습니다. 지금 '보고 있는 것', '듣고 있는 것', '느끼고 있는 것', '생각하고 있는 것'이라고 말하는 시제(時制)가 현재라는 범주로 시간을 맥락으로 하여 설정되어 있습니다. 우리는 그러한 시제로 이야기를 합니다. 그것을 '직접적인 묘사'가 가능한 상황이라고 해 보십시다. 시간의 맥락에서 보면 이러한 상황은 과거도 미래도 아닌 현재이기 때문에 과거나 미래가 지닌 이른바 '비실재성'에 비하면, 곧 '이미'와 '아직'이기 때문에 지금은 없는 것에 비하면, 상대적으로 유일하게 실재라고 여길 수도 있습니다.

하지만 직접적인 묘사가 가능한 삶은, '이미'나 '아직'에 견주어 보면, 그것이 반드시 이야기하기에 담겨 비로소 축조되는 것은 아닙니다. 우리는 두 가지 측면에서 그렇다는 것을 말할 수 있습니다. 우선 첫째부터 살펴봅시다. 우리가 다 알듯이 모든 이야기는 반드시 '이미'와 '아직'을 담고 있습니다. 무릇 이야기는 그러합니다. 따라서 '이미'나 '아직'을 배제한 '지금-여기'란 실은 있을 수가 없습니다. 따라서 그러한 지금이 있다는 것을 전제한 이야기는 엄밀한 의미에서 지금을 이야기하는 것이 아니라 '이미'와 '아직'을 이야기하는 것임에도 불구하고 그것을 지금을 이야기하는 것으로 착각하고 있는 것과 다르지 않습니다. 그것은 착시(錯視) 현상 같은 것입니다. 그러므로 지금을 이야기한다는 것은 '이미'와 '아직'을 이야기하는 것을 잘못 표현하는 것에 지나지 않습니다. 그러므로 지금은 이야기에 담기지 않는다고 말해야 옳습니다.

둘째로 우리가 지금의 직접성을 승인한다면 그 지금은 반드시 언어화될 필요가 없습니다. 굳이 이야기로 바뀔 필요도 없습니다. 엄밀한 의미에서 묘사가 불필요하기 때문입니다. '보고 있는 것, 듣고 있는 것…등등'이 '지금'에 관한 직접적인 묘사일 수 있을 뿐입니다. '지금-여기'는 '보면'되고 '들으면 되고…' 등등입니다. 겪음을 언어화하지 않아도 괜찮은 경우는 오직 '지금-여기'뿐입니다. 아예 언어화가 요청되지 않는 정황이라고 해도 좋을 것입니다. 만약 그렇게 딱 떨어진 '지금-여기'가 이야기가 된다 할지라도 그 이야기는 아무런 의미를 담지 못합니다. 그저 '지금-여기'를 '지금-여기'라고 확인하는 것일 뿐인데, 그렇다면 그것은 아무런 의미도 담지 못합니다. '…했었다'와 '할 것이다'를 갖추지 못한 '지금-여기'에 대한 이야기 풍경은 그러한 시각에서 '메마른 정황'이라고 할 수 있습니다. '지금-여기'가 자리 잡은 존재론적 언저리가 없기 때문입니다. 범주의 설정 없이 존재를 발언할 수 없듯이, 그리고 바닥이 없는 항아리에 물을 부을 수 없듯이, 그렇게 '지금-여기'의 이야기는 비록 그것이 일컬어진다 할지라도 없는 것과 다르지 않습니다. 그런데도 여전히 지금 여기를 이야기한다고 한다면 그것은 '이미'와 '아직'을 속 깊이 아우르고 있으면서도 그것을 드러내지 않고 있는 것이라고 말해야 합니다. '지금-여기'는 그러합니다. 그것이 '그때-거기'와 연계되기까지 그것은 의미론의 자리에 들지 못합니다.

그렇다고 해서 '지금-여기'가 의미론의 범주 밖에 있는 것은 아닙니다. 이야기하기의 주체가 머무는 곳이 '지금-여기'이기 때문입니다. 그는 삶이 축조하는 집의 건축자입니다. 느낌, 정서, 미학적인 마음결, 가치나 보람, 그러니까 의미론을 통해 삶을, 시간을, 살 만한 곳이게 하는 주체가 거기 머물고 있는 것입니다. 그렇다면 우리의 관심은 시간을 축으로 한 이야기가 아니라 이야기하기의 주체로 옮겨가지 않으면 안 됩니다.

이제 우리는 좀 더 직접적으로 회상과 희구를 논의해도 괜찮을 듯싶습니다. 지금 여기라는 '공간'에서 시간을 축으로 하여 삶을 축조하는 일은 그 주체의 회상과 희구를 통해 이루어집니다. 회상과 희구는 각기 겪은 사실과 바라는 사실을 구체적으로 지닙니다. '과거'를 회상하거나 '미래'를 희구하는 것이 아닙니다. 과거의 '무엇'을 회상하고 미래의 '무엇'을 희구합니다. 회상과 희구는 그러한 의미에서 결코 모호하지 않습니다. 사실성(事實性)은 매우 중요한 회상과 희구를 드러내는 지표입니다.

그 둘이 바로 이러하기 때문에 때로 우리는 회상을 시간 흐름을 역류(逆流)하여 과거의 어떤 일에 이르는 것이라 하기도 합니다. 또한 희구를 시간 흐름을 앞서 내달려 미래의 어떤 일에 이르는 것이라 하기도 합니다. 그렇게 이해하고 그렇게 발언하는 현실을 지울 수는 없습니다. 소박한 실재론의 자리에서 보면 그러한 서술은 자연스러운 것이기 때문입니다. 하지만 회상이나 희구는 '과거 속으로 도로 가거나 미래 속으로 서둘러 앞서 들어가는' 그러한 것이 아닙니다. 과거나 미래를 지금 여기로 '초대'하는 것과 다르지 않습니다. '의식(意識)의 시간 여행'이라는 묘사가 불가능한 것은 아닙니다. 하지만 이야기에 실어 펴는 회상과 희구는 더 적극적입니다. 오히려 '과거나 미래의 시간 여행'이라고 해야 좋을 만큼 이야기 주체의 인력권(引力圈) 안에서 일어나는 현상이라고 할 수 있습니다.

그런데 이러한 일은 회상과 희구가 이야기가 될 때, 곧 이야기로 자신들을 구체화할 때, 비로소 인지되는 현상입니다. 회상과 희구가 이야기에 담겨 풀리지 않으면 그 둘은 각기 과거로 되돌아가는 의식, 미래에 함몰되는 의식(意識)으로 있을 뿐입니다. 그러므로 그렇게 되는 것은 '지금-여기'의 해체와 다르지 않습니다. 그러나 삶의 주체가 존재하는 한, '지금-여기'의 해체란 현실적으로 불가능합니다. 따라서 이야기가 된 회상과 희구의 현존은 마땅하고 자연스러운 '현존'의 모습입니다. 그렇다면 이야기는, 그리고 이야기하기는, 회상과 희구를 아우르는 실재, 곧 과거와 미래를 '지금-여기'에 담는 그릇입니다.

그러나 그렇다고 하는 사실이 과거를 현재이도록 하는 것은 아닙니다. 마찬가지로 미래를 현재이게 하는 것도 아닙니다. 그것은 '현재화'가 아닙니다. 회상은 과거를 과거인 채 현재 안에 있도록 하는 것이고, 희구는 미래를 미래인 채 현재 안에 있도록 하는 것입니다. 그러므로 그것은 '현재화'가 아니라 오히려 '현존화'라고 할 수 있습니다. 달리 말하면 회상은 과거를 현재 안에 있게 함으로써 그것이 사라지지 않게 합니다. 아울러 희구는 미래를 현재 안에 있게 함으로써 그것이 먼 데 머무르지 않게 합니다. 어거스틴 (Augustine)의 말을 빌린다면 회상과 희구를 통하여 과거와 미래는 현재라는 공간에 담기면서 이른바 '영원한 현재'가 됩니다. 시간 모두를 아우르는 삶 자체를 총체적으로 '살아가게' 되는 것입니다. 그리고 그것을 현실화하는 것이 이야기이고 그 몸짓이 이야기하기입니다.

그러므로 이야기는 과거와 미래를 현존하게 하는 문화입니다. 그것은 단순한 기억의 언어화나 꿈의 발설은 아닙니다. 적어도 시간을 맥락으로 했을 때, '이야기 없음'은 '온전한 삶 없음'을 드러내는 것과 다르지 않습니다. 하지만 이야기가 없는 삶은 없습니다. 온전한 삶이란 다만 가능태(可能態)가 아니라 언제나 현실태(現實態)가 되는 잠재적 가능성을 담고 있습니다. 그렇기 때문에 또 다르게 표현한다면 삶의 주체는 이야기를 통하여 과거로 하여금 참으로 과거일 수 있게 하고, 미래로 하여금 참으로 미래이게 한다고 말할 수 있습니다. '지금-여기'에 현존하지 않는 과거나 미래는 이미 과거도 미래도 아닙니다. 그것은 다만 '없음'일 뿐입니다. 그런데 이야기는 과거나 미래의 소실(消失)을 불가능하게 합니다. 회상과 희구를 현실화하기 때문입니다.

이와 더불어 과거-현재-미래라고 하는 시제(時制), 또는 시간 인식의 준거에 의한 삶의 파편화도 더 이상 의미를 지닐 수 없게 됩니다. 이야기는 회상을 발언하면서 아울러 희구를 발언하고, 회상은 필연적으로 희구를 담고 진술됩니다. 마찬가지로 이야기는 희구를 발언하면서 회상을 수반합니다. 시제의 자기 상실이 아니라 시제의 자기 확인이 '지금-여기'에서 단절되지 않은 총체의 다른 결로 이루어지는 것입니다. 사물의 총체성, 삶의 온전성은 이 때 비로소 그 낌새를 드러냅니다. 이야기는 이렇게 있습니다. 회상과 희구의 존재론은 이렇게 그 의미론을 이야기 안에서 확보합니다. 이야기의 현존은 삶의 삶다움의 표상입니다. 인간다움의 자존(自尊)은 그렇게 축조되고 지속합니다.

마무리 이야기: '시간을 벗어난 시간'의 미학

이야기는 시간을 벗어납니다. 회상과 희구가 이미 그러한 의식의 현상입니다만 그것이 실재로 구현되는 것은 이야기하기를 통해서 비로소 가능해집니다. 시간은 이야기 속에서는 흘러간 것도 아니고 오지 않은 것도 아닙니다. 이야기는 '이미'와 '아직'을 안고 시간 자체를 '지금-여기'에서 현존하게 합니다. 그것은 이제 더 이상 과거와 미래라는 시제의 한계, 그러니까 더 적극적으로 말한다면, 시간 자체로부터 경험하는 필연적인 예속성에 얽매이지 않음을 우리는 이야기의 현존에서 확인하게 됩니다.

이로부터 우리는 삶의 여러 모습을 묘사할 수 있습니다. 하지만 단 한 가지만 지적하는 것으로 충분할 것 같습니다. 다른 것이 아닙니다. 이야기는 우리를 '풀어놓는다'고 하는 사실입니다. 그것은 어쩌면 가장 비역사적인 순수라는 맥락에서 일컬을 수 있는 '자유'일는지도 모릅니다. 삶의 곤혹스러움은 철저하게 묶여 있다고 하는 속수무책(束手無策)으로 그릴 수 있습니다. 옴짝달싹할 수 없는 처절한 무력감, 아무리 머리를 뒤흔들고 생각을 펴려 해도 마치 질식할 것 같이 자지러들면서 황폐한 들판처럼 풀 한 포기 없는 텅 빈 생각의 메마름, 우리 삶의 실상은 이러합니다.

하지만 절망은 우리가 예상하는 것보다 실은 멀리 있는지도 모릅니다. 그렇게 '선언'하고 싶습니다. 우리는 회상과 희구의 가능성을 끝내 지울 수 없어 인간입니다. 속수무책의 정황 속에서 아직 숨을 쉬고 있다면 그것은 바로 그 가능성 때문입니다. 우리는 그렇다고 하는 것을 개념으로 배우지 않습니다. 삶의 실제 속에서 그렇게 고백합니다. 아직 말할 수 있다면, 아직 내 삶을 발언할 수 있다면, 우리는 '풀림'의 가능성을 배제하지 못합니다. 만약 그럼에도 불구하고, 곧 회상과 희구를 이야기할 수 있음에도 풀림의 가능성을 거부한다면 그것은 의도적인 자학이거나 치사하게 부정직한 태도입니다. 삶은 그러합니다. 그래서 말하면 시원합니다. 말하지 못하는 정황은 슬픕니다. 고독은 그렇게 찾아옵니다. 회상과 희구가 없어 고독한 것이 아닙니다. 그것을 이야기에 실어 펴지 못하기 때문에 참담한 고독에 빠질 수밖에 없는 것입니다.

그러므로 이야기하기(쓰기)와 이야기듣기(읽기)는 가르치고 배우고 익혀 얻어지는 것이 아닙니다. 자신의 삶과 정직하게 직면하는 '순수' 속에서 스스로 자리를 잡는 삶 자체입니다. 시간 안에 있으면서 시간을 의식하는, 곧 '시간-안-밖에 있는' 존재의 존재 방식이라고 해도 좋습니다. 인간의 삶이 그러합니다. 이야기의 주체로 살아가는 한, 그럴 수 있음은 당연한 우리 삶입니다. 그러므로 이야기하기와 이야기듣기가 어떠한 의미에서든 훼방을 받는다면 그것은 삶의 일그러뜨림이고 삶을 배신하는 일입니다. 인간의 자존(自

尊)에 대한 마지막 타격입니다. 삶은 그렇게 망가집니다. 더할 수 없는 비극임은 강조할 필요도 없습니다.

그렇다면 삶의 '아름다움'을 우리는 바로 이러한 맥락에서 진술해도 좋을 듯합니다. 아름다움은 파열(破裂)이 아닙니다. 시간의 맥락 속에서 말한다면 그것은 산산이 흩어진 시간의 파편에 담긴 찢겨진 자아를 확인하는 일이 아닙니다. 삶의 주체가 찢긴 삶의 모습을 보여주는 것을 확인하는 일은 드물지 않습니다. 우리는 때로 내 상당한 부분이 찢겨 과거의 울 안에서 한여름의 빨래처럼 시간의 빛 안에서 퇴색하고 있는 것을 볼 수 있습니다. 또한 내 상당한 부분이 미래의 몽롱함 속에서 황혼처럼 이글거리는 마지막 몸짓으로 안타까운 아쉬움을 토해 내며 시간의 지평이 드리우는 어둠 속으로 스러지는 모습도 보곤 합니다. 그럴 때면 삶의 주체는 삶 자체의 중력(重力)을 스스로 지탱하지 못하면서 시간 속으로 시간 속으로 함몰해 들어갑니다. 나도 없고 삶도 없습니다. 있는 것은 다만 시간에 예속된 운명, 그러니까 속수무책의 현실만이 있습니다.

그러나 만약 회상이 기능하고 희구가 제 구실을 한다면 우리는 깨지고 찢긴 삶을 이야기하기보다 '지금-여기'에 있는 과거와 미래를 읊을 수 있습니다. '풀림'을 이야기할 수 있는 것입니다. 시간은 이미 내 주인이 아닙니다. 내가 시간의 주인입니다. 그 주인은 '이미'도 '아직'도 '지금-여기'에서 아우러지는 그 아우름 자체를 살아갑니다. 삶의 미학(美學)은 그러한 삶에 대한 인식과 그러한 삶의 가능성에 대한 신뢰에서 비롯합니다. 예속(隷屬)은, 그것이 전체에게 가해지든 부분에 가해지든 이미 아름답지 않습니다. 그것은 어느 것이든 미학의 속성일 수 없습니다. 파열 자체를 아우르려는 몸짓이 없는 것은 아닙니다. 그래서 '파열의 미학'을 주장하기도 합니다. 그러나 그것은 파열에 대한 극단적인 저어함에서 솟는 역설(逆說)입니다. 그렇듯이 예속은 어느 경우에도 아름다운 것일 수 없습니다. 미학은 미(美)에의 예속조차 거부하는 데서 자신의 자신다움을 유지합니다.

그렇다면 우리는 이러한 사실을 이야기하기나 이야기듣기에 한정할 수 없습니다. 이제까지 우리가 일컬은 이야기를 상식적인 이야기로 개념화하지 않고 그것이 하나의 존재 범주를 일컫는 것이라고 한다면, 다시 말해서 '이야기성(性)'을 통한 문화 서술을 의도할 수 있는 것이라고 한다면, 우리의 서술은 예술 일반에도 그대로 적용될 수 있습니다.

전혀 다듬어지지 않은 어휘로 이를 서술하는 만용을 부려보겠습니다. 저는 한 폭의 그림 앞에 서 있습니다. 저는 그 그림을 봅니다. 감상(鑑賞)은 너무 작위적인 묘사입니다. 더 정확하게 말한다면 저는 그림을 보는 것이 아니라 만난다고 해야 옳습니다. 다시 이야기합시다. 저는 그림을 만납니다. 그것이 어떤 종류의 그림인지, 곧 무엇을 그린 것인지, 어떻게 그린 것인지, 왜 그린 것인지, 누가 그린 것인지, 언제 그린 것인지, 무엇으로 그린 것인지, 어떤 평가를 받고 있는지, 저는 분간하지 않습니다. 다만 만날 뿐입니다. 그리고 만약 제가 '정직한' 사람이라면, 또는 '정직하게' 사람이라면, 저는 곧 그 만남 속에서 이야기를 시작할 것입니다. 사람살이가 그러하니까요. 만나서로 이야기합니다. 삶은 그렇게 이루어집니다.

저는 그 그림의 발언을 듣습니다. 그림은 저에게 이야기를 합니다. 저는 그 이야기의 색깔을 확인합니다. 그 이야기의 표정도 읽습니다. 음성의 무게에도 무심할 수 없습니다. 이야기의 내용에도 귀를 기울입니다. 당연하게 저도 그림의 발언에 대한 응답을 합니다. 저는 때로 당신은 많이 파랗다고 말합니다. 때로 저는 당신이 가볍다고 말하기도 합니다. 저는 잘 알아듣지 못하겠다는 이야기도 하고, 이미 익숙한 이야기를 당신에게서 다시 듣는다고 말하기도 합니다. 때로 저는 그림을 향해 당신을 만나 깜짝 놀랐다고 말하기도 합니다. 그것은 내 일상과 다르기 때문이라고 저를 설명하기도 합니다. 그런가 하면 말에 담을 수 없는 감동과 신비를 경험한다고 하는 것을 제 말에 담아 당신에게 발언하기도 합니다.

저는 그림과 이렇게 만납니다. 그림과 이렇게 살아갑니다. 그러나 모든 그림을 모두 이렇게 만나지는 않습니다. 어느 그림을 만나면 갑작스러운 당혹이 속 깊은 바닥에서 일렁입니다. 그림으로부터 아무런 이야기를 들을 수 없습니다. 색깔은 더 이상 숨쉬지 않습니다. 저는 그렇다고 하는 것을 설명할 수 없지만 알 수 있습니다. 저는 자칫 제 숨결로 당신을 나도 모르게 훅 불어 버릴지도 모르겠다는 두려움에 사로잡힙니다. 당신이 너무 가벼워 천박(淺薄)이라는 말이 또박또박 내 인식의 거울에 새겨지기 때문입니다. 그럴 때면 저는 당신 앞에서 숨쉬는 것조차 편하지 않습니다. 당신의 모습은 때로 아주 풍요롭습니다. 풍요가 철철 넘친다고 해도 좋을 듯합니다. 하지만 그 풍요 속에서 제가 발견하는 것은 앙상한 형해(形骸)일 때조차 있습니다. 저는 섬뜩하다 못해 당신이 딱해집니다. 스스로 짐짓 감추었다고 감춘 당신의 모습을 제게 들켜 버린 그러한 당신을 안쓰러워하는 연민이 아닙니다. 가릴 바에는 제대로 가리고 덮을 일이지 그나마 설익은 모습으로 가리고는 아주 온전하게 다른 이들을 속일 수 있다고 스스로 여길지도 모른다는 사실이 저를 슬프게 하면서 당신을 아파하는 경우조차 있는 것입니다.

제가 만난 이러한 그림은 아침에 보아도 저녁에 보아도 다르지 않습니다. 발언하는 일이 없기 때문이라고 저는 생각합니다. 당연히 내 아픔이 만날 때에도, 아니면 내 기쁨이 만날 때에도 당신은 여전히 미동(微動)도 하지 않습니다. 제 외로움이 다가갈 때에도, 제 분노가 다가갈 때에도, 제 사랑과 저 스스로 느끼는 자존(自尊)이 저를 의연하게 해 줄 때에도 당신은 아무런 이야기를 하지 않습니다. 색깔도 바뀌지 않습니다. 선(線)도 움직이지 않습니다. 제가 메아리치고 싶은 어떤 소리도 없습니다. 냄새조차 나지 않습니다. 마침내 저는 당신을 아마도 분명히 죽어 있는 것이라고 단정합니다. 그렇지 않고는 당신이 이야기를 발언하지 않을 까닭이 없습니다. 당신을 만난 이렇게 뚜렷한 제가 다가가는데도 말입니다. 저는 불행히도 당신을 만나면서 살아있는 당신이 아니라 이미 죽어 있는 당신을 만난 것이라고 느낍니다. 그것은 답답한 일이지만 현실이라고 몇 번이나 저를 다짐합니다. 결국 저는 당신을, 그림을, 만나지 않은 것이라고 말해야 정직해진 저를 겨우 찾습니다.

이야기를 하지 않는 그림을 만난다고 하는 것, 그럴 수 있는 현실이 있다고 하는 것, 그것은 적어도 그림을 만나곤 하는 것으로 이른바 아름다움을 호흡한다고 믿는 저에게는 비극입니다. 이야기를 하지 않는 침묵의 그림을 만나 그것은 그렇다고 여기면서 그 그림 앞에서 떠나면 그만입니다. 그럴 수 있으면 됩니다. 하지만 저는 선뜻 그렇게 자리를 옮겨 다른 그림을 찾는 여유를 침묵하는 그림 앞에서 더 이상 지탱하지 못합니다. 까닭인즉 간단합니다. 어느 틈에 저는 이야기 없는 그림 앞에서 제 이야기도 잃기 때문입니다. 저 자신의 제 이야기 상실은 저로 하여금 제 있는 자리를 옮기는 일조차 불가능하게 합니다. 그것은 그렇게도 염원하던 '자유로움'에의 마지막 출구를 제가 만난 그림이 닫아 버리는 것과 다르지 않습니다. 그 정황이란 시간 안에서 겨우 시간 밖으로의 가능성에 눈뜬 순간 다시 속수무책인 삶의 정황 안에 함몰되어 시간에 예속되는 것과 다르지 않기 때문입니다. 거듭 말한다면 우리는 때로, 그렇습니다, 때로 그러한 그림과 만납니다. 안타깝지만 현실입니다. 그림의 현실이고 삶의 현실입니다.

'이야기 없는 그림과의 만남'이라고 이제는 조금 유치하게 말해도 좋을 듯합니다. 그런데 이렇게 진술하고 보면 '그림 만남'의 비극을 설명할 수 있는 논거를 우리는 아주 쉽게 찾을 수 있습니다. 다른 것이 아닙니다. 회상을 담지 않은 그림, 희구를 담지 않은 그림이 우리가 만나는 '비극적인 그림'이라고 말할 수 있습니다. 회상에 머물러 있는 그림, 희구에 머물러 있는 그림, 그렇게 말해도 좋습니다. 또는 회상에 함몰된 지금-여기의 상실만이 담긴 그림, 미래에 함몰된 지금-여기의 상실만이 담긴 그림이라고 할 수도 있습니다. 아예 지금-여기에 갇힌 그림이라고 해도 좋을 듯합니다. 그런데 그러한 그림들은 이야기를 발언하지 않습니다. 과거를 현재에 싣지 못하기 때문입니다. 마찬가지로 미래를 또한 현재가 안지 못하기 때문입니다. 있는 것은 보는 그대로의 것, 그것뿐입니다. 그 그림은 과거를 풀어놓지도 못합니다. 미래를 열어 놓지도 못합니다. 시간에 예속된 철저하게 숙명적인 자아를 기호화할 뿐입니다.

이야기는 이야기하기를 통해 스스로 시간을 벗어납니다. 그래서 과거도 시간으로부터 풀어내고 미래도 그렇게 합니다. 그래서 지금-여기에서의 삶의 주체는 이야기를 통해 스스로 시간의 예속성에서 벗어나 자유를 만끽합니다. 그림도 그렇게 이야기를 담아야 합니다. 하지만 그림 그리기 자체가 이미 시간 안에서 시간 밖으로 벗어남을 구체화하고 있는 것이라는 사실을 때로 그림은 스스로 망각합니다. 자신을 그림 안에 가두면서 그림은 이야기를 상실하거나 망각해 버립니다. 하지만 그림은 긴 과거 또는 미래, 그리고 그 둘이 아우러져 서린 현재, 그 현재 안에서 살아 있는 과거나 미래, 그리고 그 둘이 아우러진 현재의 자리에서 그림 앞에 선 사람에게 이야기를 해야 합니다. 그림 속에서는 과거도 미래도 살아 숨쉬고 춤추어야 합니다. 그렇다는 것을 보는 이들에게 확인할 수 있도록 해 주어야 마땅합니다. 그림이 그림인 소이연(所以然)이 그러하기 때문입니다. 이때 우리는 아름다움을 숨쉽니다. 거기 스미는 내 경험의 정수(精髓)가 어쩌면 미(美)라고 불려지는 지도 모릅니다.

시간 안에서 시간을 넘어서지 못하면 그 어떤 것도 아름다울 수 없습니다. 속박(束縛)의 모습은 스스로 속박 안에 있다는 의식을 가지지 않는다 할지라도 '결과적으로' 처참할 수밖에 없습니다. 그것은 자존(自尊)의 모습도 자존(自存)의 모습도 아니기 때문입니다. 그 모습은 아름다움을 요청합니다. 그렇게 되기를 바란다는 인식의 지평에서 겨우 그 비참함이 수용되기 때문입니다. 그러나 이야기를 담은 그림은 그렇지 않습니다. 그로부터 비롯하는 이야기는 시간을 넘어서고 있습니다. 거기에는 이미 시간이 없습니다. 있는 것은 다만 시간을 총체적으로 수용하는 '공간'이 '지금-여기'라는 이름으로 그것을 드러내는 하나의 '사실'을 확보하고 있을 뿐입니다. 그 사실, 곧 삶은 이때 우리가 경험할 수 있는 지극한 감동을 자아냅니다. 과거도 현재도 미래도 없습니다. 그런데 그것이 모두 한데 있습니다. 시제가 더 이상 기능하지 못하지만 그것이 각기 한껏 자신을 발휘하면서도 없는 듯 있고, 있는 듯 없습니다. 그 '몽롱함' 속에서 아름다움이 솟습니다. '아우러진 총체'가 스스로 자신을 드러냅니다. 그 그림과 만나는 경험은 찬탄(讚嘆)이 아닙니다, 감격도 아닙니다. 그것은 아름다움에 빙의(憑依)된 정일(靜逸)한 고요입니다.

그림을 보고 있노라면 시간이 멈추었으면 좋겠습니다. 제 삶이 시간 밖을 거닐며 시간을 응시하는 순간이 거기로부터 솟는 것을 확인했으면 좋겠습니다. 제 처음 맞는 자유가 거기서부터 연유했으면 좋겠고, 그렇게 이어지기를 희망해도 배신당하지 않았으면 좋겠습니다. 그림과 만나면 제 지난 세월이 살아 꿈틀거리며 자신을 발언하는 소리를 들었으면 좋겠고, 제가 닥칠 내일들이 오히려 내 앞에서가 아니라 내 등 뒤에서 나를 밀어주며 쫓는 발걸음 소리를 들었으면 좋겠습니다. 그림을 만나면 그 그림이 한꺼번에 살아 있는 이야기로 꿈틀거리며 제게 다가왔으면 좋겠습니다. 제 이야기에 스스로 그 그림이 흘리는 색깔과 선을 덧칠하는 날, 마침내 저는 아름다움을 '겪었노라'고 제 이야기를 힘주어 발언할 수 있을 듯합니다. 그림이 나를 안아주면 저는 그렇게 그림을 만나는 아름다움을 저버리지 않을 자신이 있습니다. 저는 사람이기 때문입니다.

이야기의 미학을, 그래서 시간을 벗어난 시간의 미학을 그림을 향해 애써 발언하고 싶은 것은 제 지극한 가난의 노정(露呈)과 하나도 다르지 않을 것이지만 그래서 상할 자존심은 없습니다. 어차피 그림과 단절 없이 만나야 하는 것이 삶인데 '손익계산'을 하지 않을 까닭이 있겠습니까. 요컨대 저는 그러한 그림이 그리운 것입니다.   (2004.6)

제2부

현대사회와
종교

1.
국제분쟁과
종교 근본주의

류성민

종교의 어두운 그림자

사건 하나

아주 우연한 기회에 미국인 닉 버그(Nick Berg)가 이라크 내 한 이슬람 단체에 의해 효수되는 장면이 담긴 동영상을 보았다. 실제로 그러한 일이 벌어졌다고는 상상조차 할 수 없는 끔찍한 모습에 경악을 금치 못했다. 비디오로 찍으면서 태연히 그러한 살해 행위를 할 수 있다는 것은 도저히 납득할 수 없는 상황이었다. 그런데 몸서리치는 비명과 죽음으로 이어진 신음이 차마 견딜 수 없는 참담함을 주고 있는 가운데 또 다른 비장한 소리가 연속적으로 들렸다. "알라흐 아크바르!"(신은 위대하시다!) 비명과 신음이 사라진 후에도 그 소리는 계속되었다. 효수된 목을 들고도 그렇게 외쳐댔다. 한국인 한 사람도 거의 똑같은 방법으로 살해되었다. 우리 온 국민이 슬픔과 분노에 치를 떨었다. 다른 나라 사람들도 여럿 비슷한 방법으로 살해되었고, 그때마다 같은 말이 반복되었다고 한다. "알라흐 아크바르". 앞으로도 그와 같은 일이 또 있을 것으로 보인다.

사건 둘

몇 달 전(2004)부터 우리 언론에 크게 보도된 종교 관련 사건이 하나 있다. 기독교계 미션 고등학교에 다니던 한 고3 학생이 예배 선택권을 요구하며 1인 시위를 하다가 제적되었다. 그 이후 그는 수십 일의 단식을 거듭하며 투쟁을 계속하고 있으며, 이 사건은 아직도 미완인 채 계속 언론의 주목을 받고 있다. 아무리 미션 학교라 하더라도 강제로 종교의식에 참여하게 하는 것은 부당하다는 것과 학생들의 자발적 선택을 보장해야 한다는 것이 그 학생의 주장이다. 더군다나 학생들의 학교 선택권이 없는 평준화 정책과 학교 배정에 미션 학교도 포함되고 있는 현실에서 강제적인 종교교육은 부당하다는 것이다. 이 사건에서 더 관심을 갖게 하는 것은, 그 학생이 기독교인이라는 사실이다. 담당 교목 중 한 사람이 그 학생의 입장을 옹호했다는 것도 이 사건에서 중요한 대목 중 하나였다. 결국 그 학생을 지지했던 그 교목은 해직되었고 목사직마저 박탈당했다고 한다. 기독교인에 의해 기독교인이 적대시되었던 것이다. 국회와 인터넷에서도 논란이 분분하다. 그 학생은 복교 후에도 여전히 투쟁 중이다. [1]

사건 셋

미국의 대통령 선거가 부시의 승리로 막을 내리면서 그 승리의 한 중요한

---

1 이 사건은 2010년 4월 대법원에서 위 학생의 승리로 종결되었다. 곧 기독교 학교라도 학생들에게 강제적인 종파적 종교교육을 하지 못한다는 것이다.

원인으로 거론된 것이 미국의 기독교 근본주의이다. 오랫동안 정확한 통계 조사로 명성을 얻었던 여론조사 기관들의 예측을 빗나가게 하여 그 명성에 먹칠을 했을 뿐만 아니라 세계 대다수 국가들에게 실망을 안겨 준 장본인이 바로 기독교 근본주의자들이었다. 그들이 똘똘 뭉쳐 부시를 지지했고, 투표율을 높일 정도로 많이 선거에 참여함으로써 박빙을 우세로 바꾸어 놓았던 것이다. 낙태와 동성애, 줄기세포 연구에 대한 반대에서부터 이라크 침공과 반테러 전쟁 지지에 이르기까지 기독교 근본주의자들의 주장은 부시의 정치적 견해와 일치했다. 원치 않은 강제적 임신으로 고통을 받고 있는 사람들, 동성애와 동성 간 결혼을 합법화하길 원하는 사람들, 불치의 병에 시달리며 줄기세포 연구에 모든 희망을 걸고 있는 사람들, 전쟁의 폐해에 시달리고 있는 이라크 국민들…. 이 모든 힘없는 소수자들에게 또다시 실망과 좌절이 엄습하고 있다.

세 사건의 공통점: 종교 근본주의의 행태

이러한 세 사건은 서로 다른 나라에서 발생했고 각기 다른 내용이지만, 모두 종교가 관련되어 있다는 점에서 공통점이 있다. 또한 이 세 사건이 모두 종교에서 과연 그럴 수 있겠는가 하는 의문을 야기하고 있다는 점에서도 유사한 면이 있다. 과연 종교가 사람들을 그렇게 만들고 만 것인가? 위대한 알라의 이름으로 무고한 생명을 무참히 살해할 수 있다는 것인가? 사랑과 평화의 하느님을 믿고 있는 사람들이 그 신의 이름으로 젊은 학생을 그토록 고통과 고민 속에 빠지게 할 수 있는 것인가? 약자와 소수를 위해 십자가에 달린 예수를 믿는 사람들이 강자와 다수의 힘으로 약자와 소수를 억압하고 무시할 수 있다는 것인가?

사실상 이러한 사건들은 종교의 역사에서 빈번히 생겨났고, 아직도 세계 도처에서 계속되고 있는 사건들의 일부에 지나지 않는다. 종교가 국가 사이의 전쟁의 도화선이 되기도 하고, 지역 분쟁의 원인 중 하나가 되는 경우도 많다. 한 사회 안에서도 다양한 갈등의 증폭 요인이 되는 예는 쉽게 찾을 수 있다. 또한 종교와 관련된 전쟁이나 분쟁만큼 처절하고 참혹한 것도 없다.

그런데 최근 전 세계적으로 종교와 관련된 분쟁에는 거의 예외 없이 '근본주의'(혹은 '원리주의') 같은 보수적인 종교 이데올로기가 그 축으로 작용하고 있다. 교조의 가르침과 경전의 내용에 충실하게 종교적 삶을 영위하고자 하는 근본주의적 종교 행태는 더 순수하고 완전한 신앙생활을 지향하면서 발생 초기의 열성과 가치를 최대한 성취하려는 노력으로 나타난다.

이러한 행태의 종교집단이 국소적일 때에는 기존의 지배적 종교에 대해 적대적일 뿐만 아니라 사회 일반에 대해서도 부정적 입장을 갖는다. 이 때에는 대체로 외부적으로는 정교분리를 표방하지만 그 집단 내부에서는 신정정치적 성격을 갖고, 집단 자체의 위협에는 극단적인 공격적 태도를 나타낸다. 종교적 목적을 위해서는 무엇이든지 희생할 각오를 지니는 것이다. 이러한 이유에서 그 집단에 속한 신자들은 그 집단을 이끄는 지도자에게 절대적 충성을 하며, 집단의 결속을 다지기 위한 조직적 노력이 경주된다. 또한 다른 종교들이나 종파, 심지어 입장이 다른 교파에는 배타적이며 패권적인 태도를 보인다.

이러한 근본주의적 종교집단이 한 국가나 사회의 지배적 위치에 있게 될 경우 집단 내에서는 정교분리를 강조하면서도 외부적으로는 적극 정치 개입에 나선다. 곧 신자들에게는 정치와 종교가 분리되어야 한다고 하면서도 실제로는 정치적 힘을 이용하여 종교적 목적을 달성하기 위해 애쓴다. 정치인과 종교인의 밀월 관계가 형성될 수 있는 것도 이러한 근본주의적 종교집단이 사회의 다수가 되었기 때문이다. 그렇지만 다수가 되었을 때에도 근본주의적 종교집단의 근본적 태도는 계속 유지된다. 종교적 목적을 위해 수단과 방법을 가리지 않으며, 지도자에게 충성을 맹세하고 조그만 위협에도 극단적인 공격을 가하는 점에서는 그 수의 과다가 문제되지는 않는다. 또한 다른 종교들이나 종파, 교파에 매우 공격적이고, 특히 경쟁 관계에 있는 자유주의적이고 진보적인 종교와 종파들에는 타종교보다 더 극단적인 대립과 갈등을 조장한다.

새로운 세기의 시작을 전후하여 근본주의적 종교 행태가 전 세계적으로 크게 확산되었다. 21세기가 종교의 시대가 될 것이라는 한 미래학자의 전망은 종교 근본주의의 발흥에서 확인되는 듯하다. 종교적 순수성을 확보하려는 종교 근본주의는 근대 이후 더욱 부각된 사회문제들을 집중적으로 공략하고 있다. 예컨대 혼전 성결 준수, 이혼에 대한 부정적 입장, 마약과 음란물 제재, 가정의 신성성과 부계 중심의 가정 확립 등 도덕적 순수성을 강조하면서 대중의 호응을 이끌어 내고 있다. 동시에 교조의 가르침과 경전의 문자적 준수와 전일적 종교 생활을 촉구하면서 세속적이고 일상적인 삶에 대한 부정적 인식을 확대하고 있다. 그러면서도 정치적 권력의 획득과 물질적 부의 증대, 혹은 건강마저 종교적 축복으로 미화하면서 강자와 부자와 건강한 사람들을 유혹하고 있다. 바로 이러한 입장들이 많은 지지층을 확보하는 전략으로 상당한 성공을 거두고 있는 것이다.

종교 근본주의의 진원지 미국

아마도 21세기 종교 근본주의의 최대 진원지는 미국이 될 것으로 본다. 그리고 그 단초가 부시의 재선으로 나타난 것이 아닌가. 이번 미국 대통령 선거에서 미국의 기독교 근본주의는 이른바 기독교 우파와 손을 잡고 기독교 국가로서의 미국 건설이라는 건국 초기 이상을 현실화하고자 했고, 선거에서의 승리는 그 확산으로 이어질 공산이 크다.

소련의 붕괴와 러시아의 상대적 약화로 전 세계가 미국의 패권적 행태에 의해 큰 영향을 받고 있다. 그나마 유럽연합과 중국, 그리고 이슬람 국가들이 견제 세력이 될 수 있겠지만 아직은 역부족이다. 중남미는 물론이거니와 우리나라를 비롯한 아시아의 대다수 국가들도 정치적으로나 경제적으로 미국의 그늘에서 그리 멀리 벗어나지 못하고 있다. 이러한 상황에서 미국의 정치와 경제가 기독교 근본주의자들에 의해 장악된다는 것은 곧바로 그러한 근본주의적 행태의 확산으로 나가기 십상일 수 있다. 거대한 종교 근본주의의 파고가 전 세계로 밀려가고 있는 것은 아닌지.

이미 우리나라에 기독교가 전래하던 초창기부터 길을 튼 미국식 기독교 근본주의는 줄곧 한국 기독교의 주류를 이루어 왔지만 최근 들어 더 기승을 보이고 있다. 부시의 재선을 축하하는 행사를 대대적으로 거행하면서, 그리고 정치적 문제들에 대한 강경한 입장을 계속 표명하면서 그 근본주의적 색채를 노골적으로 드러내고 있는 것이다. 일본 제국주의의 한국 강점기에는 정교분리를 강조하면서 일제 침략에 협조를 했고, 이승만 독재 체제에서는 정치적 비호를 받아 성장해 왔으며, 군사독재 하에서는 '유신 체제'마저 쌍수를 들고 환영하던 한국의 근본주의 기독교는 이제 기독교계 다수로 결집

되면서 보수적 정치 세력과 손을 잡고 전성기를 구가하려는 모습을 보이고 있다. 특히 교세에서 단연 우위를 점하고 있는 한국 개신교 근본주의 교파들은 그 어느 때보다 더 단결되어 정치적 공세를 가하는 상황이다. 동시에 이들은 대중적 호응을 얻기 위해 사회문제에도 적극 관심을 보이고 있다. 청소년 순결 강조와 성매매에 대한 단호한 제재 지지, 새벽 기도 후 골목청소운동 등 '선행'을 과시했다. 더 나아가 사립학교법 개정 반대에 결사 의지를 보이고 있으며 국가보안법 폐지에도 극구 반대의 입장을 표명하고 있다. 역시 한국의 종교 근본주의에서도 보수적 정치 세력과의 연대는 자명할 수밖에 없다.

예배 선택권을 주장하던 한 학생을 제적 처리한 개신교계 미션 학교의 예는 이러한 근본주의적 개신교의 한 단면을 보여주는 사건이다. 종교적 목적을 위해서는 수단과 방법을 가리지 않은 종교 근본주의의 행태는 교육마저 '선교'의 일환으로 삼고 있으며, 권력과 기득권을 그 보호막으로 이용하는 것을 정당화하고 있는데, 그러한 행태가 이 사건으로 드러난 것이다. 타 종교와 종교인은 물론 같은 종교와 종파, 교파에 소속한 신자들마저 다른 입장을 표명할 때는 가차 없이 배타적이고 공격적이 되는 기독교 근본주의의 속성이 이 사건에서 여실히 나타난 것이다. 미국에서조차 받아들여지지 않는, 공교육에서 기독교 성서를 가르쳐야 하고 기도로 수업을 시작해야 하며 예배를 필수로 해야 한다는 미국의 개신교 근본주의자들의 주장이 우리나라에서 먹혀들고 있는 것은 아닌지.

이 사건에서 중요한 문제는 넓게는 정치와 종교의 분리 문제이며 좁게는 기독교 정신으로 학교를 세우고 교육에 임하는 것과 학생들을 기독교인으로 만드는 것이 구별되지 못한다는 데 있다고 본다. 신앙을 위해 신대륙으로 건너온 조상을 둔 미국에서조차 정치와 종교의 분리를 수정 헌법 제1조로 명시할 정도로 중시했는데, 다수가 된 기독교 근본주의자들은 다시 그 분리를 무색하게 만들고 있다. 부시 대통령부터 성서를 공식 연설에서 자주 인용하고 기도로 시작되는 백악관 회의, 적대적 국가 원수나 지도자를 '악의 축'으로 지목하는 것, 혹은 이라크 침공을 거룩한 전쟁으로 미화하는 것 등 모두 정치와 종교를 뒤섞은 모습이다. 기독교 근본주의가 바로 이러한 행태를 낳게 한 근본적 원인이다. 정치와 종교의 분리가 제대로 되지 못할 때 교육과 종교도 같은 길을 가게 된다. 곧 종교적 목적을 위해 교육이 이용될 수 있는 것이다. 기독교 신자로서 혹은 기독교 단체의 입장에서 기독교 정신으로 학교를 설립할 수 있고 운영할 수 있다. 그러나 학교는 교육의 장이지 선교의 장이 되어서는 안 된다. 풍부한 지식을 함양하고 인격적 소양을 키우고 육체적으로 건강한 사람이 될 수 있도록 도와주는 교육이 특정 종교를 믿는 것이나 믿게 하는 것과 혼동되어서는 안 되기 때문이다. 진정한 의미의 교육 자체에 힘을 쏟는 것에서 기독교 정신의 의미를 찾을 수 있지 않은지.

기독교 근본주의와 이슬람 근본주의의 동반 상승

이러한 미국식 기독교 근본주의는 세계의 다른 지역에서 또 다른 종교 근본주의를 발흥하게 하는 기폭제가 되고 있는데, 그 대표적인 사례가 이슬람 근본주의라고 본다. 이슬람은 그 발생 당시부터 근본주의적 색채가 강한 종교라고 할 수 있다. 이슬람 국가들은 종교 공동체(움마)에 그 뿌리를 두고 있으며, 적어도 현재 49개 이슬람 국가들이 이슬람교를 국교로 인정하고 있다. 이슬람의 이러한 태생적인 근본주의적 속성은 근대 이후 서구적 국가 체제를 수용하면서 상당 부분 약화되었다. 그렇기 때문에 서구적 체제와 관행을 포기하고 초기 이슬람의 상황을 회복하고자 하는 것이 이슬람 근본주의의 두드러진 특징이다. 특히 역사적으로 소수이자 저항 세력으로 존립해 온 이슬람 시아파는 이슬람 근본주의의 산실이다. 지배 세력인 시아파 이슬람이 다분히 개혁적이고 서구적인 제도를 수용하는 추세인 반면 시아파 이슬람은 줄곧 이슬람 초기의 전통과 규례를 준수하고자 했고, 1979년의 이란 혁명이 시아파 이슬람의 세력을 크게 늘려 놓았다. 이란 혁명 공약 제1호가 이슬람 안에서 국가와 종교를 일치시킨다는 것이었다는 사실만으로도 그 근본주의적 특성을 잘 보여주고 있다.

미국의 기독교 근본주의는 이와 같이 나름대로의 토대를 갖고 있는 이슬람 근본주의의 발흥을 자극할 수 있는 촉매가 되고 있다. 미국의 근본주의자들이 앞서 언급한 기독교 우파와 정치적 제휴를 하고 있는데, 기독교 우파는 중동에서 이스라엘을 일방적으로 지지해 왔기 때문에 미국의 기독교 근본주의는 유대교 근본주의라고 할 수 있는 유대 시온주의와 접목될 수밖에 없다. 이스라엘의 레바논 침공에서부터 최근까지 이어지고 있는 팔레스타인 자치 지역에 대한 공격을 강력히 지지한 것도 미국의 기독교 근본주의자들이었다. 이슬람 근본주의는 이러한 미국의 기독교 근본주의에 대항하여 더욱 노골적이고 강력한 세력으로 크게 부상한 것이다.

따라서 9.11 사건은 미국의 기독교 근본주의에 대한 이슬람 근본주의의 대항의 성격이 있다고 할 수 있다. 기본적으로 종교 근본주의 행태는 타 종교와 입장을 달리하는 세력을 인정하지 않을 뿐만 아니라 적대적인 태도로 나타나고, 적과 동지·악과 선·신과 악마 같은 이분법적인 잣대로 상대방을 대하기 때문에 종교 근본주의 사이에서는 불가피하게 충돌이 나타날 수밖에 없으며, 그것도 극단적이고 극열한 방법으로 치닫게 된다. 같은 편은 무조건적인 지지와 성원을 보내는 반면 다른 편은 그 정반대의 비난과 공격을 서슴지 않는 것이 종교 근본주의의 속성인 것이다. 끔직한 방법으로 사람을 죽이는 이슬람 테러 단체들의 행태도 이러한 속성의 발로인 것이다.

미국의 종교 근본주의의 영향력이 전 세계에 더욱 크게 미치면서 전 세계적으로 다양한 형태의 종교 근본주의를 확산시키고 있다. 마치 영국에서 시작된 제국주의가 유럽은 물론 일본과 미국에까지 확대되어 전 세계를 제국주의 각축장으로 만들었던 지난 세기의 양상이 이제 종교 근본주의가 대체하고 있는 것 같다. 제국주의가 수많은 약한 국가와 민족을 억압하고 수탈했듯이, 이제는 종교 근본주의가 갈등과 분쟁, 폭력, 전쟁을 야기하며 무수한 사람들을 좌절과 절망에 빠뜨리고 있는 것이다. 유능하고 지도력 있는 한 젊은 학생을 단식이라는 극단적 방법으로 투쟁하게 하여 고통에 빠뜨리는 것, 무고한 사람들을 아무런 죄책감 없이 살해하는 것, 사회적 약자와 소수를 억압하고 강제하는 것 등 모두 종교 근본주의의 세계적 확산과 무관하지 않다. 더군다나 종교 근본주의가 정치 세력과 제휴하여 상호 이익을 추구하는 현실에서는 가공할 힘을 발휘할 수 있다는 것을 간과해서는 안 될 것이다.

공존과 조화의 길을 찾아야 할 때

전 세계 거의 모든 국가에서 종교의 자유를 헌법상 보장된 인간의 기본적 권리로 인정하고 있고, UN에서는 한 걸음 더 나아가 국가적 승인이나 제

한을 넘어서는 보편적 인간의 권리로 천명하고 있다. 지구상에는 항상 여러 종교가 공존해 왔고, 대다수 국가에서 종교는 다원 상황을 이루고 있다. 같은 국민들 사이에서 다른 종교를 믿을 수 있고, 한 사회에서 여러 종교가 공존할 수밖에 없다. 심지어 서로 다른 종교를 믿는 사람들이 한 가족을 이룰 수도 있다. 그렇기 때문에 다른 종교를 믿는 사람들을 존중하고 인정하지 않는다면 가족도 사회도 국가도 심각한 갈등과 분쟁에 빠질 수밖에 없다. 종교 근본주의가 지닌 문제점이 바로 여기에 있는 것이다.

어떤 개인이 종교 근본주의에서 주창하는 종교적 신념을 갖는 것 자체는 문제가 될 수 없다. 낙태를 반대하고 줄기세포 연구를 자신의 종교적 신념에 따라 반대하는 것은 얼마든지 용인될 수 있다고 본다. 이혼을 죄악시하고 가정을 지상천국으로 여기는 것도 아무런 문제가 되지 않을 수 있다. 문제는 그러한 자신의 종교적 신념을 다른 사람에게 강요하거나 자신과 다른 종교적 신념을 가진 사람을 적대시하는 행태가 문제인 것이다. 더군다나 수적 우위와 힘에 의한 강제는 또 다른 반동을 야기할 수 있다는 점에서 경계해야 할 것이다. 서로 다름에도 조화를 이루고 평화를 유지할 수 있는 지혜가 더욱 절실히 요구되는 현실 속에 우리가 있다. (2004.12)

이진구

기독교 근본주의의 정치학

9.11테러 이후 이슬람 근본주의가 전 세계적으로 주목을 끌었다. 서구 세계에서만이 아니라 국내에서도 이슬람 근본주의가 매스컴의 '인기어'로 등장하였고, 그 덕분에 이슬람 전공자 혹은 아랍 전문가들이 매스컴을 자주 타게 되었다. 시사 잡지치고 이슬람 근본주의를 특집으로 다루지 않은 곳이 거의 없었으며, 서점가의 신간 코너에서도 이슬람 관련 서적들이 전에 없이 잘 팔렸다.

그런데 미국이 반테러 전쟁을 선포하면서 아프카니스탄과 이라크를 공격한 이후, 이슬람 근본주의보다 오히려 미국의 패권주의로 관심의 초점이 이동한 것 같다. 전 세계적인 반전운동을 철저히 무시하고 일방적으로 대규모 전쟁을 감행하는 부시 정권의 폭력성에 놀란 언론과 지식인들이 미국의 침략주의에 대해 비판적인 물음을 던지기 시작한 것이다.

부시 정권의 이러한 패권주의와 관련하여 언론에서 가장 빈번하게 등장한 용어는 '네오콘'(neocon)이다. 신보수주의자들을 가리키는 네오콘이 부시 정권의 핵심 세력을 차지하면서 이라크 공격 같은 강경 노선을 주도했기 때문이다. 부시 행정부의 '매파'로 분류되는 럼스펠트 국방장관이나 라이스 안

보담당보좌관 등이 대표적인 네오콘 인사들로 알려져 있다.

부시 정권이 이라크 침공의 대의명분으로 내세운 것은 대량 살상용 무기의 파기이다. 하지만 미국이 이 지역에서 안정적인 석유 공급과 엄청난 석유 이권을 선점하기 위해 이라크를 공격했다는 사실은 잘 알려져 있다. 독일과 프랑스 그리고 러시아가 미국의 이라크 공격을 반대했던 것도 이 지역에서의 석유 이권을 둘러싼 각국의 이해관계 때문이었다. 또한 냉전 체제의 종식 이후 침체 일로를 걸어 왔던 자국 내의 군수산업을 활성화시키기 위한 전략의 일환으로 미국이 전쟁을 일으켰다는 분석도 나름대로의 설득력이 있다.

부시 정권이 보여주고 있는 공세적 외교와 침략주의에는 이러한 정치경제적·군사적 측면이 중요한 요인으로 작용하고 있지만, 거기에는 미국 특유의 종교문화적 요인도 함께 작용하고 있다. 종교문화적 측면이 정치경제적 이해관계와 맞물려 미국의 패권주의를 더욱 강화했던 것이다.

부시가 대통령으로 당선되는 데 결정적 역할을 한 세력이 '기독교 우파'(Christian Rights)임은 잘 알려져 있다. 기독교 우파가 정치적 표현이라면 '기독교 근본주의'(Protestant Fundamentalism)는 종교적 표현이다. 부시는 이러한 세력의 압도적 지지를 받아 집권하는 데 성공하였을 뿐만 아니라 그 자신의 신앙적 배경 역시 근본주의적 성격이 강했다. 부시 행정부의 핵심 요직을 차지하고 있는 상당수의 인물들도 이와 비슷한 신앙 행태를 보이는 것으로 알려졌다.

거듭난 부시와 그의 신앙

대통령 부시는 매우 경건한 기독교인이다. 그는 기도와 성서 읽기로 하루를 시작하고 주 1회 이상 백악관 직원들과 성경 읽기 모임을 갖는다. 백악관 관계자들이 전하는 바에 의하면, 그는 아침마다 해가 뜨기 전에 일어난 뒤 혼자서 조용히 책을 읽을 수 있는 곳으로 간다. 그가 새벽에 읽은 것은 뉴스 요약이나 정보 관련 보고서가 아니라 오스월드 체임버스(Oswald Chambers)가 쓴 복음주의 묵상집 『지존하신 주님께 나의 최고의 것을』(My Utmost for His Highest)이다.

이처럼 백악관의 부시는 경건한 신앙생활을 하고 있지만 젊은 시절의 그는 이와는 전연 딴판이었다. 청년 부시는 파티를 과도하게 즐기고 자신의 자가용인 트라이엄프 컨버터블(Triumph Convertible)로 휴스턴 일대를 떠들썩하게 누비는 '폭주족'에 지나지 않았다. 특히 술을 많이 마셨고, 파티에서 주정을 부리기로 유명한 '탕아'였다. 그러던 그가 어느 날 갑자기 술과 담배를 완전히 끊고 '거듭난 기독교인'으로 변신한 것이다.

부시가 '새사람'이 된 것은 세계적으로 유명한 부흥사인 빌리 그레이엄(Billy Graham) 목사의 설교를 듣고 나서부터라고 한다. 그렇지만 부시가 '신앙의 길'을 걷는 데 초석이 된 것은 조그마한 성경 공부 모임이었다. 친구의 권유에 의해 성경 공부 모임에 참석한 부시는 이 모임을 통해 자신의 가장 큰 문제였던 알코올 중독에서 벗어날 수 있었다. 자기 수양과 엄격한 절제의 생활을 강조하는 이러한 '소그룹 신앙 운동'은 텍사스의 젊은 탕아에게 AA(Alcoholics Anonymous, 알코올 중독자 자주치료 협회)의 역할을 했을 뿐만 아니라 정신적 영적 치유제의 역할도 했다. 베이비 붐 세대의 미국 젊은이들 중에는 이처럼 잭 다니엘스(Jack Daniel's, 테네시 주의 린치버그에서 시작된 주류 제조업자의 이름을 따서 만든 유명한 위스키)와 이별하고 예수와 만난 젊은이들이 적지 않았으며 부시는 그중의 하나였던 셈이다.

대통령 부시는 공식 연설에서 성경을 자주 인용한다. 미국의 역대 대통령들이 공식 연설에서 성경을 즐겨 인용했지만, 부시처럼 성경 구절을 자주 그리고 광범위하게 인용한 예는 거의 없었다. 그리고 그의 수사법은 도덕주의적인 색채가 강하다. 의인과 죄인, 천사와 악마, 천국과 지옥과 같은 선악 이분법이 그의 입속에서 자주 등장한다. '악의 축'이나 '십자군 전쟁' 같은 표현이 거침없이 흘러나오는 것도 이러한 맥락에서이다.

최근에(부시 재임 당시-편집자 주) 스스로를 하나님의 병사, 미군은 하나님의 군대, 대테러 전쟁을 기독교 문명 대 사탄과의 대결로 굳게 믿는 장성이 미 국방부의 대테러 담당 주요 직책에 발탁되었다. 이번에 임명된 장성은 요인 암살, 외국 정부 전복 등 특수전 수행을 임무로 하는 미 육군 극비부대 텔타포스(Delta Force)의 한 요원이다. 이처럼 무시무시한 전력이 있는 그는 1주일에 5일을 교회에 나가 기도한다고 하는 열성적 기독교인이다. 한 교회의 설교단에서 군복 차림을 한 그가 빈 라덴, 후세인, 김정일의 사진을 보여주면서 이렇게 말했다고 한다. "이들이 왜 우리를 미워하는지 아십니까? 우리가 기독교 국가이기 때문입니다. 우리가 믿음의 집단이기 때문입니다. 우리의 근원과 뿌리가 유대-기독교 문명인 반면 적들은 사탄이기 때문입니다. 우리의 영적인 적인 그들은 우리가 예수의 이름으로 맞설 때에만 패배시킬 수 있을 것입니다."

부시의 연설과 장성의 설교가 지닌 공통점은 명백한 선악 이분법이다. 이러한 이분법은 그들의 신앙적 컬러에서 기인한 것이다. 그들의 신앙은 복잡하지 않고 매우 단순하다. 하나님이 모든 문제의 해답을 예비하고 계시며 기도를 통해서 그 답을 구할 수 있다고 확신한다. 따라서 이들은 일단 하나님의 뜻이라고 생각하면 물불 가리지 않고 행동하며, 결코 뒤를 돌아보지 않는 습성이 있다.

이러한 신앙의 소유자들이 지닌 문제는 자신의 생각과 판단을 하나님의 뜻으로 너무나 쉽게 해석한다는 점이다. 이들은 하나님이 항상 자신들의 편에 있다고 확신하면서 '승리의 생활'을 추구한다. 이들의 삶은 항상 자신만만하며 완전주의적인 색채를 보인다. 이들의 사고 속에서는 신의 심판을 피할 수 있는 개인이나 국가는 없다는 기독교의 가르침은 좀처럼 찾아보기 힘들다. 이러한 승리주의적 사고를 지닌 자들이 중대한 정치적 군사적 판단과 명령을 내리는 최고 권력자나 고위 장성으로 있는 경우, 어떠한 사태가 발생할 것인가? 부시와 장성이 거침없이 보여주는 패권주의적 태도와 오늘날의 전 세계적인 위기 상황에서 그 답이 보이지 않는가?

오늘날(이 글 집필 당시-편집자 주) 부시 정권에서 나타나는 이러한 승리주의적 에토스의 못자리를 제공하고 있는 것이 바로 기독교 근본주의이다. 타자에 대한 침략과 정복을 쉽게 정당화하는 이러한 근본주의는 미국 기독교사, 나아가 미국 문명이 낳은 특유한 산물이다. 따라서 오늘날 전 세계를 공포의 분위기로 몰아넣고 있는 부시 정권의 패권주의를 보다 심층적으로 이해하기 위해서는 기독교 근본주의의 뿌리와 그 정치학을 탐사해야 한다.

기독교 근본주의의 기반과 그 정치학

근본주의라는 용어가 처음 등장한 것은 20세기 초 미국 기독교 사회에서였다. 19세기 말부터 유럽 지식인들을 통해 고등비평과 진화론 등이 미국 사회에 소개되면서 개신교 진영은 내적 분열을 겪었다. 근대성을 적극적으로 수용한 개신교 진영은 신학적 근대주의(Modernism) 혹은 자유주의 신학으로 거듭났고, 근대주의를 거부한 세력은 기독교 근본주의로 재탄생했다.

근본주의라는 용어는 원래 근대주의 신학을 공격하고 자신들의 신학을 방어하기 위해 보수 진영이 출판한 책자의 이름 『신앙의 근본』(*The Fundamentals*)에서 유래한 것이다. 당시 근본주의 진영은 신앙의 근본 원리라고 스스로 간주한 신앙 조항들을 모아서 소책자로 편집하고 이를 광범위하게 유통시켰다.

근대주의와 근본주의 진영의 헤게모니 투쟁은 신학교를 중심으로 이루어졌는데, 결국 대부분의 신학교를 장악하게 된 것은 근대주의 신학이었다. 따라서 근대주의와의 투쟁에서 패한 근본주의자들은 별도의 신학교를 세워 분립하게 되었다. 이들은 근대주의 사조를 거부하였기 때문에 공적 무대에서도 점차 퇴거하게 되었으며, 일반 사회에서는 '촌뜨기' 취급을 받았다.

근본주의자들은 세속적인 문제, 특히 정치에 관여하지 않는 것을 불문율로 여겼는데, 여기에는 그들의 역사관이라 할 수 있는 전천년설(Premillennialism)이 큰 영향을 끼쳤다. 그들의 전천년설에 의하면 급속도로 타락하는 이 세계는 결국 망할 것이다. 따라서 기독교인들은 세상을 변화시키기보다는 세상과 구별되는 삶을 살아야 한다. 구체적인 사회 개혁 프로그램을 가지고 사회변혁을 시도하기보다는 세상에서 한발 물러나 기도와 성서 공부에 충실해야 한다. 요컨대 세상과 거리를 두고 '성결'의 삶을 추구하면서 종말을 기다리는 것이 올바른 삶으로 간주되었다.

이처럼 사적 영역으로 물러나 있던 근본주의자들이 1970년대 들어와 갑

자기 공적 영역으로 진출하기 시작했다. 이들은 정치적 보수주의와 결합하면서 이른바 기독교 우파(Christian Rights)로 불리기 시작하였다. 이들의 주요 활동 무대는 남부 텍사스, 캔자스, 사우스 캐롤라이나, 앨라바마, 조지아, 뉴올리안즈 등으로 이어지는 이른바 '크리스천 벨트'(Christian Belt)였다. 그리고 이들의 주요 의제는 범죄에 대한 강경 조치, 강력한 국방, 공립학교에서의 기도 허용을 위한 헌법 수정, 낙태 반대, 그리고 남녀평등 법안의 폐기였다. 이들은 직접 의회로 진출하기보다는 자신들의 입장을 지지하는 인사들을 의회에 입성시키는 전략을 사용했다.

이처럼 이 시기에 기독교 우파가 세력화할 수 있었던 데에는 보수적 복음주의 교회의 성장이 결정적인 요인으로 작용하였다. 〈뉴스위크〉는 1976년을 '복음주의자들의 해'라고 선언할 정도였다. 교세 성장에 힘입어, 근본주의자들은 그동안 스스로를 소수파로 생각하면서 자신들의 정체성을 지키는 일에만 관심을 기울여 왔지만, 이제 자신들의 목소리를 공적 차원에서 내기 시작한 것이다. 특히 1960년대 이후 미국 사회에 불어닥친 민권운동으로 흑인을 비롯한 유색인종과 여성의 권리가 신장되고, 마약, 동성애, 낙태 등으로 미국 사회가 잘못된 방향으로 나아가고 있다고 하는 상황 판단이 이들의 적극적 행동을 유발했다.

이러한 시대적 분위기와 근본주의자들의 욕망을 잘 활용한 사람들이 빌리 그레이엄과 팻 로버트슨(Pat Robertson)으로 대변되는 유명한 TV 부흥사들(televangelists)이었다. 이들은 라디오와 TV를 통하여 수천만 명의 고정적인 시청자를 확보할 수 있었고, 다양한 이슈들에 대해서 자신들의 견해를 펼칠 수 있었다. 이들은 보수주의 정치가들의 입장을 청취자들에게 명료하게 전달하는 동시에 보수주의적 견해와 반대되는 정치가들은 가차 없는 비판을 하였다.

이러한 기독교 우파 운동 세력 중에 가장 대표적인 것은 제리 폴웰(Jerry Falwell)이 이끄는 '도덕적 다수'(Moral Majority)이다. 이 단체는 진보적인 여성해방운동, 동성연애자들의 합법적인 결혼 문제, 음란 비디오 보급과 같은 민감한 이슈를 4백만에 달하는 자신들의 회원들에게 알려 주고, 백악관이나 의회에 로비스트들을 파견해 자신들의 주장을 입법화하려고 노력하였다. 이러한 분위기에 편승해 생겨난 많은 기독교 우파 단체들은 가정 문제와 낙태 문제에 많은 관심이 있으며, 혼전 순결 준수, 이혼 예방, 가정에서의 부권 회복, 마약 금지, 음란물 제재 등을 위하여 적극적인 활동을 벌이고 있다.

이러한 기독교 우파의 주요 지지층은 백인 중하류층이다. 이들은 민권운동의 활성화로 인해 사회 각 분야에서 유색인종과 직접적인 경쟁 관계에 서야만 했다. 따라서 민권운동과 유색인종에 대해 강한 거부감을 가지고 있다. 이러한 상황을 십분 활용한 것이 80년대 레이건 정권하의 공화당 출신 후보자들이다. 이들은 보수적 종교연합체인 기독교연합(Christian Coalition) 등 근본주의 운동 단체를 통해 백인 보수층의 기득권 유지 욕망을 실현시키고자 하였다.

기독교 우파의 성장에 기여한 또 하나의 요인은 미국 남부 지역의 경제적 번영이다. 1970년대 이후 미국 경제의 중심은 전통적인 공업지대인 북동부에서 남부 지역으로 이동했다. 남동부 5개 주는 새로운 경제적 요충지, 이른바 '산업벨트'로 주목받았으며, 특히 첨단산업과 서비스산업, 그리고 석유산업이 비약적 성장을 거듭했다. 조지아 주의 애틀랜타 같은 도시에는 코카콜라, CNN, UPS(미국 굴지의 화물운송업체), 홀리데이인 체인 등을 비롯해 미국의 5백대 기업 가운데 1백 개 기업의 본사가 자리하고 있다고 한다.

80년대 이후 남부에 근거를 둔 기독교 보수파가 각종 정치자금 기부를 통해 선거에 적극 개입할 수 있었던 것도 이러한 '돈줄'의 확보와 밀접한 관련을 맺고 있다. 정치경제와 종교가 하나의 공동전선을 형성한 셈이다. 부시가 텍사스 주지사에서 대통령으로 급부상할 수 있었던 것도 남부의 경제 발전에 기초한 것이라고 볼 수 있다.

　이와 관련하여 미국 역사에서 남부가 차지하고 있는 독특한 위상을 좀 더 자세히 살펴볼 필요가 있다. 잘 알려져 있다시피, 미국 남부 지역은 공화당의 주요 지지 기반이다. 그런데 남부의 백인들은 미국 내에서 가장 호전적인 집단이다. 북동부에 인문대학이 많은 반면, 남부에는 사립 군사학교가 많다. 남부 출신 백인은 군에서는 숱하게 찾아볼 수 있지만, 외교가에서는 드물다. 18세기부터 지금까지 전쟁 지지도는 북부의 백인들보다는 남부인들 사이에서 늘 높았다. 이라크전에 대한 여론조사에서 남부인들이 압도적 지지를 표명한 것은 이런 맥락에서는 당연하다. 미국 하원이 이라크에 대한 무력 사용권을 대통령에게 일임하는 결의안을 표결했을 때, 민주당 의원의 대다수는 반대했다. 그런데 몇몇 민주당원들은 당 노선을 이탈해 부시를 지지하였는데, 이들은 거의 남부 출신이었다. 테네시 주 출신 민주당 의원들은 모두 찬성하였다. 한 저널리스트는 이라크 전쟁 지지층을 한마디로 '남부의 시골 또는 소도시 출신으로 고등학교를 졸업한 백인'이라고 표현했다.

　이처럼 미국 남부의 전통은 '힘의 정의'와 '기독교 근본주의'로 요약될 수 있다. 이러한 태도는 문민 외교의 경멸 및 국제기관 불신으로 연결된다. 1945년 이후 미국 남부는 유엔에 환멸을 느껴 왔고, 미국의 국익이 걸려 있는 문제에서는 줄곧 일방적인 행동을 지지해 왔다. 더 거슬러 올라가 말하자면, 18세기 말 프랑스와의 분쟁에서부터 20세기 후반 베트남전에 이르기까지 미국이 참가한 모든 전쟁에서 '힘의 정의'와 기독교 근본주의라는 남부의 두 가지 전통이 그 지지 기반이 되어 온 것이다.

최근의(이 글 집필 당시-편집자 주) 부시 독트린은 미국 북동부 출신의 외교 전문가들을 격분시킬지 모르지만, 메이슨-딕슨 라인(옛 미국의 북부와 남부 경계선) 아래쪽에서는 환영을 받는다. 그것은 부시 독트린이 과거 미국 남부의 전통이던 '힘의 정의'와 기독교 근본주의를 잘 융합하고 있기 때문이다. 부시가 대통령 선거 예선의 첫 연설을 사우스캐롤라이나 주 그린빌에 있는 밥존스 대학에서 한 것도 우연이 아니다. 이 대학은 기독교 근본주의의 종가이기 때문이다.

종교사적으로 보면 기독교는 2천 년 역사 동안 줄곧 유대교에 대해 적대적 태도를 취해 왔다. 대표적인 기독교 근본주의자 팻 로버트슨도 반유대적인 발언을 종종 한다. 물론 유대계 미국인 대다수는 기독교 우파와 생각이 다르다.

그러나 현실 정치의 장에서 기독교 근본주의자들과 유대 시온주의자들은 서로 손을 잡고 있다. 기독교 근본주의자들은 중동 분쟁에서 일관되게 이스라엘 편을 들어 왔으며, 이스라엘 시온주의자들은 그에 상응하는 다양한 형태의 '선물'을 제공하고 있다. 실제로 기독교 근본주의자들은 이스라엘의 레바논 침공을 지지했고 오슬로 평화 협상을 반대했다. 이스라엘이 자의적으로 점령한 요르단 강 서안과 가자 지구를 고대에 하나님이 유대인들에게 준 땅이라고 주장하면서 이스라엘인의 '정착지 지원' 프로그램을 실시할 정도였다. 이처럼 기독교 근본주의자들이 이스라엘을 열렬히 지지하자 이스라엘 정부는 대표적인 기독교 우파 지도자인 제리 폴웰 목사에게 '자가용 제트기'를 선물하였으며, 팻 로버트슨 목사에게도 표창장을 수여하였다.

기독교 근본주의자들의 이스라엘 지지와 이라크 혐오에는 과거의 역사적 경험과 묵시론적 역사 해석이 큰 역할을 하고 있다. 역사적으로 보면 현재의 이라크 지역은 앗시리아 제국을 멸망시키고 등장한 신바빌로니아 왕국의 주 무대였다. 신바빌로니아 왕, 네부카드네자르 2세(재위 BC. 604~562)는 유대왕국을 멸망시키고 수만 명의 이스라엘인을 포로로 끌고 가 수십 년간 노예 생활을 시켰다. 이때의 경험은 이스라엘 역사상 가장 불행한 사건 중의 하나로 기억되고 있으며, 우리에게도 잘 알려진 보니 엠(Boney M)의 팝송 〈Rivers of Babylon〉은 바로 이 노예들이 처한 슬픈 상황을 노래한 것이다.

이와 동시에 근본주의자들은 "무너졌다. 무너졌다. 큰 도시 바빌론이 무너졌다." 같은 요한계시록의 문구를 현재의 이라크 전쟁에 적용한다. 바그다드 함락과 후세인의 몰락을 묵시록과 구약 예언자들이 말한 사탄의 도시 바빌론의 최후로 해석하는 것이다. 이라크 전쟁을 기독교 국가인 미국이 사탄의 국가인 이라크를 심판하는 '성전'으로 규정하려는 시도는 이러한 맥락에서 자연스럽게 나오게 된다.

이처럼 유대 시온주의와 기독교 근본주의는 '힘의 정의'에서 서로 코드가 잘 맞는다. 이러한 상황에서 이라크의 후세인 역시 고대 바빌론의 영광을 되찾으려는 야심을 가지고 있기 때문에 문제가 발생하는 것이다. 후세인은 "네부카드네자르의 바빌론이 후세인 시대에 재현되다."라는 캐치프레이즈를 내걸고 공공연히 이스라엘을 공격하겠다고 주장한 바 있으며, 실제로 이 전쟁에서 네부카드네자르라는 이름을 지닌 보병 사단을 북부 티크리트와 키르쿠크에 배치해 일전을 벌이기도 했다.

명백한 운명과 선민의식

지금까지 살펴보았듯이 미국 기독교 근본주의는 근대주의에 대한 반발과 저항, 남부 지역의 경제와 백인 중하층 계급, 보수 정치 세력과 신보수주의, 그리고 유대 시온주의와 상호작용하면서 형성되어 왔음을 알 수 있다. 그러나 오늘날 기독교 근본주의를 통해 잘 표출되고 있는 미국의 패권주의와 '힘의 정치학'은 보다 깊은 뿌리를 가지고 있다. 그것은 남부와 북부, 상류층과 하류층, 정치적 진보주의와 보수주의를 뛰어넘어 작용하는 미국 문명 특유의 이데올로기이다.

미국은 건국 초기부터 매우 독특한 소명 의식을 가진 나라였다. 유럽에서의 종교 박해를 피해 건너온 종교 피난민들이 주체가 되어 건설된 국가였기때문에 초기부터 매우 '종교적인' 성격을 가지고 있었다. 건국 주체들은 유럽을 '구세계'로 간주하고 아메리카를 '신세계'로 규정하였다. 그리고 구세계는 '타락한 문명'으로 간주되고 신세계는 '새로운 이스라엘'로 명명되었다.

이러한 선민의식은 '명백한 운명'(manifest destiny) 이데올로기에 의해 더욱 강화되고 체계화되었다. 이 이데올로기에 의하면 미국은 하나님의 특별한 은총과 축복을 받은 나라이며 특별한 사명이 주어져 있다. 미국은 하나님에 의해 선택받은 나라이며 미국인은 하나님의 전위대이다. 나아가 미국은 자유와 진보와 평등의 나라이며 이 세상 어느 곳에서도 실현되지 않은 가장 완전한 민주주의의 미덕을 갖춘 나라이다. 이는 칼빈주의 예정론의 세속화라고 할 수 있다. 칼빈주의 예정론에서 구원받을 '선인'의 자리를 미국인이 대신 차지하게 된 것이다.

그런데 이 이데올로기 속에서 암묵적으로 전제하는 미국인은 앵글로 색슨 계통의 백인만 해당된다. 보다 구체적으로는 개신교 신앙을 지닌 앵글로 색슨 계통의 백인 남성(White Anglo-Saxon Protestant)만이 진정한 미국인으로 간주된다. 일종의 인종주의 이데올로기인 셈이다.

이처럼 선민의식과 인종주의를 내포한 '명백한 운명' 이데올로기는 미국 자본주의와 상호작용하면서 대외 팽창과 침략을 정당화하는 무기로 작용하였다. 선민의식과 우월주의는 타자를 열등한 존재로 전제함으로써만 그 존재 의의를 지니기 때문이다. 미 대륙의 서부 진출 과정에서 있었던 인디언 학살과 멕시코 전쟁은 이러한 이데올로기가 낳은 필연적인 산물이었다. 이러한 배타적 우월 의식은 서부 개척이 완료된 이후에는 태평양을 넘어 아시아로 진출하는 데에도 중요한 역할을 하였다. 따라서 필리핀 정복을 위해 스페인과 벌인 전쟁은 '의로운 전쟁'으로 간주되었다. 오늘날 반테러 전쟁이라는 명분으로 미국이 전 세계를 무대로 하여 펼치고 있는 패권주의적 외교와 전쟁은 모두 이러한 선민의식과 우월의식의 산물로 볼 수 있다. 그리고 오늘날 기독교 근본주의는 이러한 '명백한 운명' 이데올로기를 미국인들의 마음 속에 가장 효과적으로 각인시키는 역할을 하고 있는 것이다. (2003.12)

류경희

힌두 근본주의의 성장과
힌두-무슬림 갈등

시작하며

주지하다시피 종교 근본주의는 20세기 후반부터 점점 더 광범위한 지역
으로 확산되는 모습을 보여 왔다. 1990년대 이후 아랍권은 물론 남아시아
지역에서도 종교 근본주의가 빠른 속도로 성장해, 필자의 주 연구 지역인
인도의 경우 힌두 근본주의 정당인 인도국민당(BJP)이 연립 정권의 주도권을
지닐 정도로 그 세력을 확대해 나가고 있다.

이러한 현상과 관련하여 필자의 관심을 끈 부분은 이 지역의 여성주의 단
체나 조직들이 근본주의 부상 현상에 민감하게 반응하며 대응책을 모색하
고 있는 점이다. 이 지역의 여성주의자들은, 근본주의자들이 전통과 종교
의 근본 교리를 보존한다는 명분을 내세우지만 그 이면에는 남성 종속적인
여성의 지위를 재확립하려는 의도를 숨기고 있고, 또 근본주의 세력이 종교
공동체 의식을 강화하고 그 유대를 증대시키려는 목적으로 종교를 정치화
하는 과정에서 여성이 최대의 희생자가 되고 있다고 판단하고 있다. 따라서
최근에 남아시아 국가들에서 종교 근본주의의 성장은 여성운동의 주요 관

심사가 되었다. 이것이 필자가 종교 근본주의와 여성의 관계에 대해 관심을 기울이게 된 동기였다. 이러한 관심을 발전시켜 인류학과 문학 분야의 학자들과 함께 최근 2년여에 걸쳐 '종교 근본주의와 아시아 여성: 인도의 사례'란 주제로 힌두 근본주의가 인도 여성의 삶에 미치는 영향에 관해 공동 연구를 진행해 왔다.

지금까지 1차로 이론적인 연구를 마무리하고 이번 겨울방학 기간을 이용해 2차로 현지 조사를 다녀왔다. 1차 연구의 결과는 「힌두 근본주의와 인도의 여성: 여성 정체성 정책과 사회문화적 적용」(『한국여성학』제18권 2호, 2002)이란 제목으로 발표되었고, 이번 현지 조사 연구 결과는 올해(2003) 후반기에 발표할 예정이다. 따라서 이 글에서는 중복을 피하기 위하여 근본주의와 여성의 관계보다는 현지 조사 연구를 진행하는 과정에서 느꼈던 현 인도 사회의 문제를 언급해 볼까 한다. 현재 인도 사회가 안고 있는 가장 커다란 과제는 힌두 근본주의의 빠른 세력 확산으로 야기된 문제, 즉 힌두-무슬림 사이의 갈등과 충돌, 그리고 그로 인해 사회 분열과 해체가 가속화되는 현상이다.

힌두 근본주의의 등장 및 성장 배경

이번 현지 조사 연구의 주 목적은 힌두 근본주의 운동과 여성과의 관계에 대한 다양한 입장을 파악하는 것이었다. 따라서 우익과 좌익, 그리고 중립적인 시각을 지닌 여성 지식인들과 주로 인터뷰를 했다. 하지만 개인적인 관심 때문에 우파와 좌파 계열의 지도층 인사들, 구체적으로는 힌두 근본주의 운동[1]을 이끄는 우익 지도자들과 힌두뜨와 운동에 비판적인 좌파 쪽의 지도자들과도 별도의 인터뷰를 했다. 이 과정에서 근본주의 운동이 인도 사회에 미치는 영향에 주목할 수 있었다. 인도 사회의 핵심 쟁점으로 떠오르고 있는 최근 힌두 근본주의의 급부상은 힌두-무슬림 간의 적대감을 증폭시키는 결과를 초래했고, 그로 인해 인도 사회를 구성하는 여러 집단 사이에 대립과 분열이 심화되면서 인도 사회의 통합이 위협받고 있다는 우려가 확산되고 있었다.

그렇다면 인도에서 근본주의 운동은 어떠한 배경에서 등장하게 된 것일까? 우선 종교 근본주의는 근대적 상황에서 등장하게 된 종교 부흥 운동(Religious Revivalism)의 한 형태로 볼 수 있다. 서구에 근대사회가 등장하면서 종교와 정치가 분리되었고 그 결과로 전통 종교가 점차 강력한 사회 통합 기능을 상실하게 되자, 이에 대한 대응으로 근현대에 민족주의나 민주주의 또는 공산주의 같은 세속적 이념 체계 또는 복고주의 운동이라 할 수 있는 종교 부흥 운동 등이 새로운 형태의 통합적인 가치 체계로 등장하기 시작했다. 특히 서구의 식민정책을 통해 서구식 근대사회를 이식 받은 비서구권에서 종교 부흥 운동이 두드러지게 나타났는데, 이 부흥 운동은 대부분 민족주의와 밀접한 관련이 있다. 근대 이후 서구의 영향을 지속적으로 받아 온 이슬람권과 남아시아 지역 등 비서구권에서 종교 근본주의가 부상한 현상 역시 이러한 맥락에서 이해할 수 있을 것이다.

남아시아 지역에서 근본주의가 등장한 것은 이 지역의 정치 사회적인 변

---

1 흔히 그들이 제시하는 힌두 정체성 개념인 힌두뜨와(Hindutva)를 따서 힌두뜨와 운동이라고 부른다.

화 과정과 밀접한 연관성이 있다. 특히 서구화와 산업화, 그리고 세속주의 등이 확산되면서 전통적인 종교 가치와 관행들이 약화되고 있다고 인식하는 정통 보수 집단의 저항 의식이 주요 요인으로 작용했다. 따라서 이 지역 종교 근본주의는 본질적으로는 전통 종교 가치와 행위 체계를 부활시키려는 복고주의적인 경향을 강하게 띠고 있다. 그리고 또 한편으로 종교 공동체 의식을 강화하고 그 유대를 증대시키기 위해서 배타적인 성격을 띠는 종교 공동체주의(Communalism)를 형성시켜 왔다. 이것은 정치적 이해관계를 종교 공동체에 두고 사람들을 종교적 노선에 따라 정치적으로 조직하려는 운동을 말한다. 이러한 종교의 정치화는 그것이 사회 분열적인 요소들 즉 종파·계층·계급·종족 등의 이익집단 간의 갈등 요소들과 연결될 때 분쟁과 갈등의 주요 원인이 되었고, 이러한 현상은 20세기 후반 이후 부쩍 증가하고 있다.

인도의 경우는 종교의 정치화와 종교에 정향된 정치 현상 그리고 그로 인한 유혈 충돌 사태가 약 1세기에 걸친 역사를 지닌다. 힌두 근본주의가 등장하게 된 근원적인 배경도 근대 이후에 발생한 사회, 정치적인 변화에 따른 종교의 정치화에서 찾을 수 있다. 영국의 식민 지배와 그에 따른 서구 문명과 기독교의 영향이 종교 부흥 운동을 촉발시켰고 독립을 쟁취하기 위한 민족주의 운동을 등장시켰다. 그리고 식민 정부의 힌두-무슬림 분리 정책은 힌두-무슬림 간의 갈등을 촉발시켰고 양 집단이 상호 배타적인 종교 공동체로 변모해 가면서 종교의 정치화 경향이 강화되고 이로 인한 갈등이 이어졌다.

특히 1990년대를 전후로 하여 힌두 근본주의 세력이 급부상하고 있는데 이의 주요 원인으로 독립 후 정부가 시도해 온 서구식 세속주의 정책의 실패와 종교의 정치화 경향이 강화된 사실을 꼽을 수 있다. 1990년대 이후 힌두 근본주의 정당인 BJP(Bharatiya Janata Party, 인도국민당)의 성공, 또 다른 주요 근본주의 조직인 RSS(Rashtriya Swayamsevak Sangh, 국민자원봉사단)와 VHP(Vishwa Hindu Parishad, 세계힌두협의회)[2] 등이 지속적으로 주도해 온 아요댜(Ayodhya)에 람 사원을 복원하려는 운동, 그리고 그로 인한 힌두-무슬림 사이의 유혈 폭동 사태의 확산 등은 최근 인도에서 근본주의 운동이 빠른 속도로 그 세를 얻고 있음을 말해 주고 있다. 작년(2002년) 초에도 VHP에 의해 주도된 람(Ram) 사원 복원 추진 문제로 힌두-무슬림 간 유혈 사태가 발생했었다. 이 문제의 발단은 인도의 정치에 심대한 영향을 미친 1992년 12월의 아요댜 사태에 있다. 이 사건은 힌두 근본주의 조직들이, 아요댜에 있는 이슬람 건축물 바브리 마스지드(Babri Masjid)가 본래는 힌두교의 신인 람(Ram)을 모신 사원이었던 것을 침략자 무슬림들이 그것을 부수고 세운 것이므로 그곳에 다시 람 사원을 복원해야 한다고 주장하며 운동을 전개해 오다 1992년 12월 6일 실제로 그 건축물을 파괴했고 뒤이어 힌두-무슬림 간의 유혈 폭동이 이어졌던 사건이다. 이것은 현재 인도 사회의 큰 이슈 중의 하나이다.

여기서 주목할 점은 이들이 종교 상징을 운동의 전략적인 도구로 아주 유효하게 사용한다는 점이다. 힌두 근본주의 운동 주도 세력들은 아요댜의 람 사원 이외에도 또 다른 두 종교 성지에 있는, 이슬람 지배 시기에 무슬림들이 힌두 사원을 파괴하고 세운 이슬람 모스크 자리에 힌두 사원을 복원할 것을 주장하고 있다. 즉 시바의 도시인 바라나시의 시바사원(카쉬 비슈와나트 사원)과 크리슈나의 탄생지로 알려져 있는 마투라의 크리슈나 사원(크리슈나자

---

2 이들 용어는 이후 약자로 사용할 것이다.

마부미)의 복원 주장이다. 이번에 이 두 사원을 직접 방문해 보았다. 이 두 지역에서 시바와 크리슈나의 사원이 문제의 이슬람 모스크 바로 곁에 세워져 있었는데 만약에 있을 충돌과 테러를 예방하기 위해 많은 경찰들이 곳곳에 배치되어 감시를 하고 있었고 사원 출입 때도 철저한 검색을 하고 있어 긴장된 분위기가 느껴졌다.

힌두 사원 복원 운동을 가장 적극적으로 이끌고 있는 단체는 힌두 근본주의 조직들 가운데 종교적 색채와 근본주의적 색채를 가장 강하게 띠고 있는 VHP이다. 이 단체의 지도자들을 만나 왜 이 운동을 벌이고 있고 왜 이들 세 사원의 복원을 주장하는지 물었다. 그들의 복원 요구는 무슬림 통치 기간 중에 무슬림들이 행한 대량 학살과 무차별적 사원 파괴, 그리고 무력적 개종에 대한 작은 보상 조치에 불과하며 너무도 정당한 요구라고 말했다. 더구나 힌두인들에게 가장 사랑받고 있는 세 신, 즉 람, 크리슈나, 시바의 성지에 있었던 세 사원의 복원만을 주장하는 것은 최소한의 요구임을 강조했다. 흥미로웠던 것은 이들의 주장을 담고 있는 작은 책자에서 이런 보상의 한 사례로 일본이 식민 지배에 대해 한국에 사과한 사례를 들고 있는 점이었다.

필자가 인도에서 떠나올 무렵인 올(2003년) 2월말까지도 람 사원 복원과 관련된 법원의 판결이 민감한 사안으로 주시되고 있었다. 인도인들이 사랑하는 힌두의 신 람을 상징으로 내세운 이 운동은 1990년대 이래 다양한 계층의 보수적인, 우익 경향의 힌두 세력들을 결집하고 행동하게 하는 데 큰 역할을 해 왔다. 그리고 그 결집의 포인트는 인도인들의 종교적 정서를 불러일으키는 것이었다.

힌두 근본주의의 민족주의적 성격과 무슬림에 대한 적대 정책

첫째, 민족주의 운동인가 정치적 집권인가?

힌두 근본주의 운동을 좀 더 구체적으로 이해하기 위해 이 운동 단체의 지도자들과 인터뷰를 시도했다. 적어도 표면적으로 나타난 바에 근거한다면 그들은 힌두교의 전통적인 특성이었던 모든 종교와 모든 이들에 대한 관용적인 태도를 견지하고 있었다. 하지만 무슬림과의 관계에 있어서만은 적대감을 숨기지 않고 상당히 강하게 표명했다.

힌두 근본주의 문제는 인도에서 아주 민감한 사안인 만큼 인터뷰할 때 상당히 신중하지 않으면 안 되었다. 작년(2002) 겨울에 관련 주제로 첫 현지 조사를 할 때 바라나시 힌두 대학의 빤데야(Pandeya) 교수는 힌두 근본주의 단체를 방문하거나 면담할 때 아주 조심스럽게 접근을 해야 한다며 걱정스러워했다. 그는 무엇보다도 그들에게 '근본주의'란 말을 절대 쓰지 말고 각 단체의 관점·주의·사상·활동 등을 알고 싶어 왔다고 우호적으로 접근하도록 충고했다. 왜냐하면 인도에서 이 용어는 부정적인 의미로 사용되고 이 운동에 참여하는 이들은 자신들의 운동을 민족주의 운동으로 규정하고 있기 때문이다.

힌두 근본주의 한 조직인 VHP의 지도자들과 작년 겨울과 올 겨울 두 차례에 걸쳐 대담을 했다. 작년 겨울 구자라뜨에서 발생한 힌두-무슬림 간 유혈 충돌 사태로 아주 긴장되고 민감한 시기에 VHP의 공동 사무총장(Joint General Secretary)인 나익(B. U. Naik)을 만났다. 델리에 있는 VHP 본부의 건물에 들어가기 위해 무장한 경찰의 몸수색과 가방 검사를 거쳐야 했고 때가 때인 만큼 긴장하지 않을 수 없었다. 하지만 다행스럽게도 나익은 온화하고 지적인 모습에 인도 수행자의 분위기를 자아내는 인물이었다. 나익은 힌두교의 에센스를 묻는 질문에 부드러운 어투로 힌두 근본 사상은 모든 다양성을 수용하여 하나로 통합시키는 일원론의 사상이라며, 모든 종교와 신앙의 가치와 관행들이 궁극적으로는 같은 지향점을 향하고 있다고 보기 때문에 그들의 가치와 관행을 존중하며 그들과의 평화로운 공존을 추구한다고 말했다. 올 겨울에 만났던 같은 단체의 공동 사무총장인 비야스(Gopal Vyas)와 이 단체에 종신 서약을 하고 활동하고 있는 수행자인 스와미 비걍안안드(Swami Vigyananand)도 힌두뜨와 운동의 근본 이념을 묻자 그들 역시 힌두뜨와 운동의 슬로건이 '모든 인류는 하나다.', '모든 인류는 한 가족이다.' 라고 주장하면서 그들의 지향점이 힌두 전통에 토대를 두고 있는 매우 평화주의적인 것임을 강조했다.

　그러나 무슬림, 그리고 최근에는 기독교도들과의 갈등 사례를 들면서 위와 같은 그들의 주장에 이의를 제기하자 아주 단호하게 그들에게 적대적일 수밖에 없는 이유를 들며 강한 적대감을 보여주었다. 그들의 주장은 이러하다. 나익의 경우는 무슬림들에 의해 무참히 파괴된 힌두 사원 복원 주장은 너무도 당연한 최소한의 요구임을 강조했고, 비야스와 스와미는 무슬림들이 언제나 힌두교도들에게 먼저 공격을 가했고 여성에 성폭행을 가했지, 자신들이 먼저 그들을 공격한 적은 결코 없음을 강조했다. 그리고 무엇보다도 중요한 이유는 인도 무슬림들이 인도를 사랑하지 않는 점이라고 지적했다. 결국 그들이 관용적일 수 있는 전제는 어디까지나 자신들이 추구하는 가치들을 손상시키지 않는 범위 안에서인 것이다. 이러한 현상은 힌두 근본주의 운동이 단순한 종교운동이 아니라 정치적인 색체를 띠는 민족주의와 결합된 데서 그 이유를 찾을 수 있을 것이다.

이와 관련하여 필자의 흥미를 끌었던 것은 상당수의 젊은이들이 이 운동에 참여하고 있다는 점이었다. 그래서 힌두 근본주의 조직의 모체격인 RSS 산하의 학생 단체인 전인도학생위원회(ABVP)의 '세계 학생과 청년 조직'의 위원장인 아지뜨 꾸마르(Ajit Kumar)와 만나 대담을 했다. 그는 이 단체에 참여 학생 비율이 전 인도 대학생의 10% 정도이며 인도뿐 아니라 전 세계에서 가장 큰 학생 단체라고 말했다. 그리고 학생들이 이 조직에 참여하는 동기를 민족주의와 애국심으로 꼽았다. 자신의 경우도 학생이었을 때 이 조직의 멤버가 찾아와 이야기를 나누었는데 그의 말 특히 그의 민족주의와 애국심에 깊은 인상을 받고 민족과 국가에 대한 애국심이 일어 참여하게 되었다고 했다.

그런데 힌두 근본주의 운동에서 사용하는 민족 개념은 '힌두뜨와'로서의 인도인을 의미한다. 이 힌두뜨와 개념의 핵심은 인도에서 태어나 조국 인도와 인도의 전통문화를 사랑하는 데 있다. 그리고 여기서 전통문화는 힌두문화를 의미한다. 이 점에서 그들이 모든 종교인들을 끌어안는 인도식 세속주의를 표방하지만 실질적으로는 무슬림이나 기독교도 등이 배제되는 배타적 성격의 민족주의를 주장하고 있음을 알 수 있다.[3] 이에 대해 앞서 언급했던 베나레스 힌두대학의 빤데야 교수 역시 자신이 독실한 힌두 신자임에도 힌두 근본주의 조직들을(VHP, RSS, BJP) 호전적인 민족주의 집단으로 평가했다. '내가 힌두라고 자랑스럽게 말하라.'라는 것이 그들의 슬로건이며 이는 정치

---

3 이 점에서 아리야 사마즈, VHP, RSS, ABVP 등 대부분 힌두 근본주의 조직들이 단순히 인도에만 한정되어 있지 않고 세계적으로 지부를 두고 있다는 점이 다소 의아하게 생각되었다. 민족주의적인 성격이 강한데 세계인을 대상으로 활동하고 있는 점이 다소 모순적으로 보였기 때문이다.

와 종교 요소가 결합되어 있는 것이라고 보았다.

한편 델리에서 만났던 인도 공산당의 지도급 인사인 브린다 까라뜨(Vrinda Karat)는 이와 관련하여 인도에는 다양성이 존재하기 때문에 힌두 정체성이란 것이 존재할 수 없다고 반박했다. 좌익 계열의 지식인들은 힌두 근본주의 세력과 그 운동에 대해 매우 비판적일 수밖에 없어 보인다. 일반적으로 그들은 힌두 근본주의 운동의 목적을 정치적 집권으로 보고 있었다. 이 운동이 종교적 성격을 띠는 것은 인도에서 종교가 여전히 인도인들의 삶에 큰 영향을 미치고 있기 때문에 대중들의 정서를 활용해 대중을 선동하려는 의도 때문이며, 따라서 어디까지나 종교의 외피를 입고 있는 것일 뿐, 순수 이념적인 측면은 없다고 아주 비판적으로 평가했다.

예를 들어 좌파적이고 급진적 성향의 여성 잡지인 마누쉬(Manush)의 편집장인 마두 끼슈와르(Madhu Kishwar)는 힌두뜨와 운동을 힌두 민족주의 운동으로 규정하면서도, 이 운동을 주도하는 이들이 결코 진정한 종교 지도자들이 아니며 종교를 이용하는 정치인들이라고 비판했다. 역시 좌파적 성향의 지식인인 딥빠(Deepa)란 남성은 힌두 근본주의자들의 진짜 목적은 정치 세력(정권)을 잡는 것이라고 말했다. 그 때문에 선거 시에 표를 얻는 것에 주안점을 두지 극빈 계층의 생존권 문제에는 전혀 신경을 쓰지 않는다고 비판했다. 이에 대해서는 인도 공산당의 브린다까라트도 힌두뜨와 운동 조직에 국내외에서 많은 기금이 들어오고 있는데도, 이 기금을 조직 운영이나 운동에 사용할 뿐 빈곤 계층에 시급한 기본 생존 문제를 해결하는 데는 사용하지 않는다고 비판했다. 이것이 좌파적 입장을 취하는 사람들의 일반적인 관점인 것으로 보인다.[4] 그러나 균형 잡힌 이해를 하려면 좀 더 중립적인 견해와 힌두 근본주의 측의 견해를 함께 고려해 볼 필요가 있었다. 이에 대해서는 아래에서 언급하기로 한다.

둘째, 강한 민족주의적 성향과 무슬림에 대한 적대적 타자화 정책

좌파 계열이든 우익 쪽이든 아니면 중립적인 입장을 견지하든 대담자의 대다수가 현 인도의 가장 큰 또는 시급한 문제로 인도 사회의 다양한 구성 집단들이 여러 부분으로 분리되는 상황을 지적했다. 인도 사회가 여러 요인에 의해 나뉘어서 통합이 위협받고 있는 점을 좌우파 모두 지적하였지만, 요인 분석에서는 견해차를 보였다. 특히 심각한 문제로 지적된 것은 힌두와 무슬림 양 집단 간에 증오가 매우 깊다는 점이었다. 마두 끼슈와르는 현 인도의 가장 심각한 문제는 여러 사회 구성 집단 간의 분리이며, 더 심각한 것은 인도 사회를 앞으로 짊어지고 갈 힌두와 무슬림 젊은 세대 간의 의사소통에 큰 간격이 있는 것으로, 언론 매체가 이를 더 증대시키는 것이라고 지적했다.

인도에 있는 독일어 방송인 도이치 벨레(Deuche Welle)의 힌디 특파원인 꿀딥 꾸마르(Kuldeep Kumar)는 무슬림에 대한 힌두인들의 선입견을 묻는 질문에 어느 곳이나 선입견은 있으나 대중들 사이에 존재하는 선입견 문제는 복잡한 문제임을 시인했다. 그는 힌두-무슬림 관계가 이전에는 좋았으나 영국

---

4 그런데 네루대 한국어과에 계시는 정 교수님이 현지에서 겪은 경험을 토대로 좌파계 인사들이 의무는 행하지 않으면서 권리만 주장하고 있다고 하신 말씀이 깊이 인상에 남았다. 좌파 인사들의 주장이 타당성이 있다는 생각이 들면서도 동시에 주장과 실제와의 괴리에 대해서도 눈여겨보아야 하겠다는 생각을 갖게 했기 때문이다.

식민 시대 이후 악화되었다는 일반적인 견해에 대해 부분적으로는 맞고 부분적으로는 맞지 않다고 응답했다. 그 이유는 식민 시대 이전에 양 집단이 좀 더 평화로운 삶을 살다가 식민 시대 이후 악화된 측면이 있기는 하지만, 서로 다른 공동체 사이에는 어디나 다소의 갈등이 있기 마련이고 그 때문에 영국 식민시대 이전에도 갈등이 없지는 않았다는 것이다. 차이가 있다면 이전에는 선거도 없고 정치적으로 일반화시키는 것도 없었지만, 영국 식민 시기가 시작되면서 특히 선거 정치가 도입되면서 관계가 악화되었다고 말했다. 결국 서로 다른 경향의 공동체라는 이유보다는 선거 정치를 통해 관계가 악화되었다고 보고 있었다. 많은 이들이 힌두-무슬림의 관계 악화가 영국 식민 정치, 구체적으로는 그들의 분리 통치(divide and rule)의 산물이라고 말하지만 자신은 동의할 수 없다고도 했다. 현 정치 세력도 선거에서 표를 얻기 위해 분리 통치 정책을 사용하고 있기 때문이라는 것이다. 즉 그는 힌두-무슬림 관계 악화의 주 요인을 선거 정치의 도입과 사용에 따라 정치 세력들이 세력 확대를 위해 상대 집단에 대한 적대감을 활용하는 것으로 보았다.

그러나 중립적인 입장에 서 있는 지식인들은 힌두뜨와 운동의 목적이 이러한 정치적인 것만은 아니며 이념적(종교적, 사회, 문화적)인 측면도 있다고 지적했다. 예컨대 이 주제와 관련하여 많은 글을 쓴 네루대의 딴니까 사르까르(Tanika Sarkar) 교수는 힌두 근본주의 운동이나 집단에 대해 비판적인 견해를 제시하면서도 동시에 이 운동이 전적으로 정치적인 목적만을 지니고 있다는 주장에는 '아니오'라고 대답했다. 사회 문화적인 목적 역시 있다는 것이다. 외세나 외세의 문화적 영향에 대응하여 힌두적 가치와 관행들을 부활시키려는 이념적인 측면도 있음을 시인했다. 그 구체적인 대응책으로 힌두교도를 타 종교로 개종시키려는 시도를 봉쇄하려는 것은 종교문화적인 의미를 지니며, 여성의 지위를 높이거나 빈곤 계층의 문제 해결에 나서는 것 등은 사회적 의미를 지니는 것이라고 지적했다.

필자의 관심사는 사실 이 운동이 과연 이념적인 측면이 있는가 하는 문제였다. 우리 연구가 애초 계획 단계에서 페미니즘적인 입장에서 힌두 근본주의 운동을 부정적으로 규정하고 출발했지만 개인적으로는 이 의문을 계속해서 가지고 있었다. 그래서 근본주의 반대자들의 핵심적인 비판 사항, 즉 힌두 근본주의 세력의 진정한 목적이 정치력의 확대 및 정치권력의 확보에 있으며 그들이 내세우는 힌두교는 본래 관용적이고 포괄적인 성격을 지니는 전통적인 힌두교와는 달리 매우 편협한 개념이라는 비판에 대한 힌두 근본주의 측의 견해나 입장을 듣고 싶어졌다. 민감한 질문인 만큼 다소 긴장감을 느끼며 앞서 만났던 VHP의 비야스와 스와미를 다시 찾아갔다. 그리고 그들 운동을 진정으로 이해하고 싶은 마음에서 반대자들의 주장에 대한 그들의 입장을 듣고 싶다는 뜻을 솔직하게 밝히고 질문했다.

비야스는 유일한 목적이 권력 특히 정치권력을 잡는 것이라는 반대자들의 주장에 대해 단호하게 '아니오'라고 대답했다. 오히려 반대 세력들이 세(권력)를 잃어 가고 있기 때문에 불만과 불평에서 근거 없이 비판한다고 주장했다. 그는 자신들이 확립하려고 애쓰는 정체성 개념인 힌두뜨와는 국가(민족)의 생명 말하자면 숨(호흡), 강(물), 공기와 같다고 말하면서 '당신의 생명과 생존이 위협받는다면 당신은 싸우지 않겠는가?'라고 내게 반문했다. 만일 권력에 관심이 있었다면 엔지니어링을 전공한 스와미와 매니지먼트를 전공한 자신이, 그래서 사회적 지위를 지닐 수 있거나 지녔던 자신들이 직업을 버리고 이 운동에 참여하지 않았을 것이라고 말했다. 그리고 힌두뜨와 운동은 정치적 세력의 확보를 위해 갑자기 나타난 것이 아니라 긴 강의 흐름처럼 오랜 기간에 걸쳐 특히 1927년 이래 이어져 왔기 때문에, VHP나 RSS 모두 정치력 장악이 목적이 아니라 영원한 운동이며 힌두뜨와는 민족주의나 애국주의와 동의어임을 강조했다.

서구화 경향에 대해서 비야스는 현대화와 서구화를 구분하여 근·현대화는 과학적이고 합리적으로 삶의 질을 향상시키는 것이지만, 서구화는 서구적 가치 특히 물질 중시 사상을 강요당하는 격이므로 수용할 수 없다고 못을 박았다. 스와미 역시 정신적 가치가 물질적 가치보다 중요하고 서구화는 물질화와 상당히 가깝다고 말했다. 여기서 비베까난다 이후 인도에서 강화된 인식인 인도-정신성 / 서구-물질성으로 구분하는 관념을 읽을 수 있었다.

또한 힌두뜨와 운동이 제시하는 힌두교가 포용적이고 다양성을 인정하는 본래 힌두교와는 다른 매우 편협한 개념이라는 비판에 대해, 비야스는 다시 한 번 전혀 동의할 수 없다고 반박했다. 다양성을 인정하며 힌두적 가치들을 방해하지 않는다면 타종교 공동체를 존중한다고 말했다. 스와미는 오히려 기독교와 이슬람이 하나의 신만을 강조하는 편협한 종교 개념을 가지고 있고 힌두인을 개종시키는 일이 두 종교의 주요 활동이며 이를 통해 전통적인 힌두 가치와 관행들을 파괴하려 하고 있다고 비판했다. 이들 종교의 개종 시도를 매우 부정적이자 적대적으로 인식한다는 것을 알 수 있었다.

두 사람 모두 무슬림에게 강한 적대감을 표현했다. 오랜 세월 동안 무슬림들은 힌두교도들에게 먼저 폭력을 가하고 힌두교도들을 방해해 왔다고 주장했다. 예를 들어 힌두 여성들을 납치하고 폭력을 가했고, 현재도 방글라데시에서 힌두 여성에게 폭력을 자행하고 있음을 강조했다. 그러면서 힌두는 절대 그와 같은 행위를 하지 않는다는 점을 재차 강조했다. 힌두 여성들이 자기방어를 위해 자기 단련을 하는 이유도 여기에 있다는 것이다. 그러면서 "모두라고 할 수는 없지만 소수 무슬림들은 인도를 사랑하지 않는다."고 덧붙였다.

스와미는 "인도는 힌두교도가 90% 가까운 나라이다. 그리고 힌두문화와 사회의 다양한 섹터들을 하나로 묶어 주는 것은 힌두 신앙과 의례들이다. 이 정도의 종교 인구의 비율을 가진 나라는 인도가 세계에서 유일하다. 인도네시아의 경우 50%가 무슬림인데 무슬림 국가이다. 소위 (서구적) 세속주의라는 명목하에 힌두적 가치가 파괴되고 있다."고 주장했다. 이는 다수인 힌두의 권리 주장으로 보였다.

그는 파키스탄과의 관계에서도 통일을 원하지만 이는 남북한의 관계보다 더 어렵다고 했다. 왜냐하면 남북한은 공유되는 민족적 정서가 있어 좀 더 수월할 수 있지만 파키스탄에는 (힌두) 민족적 정서가 없고 무슬림들이 사회 불안과 폭력을 조장하고 있기 때문에 어렵다는 것이었다. 그들은 힌두뜨와 운동의 슬로건이 '세계는 한 가족이다! 인류는 한 가족이다!'이기 때문에 평화로운 공존을 원하지만 자신들의 가치와 생존, 존엄성 등을 방해한다면 힌두의 편에서 싸울 것이라고 단호하게 말했다. 결국 이들이 말하는 공존이란 힌두적 가치를 방해하지 않는 범위 안에서의 공존임을 알 수 있다. 이 점에서 근본주의를 반대하는 이들은 힌두 근본주의의 이데올로기인 힌두뜨와의 기치 아래 힌두 가치와 관습들이 정치적 주도권을 잡을 것이고 소수집단은 그들이 힌두 다수집단의 규범을 인정할 때에만 존중될 것이라고 비판했다.

과연 해결책은 없는 것일까?

그들의 주장이 부분적으로는 납득이 되고 또 정당한 측면도 없지 않다고 생각되었지만, 무슬림들에 대한 극단적인 적대감은 경험을 공유하지 못한 국외자로서는 쉽게 이해되지 않았다. 그들의 근현대사적 경험을 충분히 이해하지 않고는 받아들이기 힘들 것이라는 생각이 든다. 그럼에도 힌두 근본주의가 무슬림 집단을 극단적으로 타자화시키는 정책은, 이들 운동에 이념적인 요소가 있다는 것을 인정한다 하더라도 그들이 내거는 슬로건의 진의를 의심케 하는 부분이다. 그러한 정책은 다양성을 유연하게 수용해 온 인도의 오랜 문화적 전통의 관점에서 본다면 진정한 문제 해결의 길일 수 없어 보인다. 델리에서 활동하는 언론인인 뜨리베디(Trivedi Ambareesh)는 힌두교의 전통적인 특성이었던 수용력이 약해진다면 힌두교는 성장할 수 없을 것이라고 우려했다.

뜨리베디는, 문제는 현재 대다수의 힌두인들이 이성적으로는 동의하지 않으면서도 정서적으로는 인도에 거주하는 무슬림들을 파키스탄으로 보내야 한다고 느끼는 데 있다고 지적했다. 실제로 힌두교도와 무슬림들이 충돌한 카슈미르나 구자라뜨 등의 테러 사태 등에서 볼 수 있듯이, 힌두 근본주의와 무슬림 근본주의 세력들 간에 대립과 충돌이 발생하면 힌두교도들로부터 인도 내 무슬림 근본주의자들이 파키스탄 등의 지원을 받고 자신들을 그들과 동일시하고 있다는 의혹을 받곤 한다. 뜨리베디는 간디와 네루는 파키스탄이 이슬람 종교 국가로 출발했음에도 인도에는 세속 국가를 건립해야 한다고 믿었고, 지금도 다수의 인도인들은 그렇게 생각한다는 점을 시인했다. 그러나 문제의 핵심은 인도인들의 일반적인 정서에 있음을 지적했다.

대다수 인도인들은 인도 무슬림들이 정서적으로 자신들의 정체성과 연대를 힌두교나 인도가 아니라 이슬람과 파키스탄에 두는 것으로 느끼고 있다는 것이다. 그는 바로 이러한 일반적 정서가 힌두 근본주의 단체에 참여하는 사람들을 사로잡고 있는 감정이며 힌두 근본주의 성장의 주요 요인이라고 분석한다.

미국 9·11 사태 이후 테러리즘을 무슬림과 동일시하는 경향이 전세계적으로 크게 증가했다. 인도 역시 이 영향을 받고 있어서 이러한 국제적인 상황이 힌두뜨와 세력이 그 세를 확대시킬 수 있는 분위기가 조성되고 있다. 방송인 꿀딥은 바로 이러한 상황 때문에 작년(2002)에 인도에서 가장 크고 영향력 있는 주인 UP에서 힌두 근본주의 당인 인도국민당이 3위 득표를 했지만 이것만으로 힌두뜨와 세력이 약화되었다고 볼 수는 없다고 지적했다. 현지 조사 과정에서 인도 사회의 지도급 인사들과 인터뷰를 했음에도 이 난제를 풀 대안을 찾아볼 수 없었다. 안타까움을 넘어서서 암담함마저 느껴졌다. 필자가 만난 인도 지도급 인사들에게 해결책을 물을 때마다 몹시 곤혹스러워했다. 그것은 그들이 해결책을 생각해 보지 않아서가 아니라 아무리 고민을 해 봐도 해결책을 찾아내기가 어렵기 때문으로 보였다. 마치 어쩔 수 없이 시간이 해결해 주기를 기다려야만 하는 것처럼 느껴졌다. 적어도 지금까지의 현지 조사에 국한시켜 볼 때 인도의 난제는 쉽게 그 해결의 실마리를 찾을 것 같지는 않아 보인다. (2003.6)

2.
한국사회의
종교 문제

최승환 │

학교 내 종교의 자유
누구를 위한 자유인가?

강의석 군 사건과 관련 쟁점

지난 2004년 6월 16일 오전 8시 30분 대광고등학교에 다니던 강의석 군(당시 3학년)은 학내 방송을 통해 '종교의 자유'를 선언했다. 기독교 재단이 운영하는 사립학교에서 본인의 의사에 반해 행해지는 '예배 강제'를 헌법상 보장된 개인의 인권을 침해한다는 이유로 거부한 선언이었다. 또한 강 군은 서울시 교육청 앞에서 학내 종교의 자유와 예배 선택권을 요구하는 1인 시위를 하였다. 7월 8일 기말고사를 치르기 위해 등교한 강의석 군은 학교 측으로부터 제적 통보를 받고 퇴교 조치되었다. 강의석 군은 7월 13일 종교 재단이 설립한 학교 내에서의 종교의 자유를 요구하는 진정서를 국가인권위원회에 제출하였고, 7월 29일 서울북부지방법원에 '퇴학처분 효력정지 및 지위보전 가처분' 신청서를 제출하였다. 8월 31일 서울북부지방법원은 강의석 군에 대한 퇴학처분 무효확인 청구사건의 판결 확정시까지 퇴학 처분의 효력을 정지한다고 판결하였다. 8월 11일부터 학내 종교의 자유와 관련 학칙

개정 등을 요구하며 단식에 들어간 강의석 군은 단식 46일째인 9월 25일 예배 참석에 학생의 자율권을 보장한다는 학교 측의 약속을 받고 단식을 중단하였다.

'강의석 군 사건'은 당시 언론에도 보도되어 안티(anti)-기독교 운동이 확산되는 등 상당한 사회적 반향을 불러 일으켰다. 학교 당국의 강제적인 종교교육에 대한 불복종운동은 학생의 인권을 쟁취하기 위한 의로운 행동으로 칭송되었으며,《한겨레 21》은, 사회가 그의 경고신호에 응답해 주기를 바라는 마음으로, 2004년 올해의 인물로 강의석 군을 선정하였다(제540호). 그 반면, 학교 당국과 기독교 재단에서는 선생님들의 지도를 거부한 문제 학생이며 사립학교의 건학 이념에 반기를 든 사탄 같은 존재라는 엇갈린 평가를 받기도 하였다.

'강의석 군 사건'은 법원의 판결로 일단락되긴 하였지만 사회적으로는 아직 완전히 해결된 것이 아니라는 점에서, 학내 종교 자유의 성질과 범위를 명확히 하기 위해 동 사건에 관련된 쟁점들을 분석·검토해 보는 것은 의미 있는 일이라 생각된다. 종교 재단이 설립한 사립학교(이하 종립학교)에서의 종교교육은 인정되는가? 인정된다면 학생들에게 특정 종교의 교육과 예배를 강제할 수 있는가? 종립학교에서 실시되는 종교교육은 개인의 신앙의 자유보다 우선시될 수 있는가? 헌법상 보장된 개인의 종교의 자유와 종립학교의 선교의 자유 및 종교교육권이 충돌하는 경우 적용되는 법 원칙은 무엇인가? 이하 이 글은 '강의석 군 사건'을 중심으로 위 쟁점들의 법적·종교적 측면을 간략히 고찰하고자 한다.

종교의 자유에 관한 입법례

〈국제연합(UN) 헌장〉 제56조에서 회원국은 인종, 성, 종교에 의한 차별 없는 모든 사람을 위한 인권과 기본적 자유의 보편적인 존중과 준수라는 UN의 목적을 달성하기 위해 UN과 협력하여 공동적 또는 개별적 행동을 취할 것을 약속하였다. 인간의 기본권에 속하는 종교의 자유는 1948년 12월 10일 UN 총회에서 만장일치로 채택된 〈세계인권선언〉(제18조)과 1966년에 채택된 〈국제인권규약〉(제18조) 등에도 규정되어 있다. 특히 1990년 7월부터 우리나라에서도 법적 구속력을 갖게 된 〈시민적·정치적 권리에 관한 국제인권규약〉(B규약)은 제18조에서 "① 모든 사람은 사상, 양심 및 종교의 자유에 대한 권리를 가진다. 이러한 권리는 스스로 선택하는 종교나 신념을 가지거나 받아들일 자유와 단독으로 또는 다른 사람과 공동으로, 공적 또는 사적으로 예배, 의식, 행사 및 선교에 의하여 그의 종교나 신념을 표명하는 자유를 포함한다. ② 어느 누구도 스스로 선택하는 종교나 신념을 가지거나 받아들일 자유를 침해하게 될 강제를 받지 아니한다."고 규정하고 있다.

우리나라는 1948년 제헌헌법 이래 모든 국민의 종교 및 신앙의 자유를 인정하고 있다. 1987년에 개정된 현행 헌법은 제20조에서 "① 모든 국민은 종교의 자유를 가진다. ② 국교는 인정되지 아니하며, 종교와 정치는 분리된다."고 규정하여 종교의 자유와 정교의 분리를 선언하고 있다. 종교의 자유는 미국 여러 주의 인권선언, 프랑스 인권선언과 미국 헌법에 선언된 이래 세계 각국의 모든 헌법에 예외 없이 규정되어 있다. 일본 헌법에 의하면 신교(信敎)의 자유는 개인에 대해서도 보장되며, 누구든지 종교상의 행위, 축전, 의식 또는 행사에 참가하도록 강제되지 아니한다(제20조). 스위스의 경우

"누구든지 종교교육을 받거나 종교적 행위를 하도록 강요되지 아니하며 또는 신교로 인하여 여하한 종류의 형벌도 받지 아니한다."(헌법 제49조) 벨기에 헌법 또한 "누구든지 여하한 방법에 의하는 것이라도 종교상의 예배의 행사 또는 의식에 참가하도록 강제되지 아니한다."(제15조)고 규정하고 있다.

종교의 자유는 양심의 자유와 함께 인간 내심(內心)의 자유로서 '인간의 존엄성'(human dignity)을 보장하는 정신적 자유의 근원이고 모든 인권(human rights)의 기초이며, 자유민주국가의 유지와 불가분의 관련을 갖고 있다. 일반적으로 종교의 자유는 신앙의 자유, 종교적 행위의 자유 및 종교적 집회·결사의 자유 3요소를 주된 내용으로 한다. 여기서 '신앙의 자유'는 신앙선택의 자유, 신앙 변경의 자유, 신앙 고백의 자유, 신앙 포기의 자유, 신앙 침묵의 자유 등으로 구성되어 있으며, 신앙 또는 불신앙으로 인하여 차별이나 특별한 불이익을 받지 않을 자유를 포함한다.

'종교적 행위의 자유'라 함은 종교상의 각종 축전·의식·예배 등 종교적 행위를 개인이 임의로 할 수 있는 자유와 그러한 행위를 할 것을 강요당하지 않는 자유를 말한다. 종교행위의 자유에는 선교의 자유와 종교교육의 자유가 포함된다. 종교의 자유는 성질상 법인에게는 인정되지 않으나 종립학교의 경우 선교의 자유, 종교교육의 자유 등은 인정된다. 종교행위의 자유와 관련하여 종교교육의 자유가 문제되는데, 종립학교의 경우 종교교육은 인정되며, 특정종교단체가 그 종교의 지도자와 교리자를 자체적으로 교육시킬 수 있다.(헌재 2003.3.30 선고, 99 헌마 14)

그러나 국·공립학교에서의 특정 종교교육은 헌법 제20조 2항의 국교불인정 및 정교분리원칙에 따라 교육의 종교적 중립성을 침해하는 것으로 엄격히 금지된다. 따라서 학교 내에서의 기도문 낭독이나 성경 읽기 및 십자가 전시는 금지된다. 교육의 중립성을 규정한 교육기본법 제6조는 2항에서 "국가 및 지방자치단체가 설립한 학교에서는 특정한 종교를 위한 교육을 하여서는 아니된다"고 규정하고 있다. 그러나 동 법은 특정 종교의 편향된 교육만을 금지하는 것이지 종교학, 비교종교학, 종교역사 등 종교 일반에 관한 교육까지 금지하는 것은 아니다.

학교선택권이 보장되는 사립대학교의 경우 특정한 종교교육이 허용되는 가? 사립대학교의 경우 대학생에 대한 특정한 종교교육은 허용된다. 다만 학교선택권이 보장되는 사립대학교라 하더라도 개인의 종교 및 신앙의 자유를 침해하지 않는 범위 내에서만 종교교육을 행할 수 있다. 기독교 재단이 설립한 사립대학교(숭실대학교)에서 일정 학기 동안 대학예배에 참석할 것을 졸업요건으로 정한 학칙이 종교의 자유를 규정한 헌법에 반하는지에 대해 대법원은 "사립대학은 종교교육 내지 종교선전을 위하여 학생들의 신앙을 가지지 않을 자유를 침해하지 않는 범위 내에서 학생들로 하여금 일정한 내용의 종교교육을 받을 것을 졸업요건으로 하는 학칙을 제정할 수 있다. 위 대학교의 예배는 목사에 의한 예배뿐만 아니라 강연이나 드라마 등 다양한 형식을 취하고 있고 학생들에 대하여도 예배시간의 참석만을 졸업요건으로 할 뿐 그 태도나 성과 등을 평가하지는 않는 사실 등에 비추어 볼 때, 위 대학교의 예배는 복음전도나 종교인 양성에 직접적인 목표가 있는 것이 아니고, 신앙을 가지지 않을 자유를 침해하지 않는 범위 내에서 학생들에게 종교교육을 함으로써 진리·사랑에 기초한 보편적 교양인을 양성하는데 목적을 두고 있다고 할 것이므로, 대학예배에의 6학기 참석을 졸업요건으로 정한 위 대학교의 학칙은 헌법상 종교의 자유에 반하는 위헌무효의 학칙이 아니다."고 판시하였다.(대법원 1988.11.10. 선고 96다37268 판결)

학생의 신앙의 자유 vs 종교교육의 자유

종립학교의 경우 학교의 설립 이념에 따라 특정 종교교육을 행할 수 있는데, 종립학교의 경우 선교 및 종교교육의 자유가 인정된다. 문제는 '강의석군 사건'처럼 강제적으로 배정된 사립학교에서 자기 의사에 반해 의무적으로 학교의 종교 수업 및 행사에 참가해야 되는 경우인데, 신앙의 자유를 이유로 특정 종교교육을 거부하거나 종교의식 및 행사에의 참가를 거부하는 경우 분쟁이 발생할 수 있다. 이는 종교단체와 종립학교에 의한 교리 수호 및 선교의 방법론에 관한 문제인 동시에 종립학교의 선교의 자유가 학생의 신앙의 자유보다 우선시되어 보장될 수 있는가 하는 종교단체와 국가법 및 개인의 인권이 관련된 종교적 · 법적 문제이다.

먼저 사립 중 · 고등학교에 대한 특정한 종교교육의 허용 여부는 학생선택권의 존재 여부에 따라 달리 검토되어야 할 것이다. 즉 학생선택권이 보장되는 종립학교의 경우 특정한 종교교육이 허용되나, 학생이 강제로 배정되는 중 · 고등학교의 경우에는 사립학교라 하더라도 특정한 종교교육을 행할 수 없다는 주장이 가능하다. 학생이 스스로 학교를 선택할 수 없는 상황 하에서 본인 의사에 반해 특정 종교의식에의 참석을 강제하는 것은 헌법상 보장된 종교의 자유에 반하기 때문이다. 우리나라의 경우 입시평준화정책에 따라 추첨 형식으로 학교가 배정되는 관계로 기독교 신자가 불교 재단 학교에 불교 신자가 기독교 재단 학교에 배정되는 경우가 있다.

우리나라는 1974년부터 고교평준화제도를 도입함으로써 종교 재단이 설립한 고등학교는 학생선택권이 없어졌으나, 추첨으로 입학한 타 종교 학생들에게도 교육부의 지침과 행정지도하에 종교교육을 실시해 왔다. 학교선택권 또는 학생선택권이 보장되는 사립학교는 설립자의 설립 이념에 부합되는 특정한 종교교육을 임의로 행할 수 있으며, 이는 사학을 통한 교육의 발전에도 기여하리라 본다. 국가 및 지방자치단체는 사립학교를 지원·육성하여야 하며, 사립학교의 다양하고 특색 있는 설립목적을 존중할 의무가 있다.(교육기본법 제25조)

그러나 학생선택권이 보장되지 않는 사립중·고등학교의 경우 헌법상 보장된 학생의 종교의 자유를 침해하지 않는 범위 내에서 특정 종교교육이 가능하며, 학생의 의사에 반해 특정 종교 수업 및 의식에 참석을 강제할 수 없다. 상기 '강의석 군 사건'에서 2005년 1월 21일 서울북부지방법원은 "학생에게 종교와 표현의 자유 등 인권이 보장되어야 하고, 종교교육이 허용되는 사립학교라도 (학생들이) 종교를 자유롭게 선택하는 범위 내에서 교육이 가능하다."고 지적하고, "학교선택권이 보장되지 않는 상황에서 학생의사에 반해 종교를 강요할 수는 없다."고 판시하였다.(2004 가합4809호) 특정 종교 수업 및 의식에 학생의 참가를 강제하고, 참가하지 않는 학생에 대해 징계를 할 수 있도록 하는 사립중·고등학교의 학칙은 헌법상의 종교의 자유는 물론 민법상의 공서양속원칙(법 제103조)과 권리남용금지의 원칙(법 제2조 2항)에도 위반된다.

교육부는 종립학교의 경우 교육부고시(제1997-15호)를 통해 특정 종교과목에 대한 복수과목(철학, 교육학 등)을 편성·운영하도록 하고, 정규 교과시간 외 종교활동 또한 학생들의 자율적인 선택권이 보장되도록 지도하고 있다. 그러나 교육부가 2004년에 제출한 자료에 의하면 종립학교는 전국 236개교이며, 종교과목을 선택과목으로 운영하고 있는 학교 중(114개교) 종교과목 이외의 복수과목을 개설하지 않은 학교는 26개교에 불과하며, 정규 교과시간

이외의 학교 내 종교활동의 경우 예배, 미사, 법회 등의 종교활동을 실시하고 있는 학교는 236개교 중 157개교이며(67% 상당), 이 중 종교활동에 학생을 강제로 참가시키는 학교는 30개교(13% 상당)로 조사되었다. 상기 통계조사에서 알 수 있듯이, 우리나라의 경우 아직도 헌법상 인정된 학생의 종교의 자유를 보장하지 않는 사립학교가 상당수에 달하는 실정이다. 따라서 '강의석 군 사건'으로 학내 종교의 자유가 근본적으로 해결된 것이라고 볼 수 없다.

해결책을 찾아서

강의석 군은 학내에서의 예배 선택권을 관철하는 과정에서 제적 처분이라는 엄청난 개인적인 고통을 감수하였고, 46일간의 단식투쟁 기간 동안 신체적·심리적 고통을 상당히 겪었을 것으로 추측된다. 강의석 군의 가족 또한 상당한 고통을 감내했을 것이다. 당시 대광고 류상태 교목실장 또한, 강의석 군에 대한 제적 결정에 반대하면서 학내 종교 자유 및 예배 선택권 주장에 동참했다는 이유로, 교목실장직으로부터 직위해제되는 피해를 받았다. 결국 학교법인을 상대로 낸 퇴학처분 무효확인 소송에서 강의석 군은 종립학교의 경우라도 학생의사에 반해서 종교 및 예배를 강요할 수 없으며, 예배 선택권을 요구한 학생에 대한 퇴학처분 또한 정당하지 못한 것으로 무효라는 취지의 원고 승소판결을 이끌어 내었다. 헌법상 보장되는 종교의 자유를 쟁취한 대가를 학생이 감당하기에는 개인적 피해가 상당히 컸으리라 생각된다. 본인이 소속된 학교법인을 상대로 고등학생이 소송을 제기한다는 것은 상당한 불이익을 감수할 각오가 있는 경우라 하더라도 상당히 어려운 일이다. 이런 측면에서 강의석 군이 쟁취한 종교의 자유는 국가와 사회에 경종을 울린 값진 일이라 평가된다.

학내 종교 자유를 위해 시민 단체도 참여하고 나섰다. 2004년 9월 17일에는, 헌법에 보장된 종교의 자유를 침해하는 학교 내의 모든 강제적인 종교활동을 반대하고 학교 내의 모든 종교활동이 학생의 자유로운 의사를 존중해서 실시되도록 하기 위한 시민운동을 전개하기 위해, '학교 종교자유를 위한 시민연합'이 발족되었다. 강의석 군 문제의 해결에 관한 견해 차이로 결국 학교를 사직하고 소속 교단에 목사직까지 반납한 류상태씨는 현재 동 시민연합에서 실행위원으로 활동하고 있다. 2004년 9월 20일 동 시민연합은 종교계 학교는 특정 종교교육을 본인의 의사에 반하여 강요하지 말고, 강의석 군의 제적을 취소하고 학내 예배 선택권을 보장하라는 취지의 성명서를 발표한 바 있다.

또한 강의석 군은 1800여 명에게 받은 '종교자유 지지서명'이 첨부된 진정서를 국가인권위원회에 제출하기도 하였다. 2001년 11월에 발족된 국가인권위원회는 입법, 사법, 행정 등 3부 어디에도 소속되지 않은 독립된 국가기구로서 누구의 간섭이나 지휘를 받지 않고 국가인권위원회법에 정해진 업무를 독자적으로 수행한다. 국가인권위원회는 2004년 8월 27일 강의석 군 사건에 대해 합의종결 판정을 내렸는데, 합의종결 판정이란 분쟁당사자가 합의하여 문제를 해결하라는 판정이다. 대광학원 측과 강의석 군이 합의한 내용은 학생회 회장, 부회장은 교회를 다니는 자로 한다는 현 학생회칙을 개정할 것과 정규 교과시간 이외의 종교활동 문제 등에 대해서는 교단과 기독교연합회 등과 연계하여 협의 검토하여 근본적으로 해결책을 강구할 것 등이다. 그러나 강의석 군은 학교 측이 합의한 약속 사항을 준수하지 않는다는 이유로 10월 16일부터 일주일 동안 제2차 단식에 들어가기도 하였다.

합의에 의한 해결이 실패하는 경우 최종적인 해결책은 소송을 통한 법적 해결이다. 감독관청(서울시의 경우 서울시교육청)에 특정학교의 종교교육 또는 예배 강요 행위를 중지시켜 달라는 시정명령권(초·중등교육법 제63조) 청구 등 행정소송을 제기할 수도 있다. 법원의 판결에 의한 사법적 해결은 분쟁당사자들을 모두 법적으로 구속하는 법적 효과를 가진다.

그리고 학생의 자율적인 예배 선택권을 부인하는 학내 예배 강제는 헌법상 보장된 종교의 자유를 침해하는 것이므로 이에 대한 학교법인의 책임이 문제된다. 교육부 또한 감독관청으로서 관리감독 책임을 면할 수 없을 것이다. '강의석 군 사건'이후 대광고등학교 측이 법원판결을 이행하기 위해 학생의 자발적인 예배 선택권을 '실질적으로' 보장하고 있는지는 불분명하다.

법적·제도적 개선방안

제2의 강의석 군이 나오지 않도록 하기 위한 법적·제도적 개선 방안으로는 ① 종립학교에 학생선택권을 부여하는 방안과 ② 선지원 후추첨을 확대하여 종교에 따른 학교선택권을 보장하는 방안 등이 거론되고 있다. 현행 중·고등학교의 추첨배정 방식을 규정한 법령들(초·중등교육법, 동법 시행령 등)은 학교배정시 학생의 종교를 고려하라는 규정이 존재하지 않는다. 상기 방안은 학내 종교의 자유와 관련한 학교 측과 학생 간의 갈등을 상당 부분 완화시킬 수 있을 것이나, 해당 학생의 의사를 해당 종립학교 배정에 정확히 일치시키는 것은 사실상 불가능하다는 점, 종립학교의 수나 분포를 국가가 통제할 수 없다는 점 등 때문에 근본적인 해결책이 될 수 없다.

이에 반해 ③ 학생에게 특정 종교교육 및 활동에 대해 선택권을 부여하는 방안은 헌법상 학생의 종교의 자유와 종립학교의 선교의 자유가 동시에 보장될 수 있는 합리적이고 효과적인 방안이라 평가된다. 현재 우리나라의 사립학교들은 국가에서 상당한 보조금을 받고 있는 실정이므로(2003년도 전국 사립중·고교의 재단전입금 비율은 고교가 1.72%, 중학교는 1.83%에 불과하며, 사립학교의 회계에서 시도교육청 보조금이 차지하는 비중은 고교가 55.76%, 중학교가 78.11%에 달함) 교육의 공공성에 적극 참여할 의무가 있으며, 헌법상 보장된 학생의 종교의 자유를 보장하고 침해하지 않을 법적 의무를 가지고 있다.

종교교육의 자유는 대외적 행위에 해당하는 자유이기 때문에 국가안보·질서유지·공공복리 등을 위해 필요한 경우 법률로써 제한할 수 있다.(헌법 제37조 2항) 그러나 기본권의 '본질적 내용'은 법률로써도 제한할 수 없다.(동조 후문) 협의의 신앙의 자유는, 내심의 자유의 핵심으로 종교 자유의 본질적 내용에 해당되기 때문에, 법률이나 학칙으로도 제한할 수 없는 절대적 기본권에 속한다. 따라서 학생의 신앙의 자유와 종교교육의 자유가 충돌할 경우 신앙의 자유가 우선적으로 적용되며, 종립학교의 선교의 자유는 학생의 신앙의 자유를 침해하지 않는 범위 내에서 실시되어야 한다. 종교교육 및 활동에 대해 학생의 선택권을 우선시하는 방안은 헌법에도 부합되는 합리적 방안이라 평가된다.

헌법상 보장된 종교교육의 자유는 특정 종교단체를 위한 것인가? 개인을 위한 것인가? 개인의 종교의 자유가 헌법상 보장된 국가의 경우, 종교의 자유는 특정종교만을 위한 것이 아니라 다른 종교인의 신앙생활을 존중하는 것이어야 한다. 상기 교육부 자료에 따르면 카톨릭과 불교 관련 사립학교의 경우 학생들의 자율적 선택권이 충분히 보장되는 종교교육을 실시하고 있는데 비해, 기독교 관련 사립학교의 경우 종교활동에 학생들의 자율적 선택권을 인정하지 않는 학교가 다소 있는 것으로 밝혀졌다. 강제적으로 배정된 사립중·고등학교 학생에게 본인의 의사에 반해 특정 종교의식을 강제하는 것은 헌법상 보장된 개인의 종교의 자유를 명백히 침해하는 것이다.

학내 종교의 자유에 관련된 분쟁을 해결함에 있어 국가기관의 강제적 개입보다 종립학교 측의 자발적 노력과 결단을 기대함은 지나친 기대일까? 학교 내에서의 선교는 종교의 목적이 개인의 영적 구원이든 진정한 자아 발견이든 개인의 자율적 의사를 존중하는 마음에서부터 출발해야 할 것이다. 강요에 의한 선교는 개인의 자율적 의사를 무시한 일종의 사회적·종교적 폭력행사라 할 수 있으며, 강압적인 선교 행위는 종교 간 갈등과 사회문제를 야기하고 개인의 종교의 자유를 침해하는 위헌적인 법률 분쟁을 야기할 수 있다. 자율적 의사를 존중하지 않는 선교 행위는 오히려 종교의 부정적 측면을 부각시키고, 특정 종교에 대한 거부감만을 확산시킬 수 있다.

따라서 학생들의 자율적인 의사를 존중하는 보다 내실 있는 종교교육을 통해 특정 종교에 대해 매력을 느끼게 하는 것이 오히려 더욱 효과적인 선교 방식이라는 인식의 전환이 필요하다. 힘과 강요에 의한 복종은 진정한 믿음을 보장할 수 없으며, 개인의 자율적 의사를 최대한 배려하는 선교야말로 자발적 믿음에 입각한 신앙인을 종교 공동체로 끌어들이는 첩경이 될 것이다. (2005.9)

지율 스님의 단식과 새만금 삼보일배, 그리고 생태 순례

종교인 생태운동에 대한 일고찰

우리 사회에서 생태계 파괴의 문제가 심각한 이슈로 부각된 역사는 그리 길지 않다. 개발과 성장이 최우선으로 여겨지는 산업화 시대의 자본주의 사회에서 환경문제는 단순히 산업화의 부산물 정도로 여겨져 왔다. 1962년 박정희 대통령은 청정한 울산의 하늘이 '검은 연기로 뒤덮일 만큼' 우리 사회가 산업화되기를 바라는 연설을 했고, 오늘날까지도 우리 사회는 그러한 성장 중심적 분위기에서 벗어나지 못하고 있다.

그런데 성장 중심적인 분위기가 사회 전반을 (심지어 종교계 전반을) 지배하고 있는 가운데서도, 종교계 일부의 생태운동은 1990년대 이후 조금씩 활동 영역을 넓혀 가면서 여러 방향으로 전개되어 왔다. 특히 최근 몇 년 사이 종교인들이 주체가 된 생태운동이 일반인들에게 널리 알려지게 되었다. 그중에서 새만금 삼보일배나 지율 스님의 단식은 종교인들이 주체라는 점뿐만 아니라 일반 시민환경운동과 구별되는 내용과 방법의 특이성으로 인해 주목의 대상이 되었다.

산업사회의 논리에 저항하는 지율 스님의 단식

경제적 이익을 얻기 위해 산을 깎고 나무를 베는 일은 현대 산업사회에서 비일비재하다. 우리는 대체로 무심히 그런 일들을 지나치지만, 목숨을 내어놓고 현대 문명의 논리에 반대하는 사람들이 있다. 고속철도 천성산 관통을 막아서 천성산에 살고 있는 수많은 생명체들의 살 권리를 지키고, 산의 파괴를 막기 위해 생사의 고비를 넘나들며 몇 차례나 단식했던 내원사 지율 스님이 그 한 사람이다.

환경문제나 종교계의 동향에 그다지 관심이 없는 사람조차 지율 스님의 100일 단식에 대한 이야기는 한 번쯤 들어 보았을 것이다. 경부고속철도 천성산 구간 공사를 반대하던 지율 스님은 2004년 10월 27일부터 2005년 2월 3일까지 100일 동안 단식했다. 그리고 마침내 정부에서는 공사를 중지하고 지율 스님 측과 함께 환경영향평가를 다시 실시하기로 약속한 것이다. 이를 둘러싸고 대중 담론은 다양하게 전개되었다. 다른 방법들도 많이 있는데 굳이 단식이라는 극단적인 방법을 밀어붙여서 국책사업을 중지시키려 한다는 비난 여론도 만만치 않았다.

그러나 2001년부터 지속되어 온 지율 스님의 천성산 살리기 운동 과정을 살펴보면 알 수 있듯이, 지율 스님이 처음부터 단식이라는 극단적 방법을 선택했던 것은 아니다. 지율 스님은 자신이 할 수 있는 모든 방법들을 동원해서 고속철도 공사가 천성산 생태계에 미치는 파괴적인 효과들을 사회에 알리려고 노력해 왔으며, 실제로 당시 대통령에 입후보했던 노무현 후보로부터 고속철도 천성산 구간의 백지화 공약을 이끌어 내기도 했다. 지율 스님이 처음 단식(38일간)에 돌입하게 된 계기는 당선 이후 노무현 대통령의 공약이 별다른 설명 없이 무참히 파기되었기 때문이다. 이후 지율 스님의 세 차례에 걸친 단식(2차 45일, 3차 58일, 4차 100일)은 모두 정부 및 공단 측과의 약속 이 번번이 파기된 데 대한 항의이자 저항의 표시였다.

천성산 고속철 건설이나 새만금 간척사업을 비롯한 주요 환경 관련 사안 들은 대부분 산업사회의 성장 강박증과 속도 강박증 때문에 파급효과에 대 한 충분한 검토 및 합의를 생략하고 밀어붙인 막무가내식 개발에서 비롯된 문제이다. 실제로 개발 현장에서 생태계 파괴는 매우 급박하게 순식간에 이 루어지곤 한다. 한 번 파괴된 환경은 다시 회복되기 어렵고, 회복되더라도 오랜 시간이 걸린다. 그래서 구체적인 사안을 다루는 생태운동에서는 급박 한 파괴를 멈추게 하기 위하여 목숨을 건 극단적인 운동 행태가 나타나는 일이 세계적으로도 드물지 않다. 예컨대 잘 알려진 인도의 '칩코'(껴안는다는 뜻을 가진 말) 운동이 있다. 히말라야 산악 지대의 여성들은 상업적 착취에 대 항해서 자신들의 목숨까지 희생해 가면서 숲을 보호하기 시작했는데, 그 방 법은 벌목꾼들의 도끼 혹은 불도저에 맞서서 살아 있는 나무들을 품에 안는 것이었다. 소수 여성들의 나무 살리기 운동으로 시작한 칩코 운동은 급속도 로 확산되었고, 오늘날 숲의 생명을 살리기 위한 비폭력 저항운동의 모델로 서 전 세계에 알려져 있다.

현대 산업사회를 살아가는 대부분의 사람들이 산과 숲의 파괴를 막기 위 해 목숨을 내거는 지율 스님의 단식이나 칩코 운동을 이해하기 어려운 이유 는 성장 중심적인 산업사회의 논리에 부지불식간에 젖어 있기 때문이다.

성장 강박증의 근저에는 근대적 공간관이 자리하고 있다

현대 산업사회 속에서 우리는 환경을 종종 이용 가능한 물체들로 가득 찬 일종의 컨테이너 박스처럼 생각하곤 한다. 여기에는 근대적인 공간관의 영향이 바탕에 깔려 있다. 근대적 공간관은 인간을 둘러싸고 있는 비(非)인간 자연환경을 텅 비어 있는, 때에 따라 물체들로 들어찰 수 있는, 무의미하고 균질적인 어떤 것으로 여긴다. 근대는 우리의 시간과 공간 감각을 급격히 변화시킨 시기인데, 이 시기에 표준화된 시계와 척도가 보급되면서 시간과 공간은 점차 보편적으로 측정 가능한, 균질적인 것으로 여겨지게 되었다. 또한 교통과 통신의 발달은 공간 경험을 변화시키면서, 그 공간이 담고 있던 내용들을 근본적으로 해체했다. 특히 근대 산업 문명은 자본에 의한 공간 정복과 생산 촉진에 주력하면서 공간을 근대적 합리성으로 재조직하고 통합하는 가운데, 구체적인 경험과 실천이 일어나는 장소로서의 공간을 해체했다. 또한 근대적 합리성은 전근대 사회에서 일반적이었던 공간에 대한 존중, 금기를 와해시켰다. 따라서 공간은 본래적 가치와 의미를 상실하고, 사용가치에 따라서 분할되었다. 즉 죽은 공간(空間)이 되었다.

현대사회가 직면한 환경문제의 근저에는 이와 같은 근대적인 공간관이 놓여 있다. 따라서 현대 생태운동은 이처럼 죽어 있는 공간에 어떻게 의미를 부여할 것인가, 사람들로 하여금 어떻게 공간의 본래적 의미를 발견하게 할 것인가 하는 문제의식과 동떨어져서는 존재할 수 없다. 지율 스님의 천성산 살리기 운동이나 인도의 칩코 운동, 그리고 다음에 살펴볼 새만금 삼보일배의 바탕에는 이러한 근대적 공간관에 대한 저항과 극복의 의지가 깔려 있는 것이다.

새만금 삼보일배와 생태 퍼포먼스의 부각

그런데 지율 스님의 단식이 한국 사회에 가져온 파장에 대해서는 조금 다른 측면에서 분석해 볼 여지가 있다. 이를 위해서, 비슷한 시기에 맞물려 일어났지만 훨씬 더 대중의 스포트라이트를 받은, 그리고 지율의 생태운동 전략에도 일정 정도 영향을 미친 새만금 삼보일배를 고찰해 보자.

'총 300여 km, 65일 동안 36만여 걸음, 12만여 번의 절, 1600여 개의 구멍 난 장갑, 연인원 2만5천여 명의 참여, 하루 7km 정도의 이동' 등, 2003년 새만금 삼보일배는 머릿속으로는 제대로 가늠하기도 어려운 통계 숫자들로 표현되곤 한다. 그러한 통계 숫자들을 이루어 내고 주도한 것은 새만금 갯벌 지역의 간척사업을 반대하면서 생명 살리기에 나섰던 신부, 목사, 교무, 스님 등 네 종단 성직자들이다. 이 글에서는 이들의 새만금 살리기 운동의 자세한 배경 및 경위, 과정, 일반적 의의를 논하지 않겠다. 이에 대한 설명은 이미 출간된 여러 책들 및 신문 기사들을 통해서 찾아볼 수 있을 것이다. 여기서는 다만 새만금 삼보일배를 생태 퍼포먼스의 출현 및 파급효과라는 측면에서 생각해 보고자 한다.

삼보일배, 즉 세 걸음 걷고서 한 번 절한다는 형식의 (티벳불교의 오체투지를 연상케 하는) 의례는 일반인들에게는 낯선 것이었다. 그러나 2003년 이후 삼보일배는 일반인들에게 대단히 친숙한 퍼포먼스가 되었으며, 각종 생태운동과 시민운동에서뿐 아니라 심지어는 국회의원 등에 의해서 저항 혹은 결의의 표시로서 널리 행해지게 되었다.

새만금 살리기를 위한 방편으로서 삼보일배가 처음 구체화된 것은 2001년이다. 그런데 처음부터 삼보일배가 계획되었던 것도, 오늘날 널리 알려진 삼보일배의 의미―탐진치(貪瞋癡) 삼독(삼보)을 넘어 생명평화의 바다(일배)로―
가 처음부터 부여된 것도 아니었다. 삼보일배의 결정과 그 의미 부여는 상
황 속에서 어느 정도 우연한 계기로 이루어진 것이다.[1] 당시 수경 스님과 문
규현 신부님은 새만금 문제의 해결을 위해 갖은 노력을 기울였으나 번번이
수포로 돌아가는 것을 경험했다. 이에 수경 스님은 '우리 시대 반생명의 광
기와 물신주의'에 대한 책임을 지고 우리 모두 엎드려 참회해야 한다면서 처
음에는 조계사에서 청와대까지의 '일보일배'를 구상했다고 한다. 그런데 문
규현 신부님이 동참 의사를 밝히면서 명동성당에서 청와대까지로 거리를
조정하고, 일보일배는 무리라고 생각하여 삼보일배로 변경하게 되었다. 일
단 삼보일배를 하기로 결정한 후, 세 걸음에 어떻게 의미를 부여할까 고민
하던 중에 '탐진치 삼독을 넘어 생명평화의 바다로'라는 문구가 도출된 것이
다.

그런데 2001년 이후 삼보일배는 새만금 살리기 운동을 나아가 생명 살리
기 운동을 대표하는 독특한 의례로서 점차 자리 잡게 되었다. 2002년 7월 18
일에는 수경 스님 및 조계종 스님들과 신도들이 북한산 살리기를 위해 조계
사에서 서울역까지 삼보일배를 하였고, 11월 20일에는 수경 스님과 문규현
신부님이 스페인 '람사협약'회의장 앞에서 삼보일배를 함으로써 한국의 독
특한 생태 퍼포먼스로서 삼보일배를 세계 생태운동가들에게 알렸다. 국내
에서 일반인들에게 가장 널리 각인된 것은 2003년 3월~5월에 해창갯벌에서
서울시청 앞까지 네 성직자들을 중심으로 한 삼보일배이다. 이후 삼보일배

---

1 최성각, 「삼보일배는 우리에게 무엇을 남겼는가」, 풀꽃평화연구소 엮음, 『새만금, 네
가 아프니 나도 아프다』, 돌베개, 2004 참조.

는 크고 작은 각종 생태운동 현장에서 실행되곤 하였다. 대표적으로 2003년 9월 지율 스님이 천성산 살리기 삼보일배를 하였고, 같은 해 10월에는 위도 핵폐기장 건설을 반대하는 부안군민이 위도에서 전주시청까지 삼보일배를 거행하였다. 우연히 출발한 퍼포먼스가 대표적인 생태 의례로 정착되는 과정이다.

물론 삼보일배 이외에도 새만금 생태운동에서는 기존의 각종 종교 의례들(108배, 매향제 등)의 적극적 전유가 나타났으며, 종이배 띄워 보내기, 2004년 해안 걷기 등 새로운 생태 퍼포먼스들이 계속 개발되고 있다. 그러나 국내 생태운동의 전기를 이루었다고 할 만큼 독특한 생태 퍼포먼스로 부각된 것은 삼보일배이다.

주목해야 할 것은 삼보일배가 '보여지는 퍼포먼스'로서의 성격을 강하게 지니고 있다는 점이다. 실상 한국 사회에 파장을 일으킨 것은 삼보일배 참가자들 각각의 변화라기보다는, 이러한 '보여지는 퍼포먼스'로서 삼보일배가 지닌 강한 인상이다. 정도의 차이는 있지만, 지율 스님의 단식이나 새만금 삼보일배는 특정한 목적-생태계 파괴 반대-을 위한 시위적 성격이 강한 '보여지는 퍼포먼스'이며, 좀 더 많은 사람들에게 자신의 목적을 알리고 호소하는 것을 중요한 목적으로 삼고 있다.

물론 삼보일배가 '보여지는 퍼포먼스'적 성격만을 지닌 의례는 아니다. 사람들이 삼보일배에 동참하면서 무작정 절을 따라 하고 함께 걸음으로써 변화되는 측면 역시 간과할 수 없다. 종교인 생태운동에서는 '보여지는 퍼포먼스'뿐 아니라 또 다른 방향에서 참가자들의 내적인 변화를 꾀하는 생태의례들 역시 다각도에서 시도되고 있다.

생태 순례: 의미를 만들어 가는 발걸음

생태운동은 강조점을 어디에 두는가에 따라서 다양한 결로 전개되는데, 생태계라는 범주 속에서 인간의 위치를 재조명하는 세계관의 조정을 중점적으로 부각시키기도 하고, 특정한 사안을 거부 혹은 관철하기 위한 시위적 성격의 퍼포먼스를 통해 관객(?)들의 호응을 얻어 내는 것을 목적으로 하기도 하고, 환경 속에서 몸의 경험을 중시하여 의례를 강조하기도 한다. 최근 시위적인 생태 퍼포먼스처럼 대중적으로 널리 알려져 있지는 않지만, 환경을 몸으로 지각하면서 생태계의 일부로서 자신을 자각하기 위하여 천성산이나 새만금, 지리산 등을 도보로 순례하는 크고 작은 일종의 생태 순례가 생겨나고 있다.

특히, 실상사 도법 스님이 주축이 된 지리산 생명평화 탁발 순례는 시각적 퍼포먼스보다는 직접적인 체험을 통해 변화된 생태적 자아 형성을 유도하는 생태 순례이다. 탁발 순례단은 2004년 3월 1일 지리산에서 출발하여 제주도 및 경남 지역을 거쳐 2005년 3월 현재 순천, 여수 지역을 도보로 순례하고 있다. 물론 몸을 통해 이루어지는 모든 의례들이 참여자의 어떠한 변화를 가져오게 되는 것은 필연적이지만, 탁발순례의 경우 이러한 개인의 변화를 일차적으로 의도한다는 점에서 위의 두 사례들과는 다르다.

이슬람 5대 의무의 하나인 순례, 불교나 힌두교의 순례, 혹은 초기 기독교의 순례는 성스러운 장소로 향해 가는 주변에서 중심으로의 순례이며, 중심부에 도달하여 그 성스러움에 참여하거나 성스러움을 나누어 받고자 한다. 그러나 탁발 순례를 비롯한 생태 순례는 오히려 순례의 과정을 통해 각 지역 환경과 실태를 경험하면서 걸음이 닫는 지역 공간마다의 의미 혹은 성스러움(?)을 적극적으로 발견해 낸다. 즉, 순례의 발걸음이 성스러운 중심을 만들어 가는 것이다.

게리 가드너는 『지구환경보고서 2003』에서 생태운동에 기여할 수 있는 종교의 자산을 다섯 가지로 분류하였다. 생태운동가들이 종교에 기대할 수 있는 점은 첫째 우주론(세계관)을 형성할 수 있는 역량, 둘째 도덕적 권위, 셋째 수많은 신도, 넷째 상당한 물적 자원, 다섯째 지역사회 형성 능력이라는 것이다. 그런데 여기서 빠진 혹은 축소 평가된 중요한 종교의 자산 가운데 하나가 바로 풍부한 생태의례의 지원 능력이다. 최근 몇 년 간 세인의 관심을 불러일으킨 지율 스님의 단식, 새만금 삼보일배, 그리고 생태 순례는 생태의례의 창출이라는 맥락 속에서 바라볼 수 있다.

생태운동은 단지 논리의 차원에서만 이루어질 수 없다. 개개인의 세계관과 생활 습관의 차원에서 변화를 요구한다. 세계관과 정서, 거기에 신체적 무의식의 차원에서 전일적인 변화가 요구된다. 그래서 많은 이들은 생태학이야말로 새로운 종교라거나, 생태운동이 종교적 차원을 가져야 한다고 주장하기도 했던 것이다. 지금까지 한국 사회의 종교계 생태운동에서는 세계관의 전환을 꾀하는 데 주력해 왔지만, 앞으로의 생태운동에서는 몸을 통한 생태 의례들이 다양한 각도에서 형성될 것이라고 생각한다.

또한 특정 지역의 개발이나 생태계 파괴를 저지하는 실제적 실천뿐 아니라, 영상·사진 등을 통해 강렬한 이미지로 재생산되면서 일으킬 수 있는 '효과'에 민감한 새로운 실천 형식이 생태 퍼포먼스의 형태로 나타나고 있다. 인터넷을 비롯한 언론 매체들의 발달에 따라 생태 운동에서 강렬한 인상을 주는 생태 퍼포먼스 역시 점차 생태운동의 중요한 영역으로 부상할 것이다. (2005.3)

3.
과학기술의
발달과 종교

박상언

과학기술의 발전은
인간의 진화를 의미하는가?

라엘리안 무브먼트(Raelian Movement)의 인간복제

허구의 변주곡

UFO 종교집단들 중 하나인 라엘리안 무브먼트(Raelian Movement)의 소속 단체인 클로네이드(Clonaid)사는 '체세포 핵이식' 방법에 의한 첫 복제인간 '이브(Eve)'가 지난 2002년 12월 26일에 태어났다고 세상에 알렸다. 이 소식에 학계와 종교계 단체를 포함한 시민 사회단체는 대체로 인간복제에 비판과 우려의 목소리를 높였다. 물론, 인간복제가 난치병의 치료는 말할 것도 없고, 병이 발생할 가능성을 출생 이전에 미리 차단할 수 있는 획기적인 질병 치료의 전환점이 될 것이라는 점에서, 그 긍정적인 측면을 강조하는 목소리도 있다.

하지만 이런 목소리는 허구 세계가 그려왔던 '복제인간'의 부정적인 이미지에 파묻힌 듯 보인다. 복제인간은 이미 오래 전부터 아이라 레빈(Ira Levin, 1927~), 리들리 스콧(Ridley Scott, 1937~) 등 허구 세계의 창조자들에게는 진부한(?) 주제였고, 그것도 긍정적이기보다 부정적으로 묘사되었다. 소설과 영화

속에서 복제인간은 대체로 사악한 집단에 의해 나쁜 의도로 탄생되거나, 선한 목적에서 탄생된다고 해도 창조자의 의도와는 달리 인간 사회에 부정적인 결과를 미치는 것으로 묘사된다. 아이라 레빈의 소설과 리들리 스콧의 영화 속의 복제인간은 그런 점을 잘 드러내 준다.

아이라 레빈이 1976년에 발표한 소설 『브라질에서 온 소년들』(The Boys from Brazil)의 줄거리는 이렇다. 아우슈비츠 수용소에서 생체 실험으로 악명이 높았던 멩겔레 박사(Dr. Josef Mengele)는 유기체 복제 기술을 터득하여 아돌프 히틀러(Adolf Hitler)와 똑같은 유전자를 지닌 94명의 아이들을 탄생시킨다. 인격 형성에 미치는 환경의 영향을 고려하여, 복제된 아이들에게는 오리지널 히틀러가 성장했던 것과 동일한 환경이 제공되었다. 복제된 아이들의 아버지들은 모두 오리지널 히틀러의 아버지와 마찬가지로 공무원에 32년 연하의 아내를 두었다. 나아가, 오리지널 히틀러의 아버지가 65세에 사망한 것처럼 나치 잔당은 복제 아이들의 아버지들이 65세를 맞이하는 시점에 암살을 시도한다. 물론, 복제인간 히틀러를 통해 세계를 제패하려는 나치 잔당의 야욕은 실패로 끝난다.

이 소설에서 복제인간은 인간의 욕망을 충족시키기 위한 도구로 그려진다. 아이라 레빈은 '진보의 신화'에 사로잡힌 과학기술의 어두운 측면도 간과하지 않는다. 아리스토텔레스의 학문 분류 방식이 아니더라도, 자연과학은 중립적이고 객관적인 자연의 세계를 파악하려 할 때 형이상학에 가까이 다가서는 듯이 보인다. 형이상학이 복잡하고 다양한 현상들의 이면에 숨은 본질의 세계, 이데아의 세계를 모색하듯이, 과학은 자연의 작동 원리와 방식을 추구한다. 양자 모두 현상보다는 근본원리와 본질에 주목하려 한다는 점에서 '일란성 쌍둥이'처럼 보인다. 그러나 그녀의 소설은 과학의 발전이 언제나 창공을 가르는 독수리의 순수한 비행처럼 자유로울 수는 없는 '사회의 과학'이었음을 보여준다. 즉, 중립적인 위치를 주장하는 과학의 목소리가 조용히 곳곳을 헤집고 들어와 커다란 울림으로 증폭된다는 것이다. 과학기술이 인간의 이데올로기에 의해 위험한 도구로 전락될 수 있다는 생각은 '복제인간'이라는 이미지에 의해 좀 더 강화된다. 복제인간이 자기의 목소리를 갖지 못하는 한, '그(녀/것)'는 인간의 욕망이 낳은 '기계'에 불과하다.

복제인간이 자신의 목소리를 낸다면, 복제인간은 인간에게 다른 의미를 지닌 존재로 다가올까? 리들리 스콧의 〈블레이드 러너〉(Blade Runner)[1] 에서 유전공학자들(The Genetic Engineers)은 인간의 편리와 이익을 위해 복제인간(Replicants)[2] 을 제작한다. 인간에게 반란을 일으킨 복제인간들을 제거하라는 명령을 수행하던 주인공이 고층 건물 끝에 매달려 위기에 처한 장면에서 복제인간은 그에게 다음과 같이 말한다. "난 네가 보지 못한 것들을 많이 보았어… 하지만 이제 그 모든 것들이 사라지겠지… 빗속의 내 눈물처럼… 이제 떠나야 할 시간이야." 그(녀/것)들은 인간의 착취와 억압에 반란을 도모할 줄 알고, 제한된 수명을 연장하기 위해 살인할 정도로 몸부림을 치는 사유와 감정의 존재들이다. 즉, 그들은 자신의 목소리를 내고 자신의 운명을 인지

---

1 이 영화의 원작은 필립 K. 딕(Philip K. Dick)의 『안드로이드는 전기 양의 꿈을 꾸는가?』(Do Androids Dream Of Electric Sheep?)이다. 딕은 제목에서 이미 복제인간의 운명을 예견하는 듯이 보인다. 이 글에서 복제인간은 인간이기를 꿈꾸는 피노키오만도 못한 존재이다. 피노키오는 마법의 힘을 빌려 인간이 될 수 있지만, 복제인간은 인간이 제작한, 통제 가능한 차가운 기계인간일 뿐이다. 그러므로 인간이기를 꿈꾸는 복제인간에게는 작동 중단(retire)이라는 죽음이 기다릴 뿐이다.
2 물론, 이 영화에서 복제인간은 인간의 유전자를 지닌 복제인간을 의미하지는 않는다. 하지만 이 영화에서 복제인간은 4년이라는 수명 제한을 제외하고는 인간과 거의 구별되지 않는 존재로 설정되고 있다.

할 수 있을 만큼 '인간적'이다.

그러나 이 영화에서 복제인간은 인간적일 뿐 결코 인간이 될 수는 없다. 복제인간은 인간이 주입한 프로그램대로 특정 역할을 수행하다가 일정 기간이 지나면 소멸될 운명을 지닌 존재이다. 결국, 반란을 주도한 복제인간도 마지막 순간에 자신을 추격하던 인간을 위험에서 구한 뒤 주어진 운명에 몸을 맡긴다. 영화를 보면서 관객은 복제인간의 반란으로 암시되는 기계문명의 부조리를 제거할 수 있는 길은 결국 인간에게 있음을 어렴풋이 깨닫는다. 그 세계가 어떠하든지 간에, 인간이 그 세계를 만든 한, 그 세계 운영의 열쇠를 쥔 자는 인간일 수밖에 없다. 마찬가지로, 그(녀/것)들의 운명과 삶을 거머쥔 주체도 인간일 수밖에 없다. 다만, 복제인간은 다면(多面) 거울처럼 인간 내면에 숨어 있는 욕망을 온몸으로 비추어 줄 뿐이다.

이처럼 허구세계에서 복제인간을 열등한 존재로 자리매김하는 것은 복제인간을 만든 창조자에게도 확장되어 나타난다. 일반적으로 공포물에서 괴물을 제작하는 인간은 금지된 지식에 대한 끝없는 욕망에 사로잡힌 과학자들이다. 사실, 이들이 실험실에서 벌이는 일은 현재의 과학적 지식을 한 단계 진보시키는 행위로 간주될 법도 하다. 그러나 허구의 세계는 금단의 지식을 넘어선 결과가 늘 인류에 대한 위협과 파괴임을 알려 준다. 그러므로 설령 과학자가 선한 의도로 피조물을 제작한다 해도, 이야기의 끝은 비극적인 결말을 야기한 창조적 과학자의 어리석음을 지적하는 것으로 끝난다.

첫 복제인간의 탄생을 알린 라엘리안 무브먼트에게도 '금지된 장난'에 대한 비난이 쏟아진다. 한 신문사의 사설을 살펴보자.

인간은 드디어 판도라의 상자를 열어 버린 것일까. 미국의 종교단체 '라엘리안 무브먼트'의 비밀조직인 클로네이드가 자신들이 시술한 최초의 복제인간 아기가 태어났다고 발표했다.… 또 하나 황당한 것은 이번 인간복제가 인류가 UFO를 타고 온 외계인에 의해 복제된 존재라고 믿는 정체불명의 종교단체에 의해서 감행되었다는 점이다. 이대로 간다면 공상과학영화에서와 같은 일들이 벌어지지 말란 법도 없다. 대부분의 나라에서 인간복제가 법으로 금지되어 있는 만큼 그에 따른 엄격한 시행이 논의되어야 할 것이다. [3]

사설의 논지는 명확하다. 인류를 위험에 빠뜨릴 수 있는 인간복제가 황당하게도 '정체불명의 종교단체'에 의해 감행되어 앞날이 걱정스럽다는 것이다. 마치 핵탄두의 기폭 장치를 가지고 노는 철부지들처럼 인간복제의 기술적인 안정성이나 윤리적인 문제가 아직 정리되지 않은 상태에서 외계인이 인간을 창조했다고 주장하는 낯선 종교집단이 그것을 감행했다는 것은 매우 염려스럽고도 황당한 일이라는 것이다.

그래서인지 몰라도 이러한 충격적인 사건 자체를 하나의 해프닝이나 종교집단의 홍보 전략으로 간주하려는 입장도 나타난다. 때 맞춰 출판된『인간복제, 그 빛과 그림자』의 저자는 언론 매체가 인간복제에 대하여 비과학적이고 비이성적인 주장을 확대, 재생산하는 것을 비판하고, 종교계를 포함한 사회 각계의 인간복제에 대한 논의의 흐름을 살펴보겠다고 강조하면서도, 라엘리안 무브먼트에 대해서만큼은 성급하게 처리해 버린다. 그는 라엘리안 무브먼트를 '신흥 사이비 종교단체'로 소개하면서,[4] 이 종교집단이 주

---

3 《인터넷 한겨레》(http://www.hani.co.kr) 2002년 12월 27일자 사설.
4 안종주,『인간복제, 그 빛과 그림자』, 궁리출판, 2003, 8-9쪽.

장하는 첫 복제인간의 탄생은 '사기극'일 수 있음을 여러 정황증거를 통해 지적한다. 저자에 의해, 라엘리안 무브먼트는 '종교와 비슷하지만 종교는 아닌' 즉 '사이비 종교집단'으로 취급되고, 나아가 그 집단이 인류의 기념비적 사건으로 내세우는 복제아기의 출생은 사기극이거나, 홍보 효과를 노린 전략적인 충격요법일 수 있다는 식으로 처리된다.[5]

사회의 이목이 집중된 것이라면 발 벗고 나서는 모 방송국의 시사 프로그램에서도 라엘리안 무브먼트는 예정된 초대 손님이었다. 대체로 그랬듯이 종교학자들이 라엘리안 무브먼트의 '도발적인' 행위에 대해 '모르쇠'로 일관하고 있을 무렵, 발빠른 이 프로그램 제작진은 시사성과 상업성을 고려해 라엘리안 무브먼트의 실체를 세상에 밝히는 것이 유익하다고 생각한 모양이었다. 제목은 〈라엘리안의 실체–인간복제, 꿈의 실현인가? 사기극인가?〉였다. 제작진에 의해 한 겹씩 라엘리아언 무브먼트의 외피가 벗겨지고 차츰 속살을 드러낼 때마다, 주도면밀한 제작진은 각계의 '전문가'들을 초빙해 그들의 분석[6]을 중간중간에 삽입해 보여주었다.

외피 벗기기는 크게 두 단계로 진행되었다. 첫 단계는 '벗기기'라는 말이 무색하지 않게, 감각 명상 중에 라엘리안들[7]끼리 이루어지는 에로틱한(?) 신체 접촉을 화면에 담아 그들의 종교 행위를 포르노화하는 것이다. 그리고

---

5 위의 책, 17-23쪽.
6 라엘리안 무브먼트가 표방하는 철학에 대한 '과학적 근거와 도덕관'을 분석하기 위해 초빙된 '각계 전문가들'의 논의가 어느 정도 이루어졌는지는 방영된 화면을 통해서는 알 길이 없다. 또한 굳이 알 필요도 없다. 제작진에 의해 시청자들이 '반드시' 알아야 할 논의들만 편집되었을 것이라고 생각되기 때문이다. 그래서 이들에 대한 필자의 평가는 화면을 통해 보여진 것에 근거한다는 점을 밝히고자 한다.
7 라엘리안 무브먼트의 소속원을 일컫는 명칭이다.

진행자는 그들이 자유로운 연애와 성관계를 추구하는 배경에는 인간복제로 대변되는 과학에 대한 믿음과 외계인 신앙이 자리잡고 있음을 강조한다. 이에 관해 방송국에 초빙된 전문가들의 분석은 두 가지로 요약된다. 우선, 라엘리안 무브먼트의 성(性)에 대한 의식과 실천은 기존의 결혼제도와 가족제도를 부정하는 것이고, 이는 기성 제도에 대한 저항에 의미를 두는 젊은이들을 끌어들일 수 있는 위험을 안고 있다는 것이다. 그리고 그들이 기성 제도를 부인하는 이유는, 기성 종교가 요구하는 도덕을 진부한 것으로 느끼기 때문이라는 것이다. 또한 성 혹은 쾌락을 통해 구원이나 도를 추구하는 행위는 인도 밀교의 전통 속에서 발견되는 진부한 것으로, 오늘날에는 '신흥종교'에서 나타나는 전형적인 특징이라는 것이다.

두 번째 단계는 인간복제와 관련된 비윤리적인 측면과 현재 과학기술이 안고 있는 기술적인 문제를 조명하면서, 라엘리안 무브먼트가 발표한 복제 아기의 출산이 '사기극'일 수 있음을 밝히는 데 주력한다. 특히, 라엘리안 무브먼트의 경우에는 인간복제의 궁극적인 목표가 질병 치료와 같은 순수한 동기에서 비롯되는 것이 아니라 복제를 통한 '영생 불멸'의 추구에 있다는 점에서 심각한 문제가 있음을 밝히고 있다. 어느 전문가는 인간복제를 주장하는 라엘리안 무브먼트의 발표는 부자들의 호기심을 충동질해 돈을 끌어들이기 위한 상업적인 '히트 상품'이라고 평가한다. 다른 전문가는 1광년 거리에 외계인의 행성이 있다는 라엘리안 무브먼트의 주장이 비과학적이라는 점을 지적한다. 왜냐하면 그 정도의 거리에 있다면 충분히 관찰 가능한 행성이기 때문이라는 것이다. 덧붙여, 그는 창시자인 라엘이 공상과학과 기독교를 묘하게 결합시킨 천재적인 측면을 보여주지만, 그 천재성이 많은 문제를 야기한다고 언급한다.

인간복제로 세상의 주목을 받고 있는 라엘리안 무브먼트에 대한 대중매체의 관심은, 정도의 차이는 있겠지만, 허구의 세계에서 보여주는 시각과 크게 다르지 않은 듯하다. 심지어, 이 집단에 대해 중립적인 태도를 유지한다는 것을 보여주기 위해 동원된 전문가들에게서도 라엘리안 무브먼트에 대해 객관적 입장을 유지하려는 모습은 잘 드러나지 않는다.

이 점에서 풀어야 할 과제는 라엘리안 무브먼트가 많은 사람들에게 황당한 주장을 펼치는 '정체불명의 종교단체', 혹은 '신흥 사이비 종교단체'로 여겨지고, 또한 사기극을 벌이고 있다는 의심을 받으면서까지 복제인간의 탄생을 세상에 발표한 '저의'가 무엇인가 하는 점이다. 그것이 단순한 홍보 전략이라면, 곧 들통날 사실로 인해 오히려 역효과를 낳을 것이다. 또한 첫 복제아기의 탄생이 일부 지적대로 사기극일 가능성이 높다고 해도, 그 사기극은 언젠가 '정상적인' 과학집단에 의해 감행될 사건의 전조일 뿐이다. 그러므로 인간복제 기술에 대한 과한 피해망상에 사로잡힌 채, 이 집단이 금단의 영역을 넘어서려는 무분별한 집단이거나 홍보를 위해 사기극을 벌이는 유치한 집단이라고 취급하는 태도는 '인간복제'가 지닌 사회-문화적 함의에 대한 진지한 논의를 방해할 뿐이다.

언제나 그랬듯이, 표면에 드러난 현상에만 주목할 때, 낯선 종교집단은 쉽게 받아들이기 힘든 존재로 간주된다. 물론 '새로운' 종교집단은 때때로 극적인 사건을 동반하면서 세상에 자신의 존재를 알리기도 한다. 예컨대, 라엘리안 무브먼트처럼 UFO 종교집단인 천국의 문(Heaven's Gate)은 외계인들과 '접촉'하는 데 거추장스러운 육신을 버리기 위해 스스로 목숨을 끊어 세상의 주목을 끌기도 했다. 하지만, 새로운 종교집단의 주장이나 행위가 이해하기 힘들 만큼 생경한 것은 결코 아니다. 왜냐하면 아무리 기괴한 행위라 할지라도, 그것이 인간이 행한 것일 때는 언제나 인간적인 범주에서 벗어날 수 없기 때문이다. 요점은 낯선 세계를 어떻게 낯익음의 세계로 소환할 수 있는가 하는 점이다.

인간복제와 욕망의 정치학

인류는 오래 전부터 신화의 형식으로 복제 관념을 표현했다. 라엘리안 무브먼트가 전한 복제아기의 탄생이 새로운 듯하지만 결코 세상이 뒤집힐 만큼 새로운 것은 아니라는 것이다. 그리고 인간복제를 놓고 벌어지는 다양한 논의들의 기본 가닥도 이미 옛사람들이 신화를 통해 다루었던 것이다. 웬디 도니거(Wendy Doniger)에 의하면,[8] 옛사람들의 신화는 무엇보다도 복제가 인간에게 결코 유익하지 못하다는 점을 이야기했다. 그것은 복제가 인간의 성(性)과 자기동일성과 관련된 복잡한 문제를 야기하기 때문이다. '복제 신화'가 전해 주는 그 복잡한 문제는 인간복제를 둘러싼 오늘날에도 다소 변형된 형태로 재현되고 있다. 이제 그녀가 풀어놓는 복제 신화의 속뜻을 따라가면서 라엘리안 무브먼트의 인간복제로 대변되는 현대사회의 속성을 더듬어 보자.

웬디 도니거는 근대 이전의 '복제 신화'가 두 가지 근본 물음을 던진다고 말한다. 하나는 인간의 배아에 영향을 미치겠다는 우생학의 문제이고, 다른 하나는 오리지널 인간과 복제 인간이 마주 볼 때 생기는 자기동일성의 문제

---

8 웬디 도니거, 「성, 그리고 신화상의 클론」, Stephen Jay Gould et al., Clone and Clone, 『클론 앤 클론』, 이한음 옮김, 그린비, 1999, 201-229쪽.

이다. '복제 신화'의 우생학은 여성이 남성의 성적 지배에서 자유롭지 못하다는 점을 알려 준다. 여성을 출산의 도구로 간주했던 남성 중심의 문화에서 성관계에 의해 태어난 아기의 모습은 여성의 성적 순결을 증명했다. 부모의 모습과 닮지 않은 아이의 출산은 여성이 다른 남자와 관계를 맺었다는 것을 알리는 징표이다. 특히, 부계 중심의 사회에서 남성은 자신이 원하는 모습으로 자식이 태어나도록 할 수 있다고 생각했다. 이것이 소위 '아버지 각인 이론'이다. 예컨대 성관계를 하면서 아내에게 아름다운 조각상이나 그림을 보여주면 배아에게 영향을 미쳐 그 모습을 한 아기가 태어난다는 것이다. 그러므로 아버지의 예상과 달리 엉뚱한 모습을 한 아기가 태어났을 때 아내에게는 의심의 화살이 쏟아지게 마련인 것이다.

남성이 순종적인 출산 도구로서의 여성에게서 사유의 능력을 발견한 이후로는 '아버지 각인 이론'보다는 '어머니 각인 이론'이 옛사람들에게 영향을 미친 것 같다. 이제 아기의 모습에 영향을 미치는 것은 어머니이다. 성관계를 하면서 여성이 사랑하는 남편에 집중하면 그때 잉태되는 아기의 모습은 아버지를 닮는다는 것이다. 반대로, 자식의 모습이 아버지를 닮지 않았을 때, 아내는 남편과 성관계를 하면서 다른 남자를 상상했거나, 실제로 다른 남자와 성관계를 한 것으로 간주되었다. 여성에 대한 남성의 편집증은 여기서 한 걸음 더 나간다. 남편의 의심은 아내가 다른 남자와 성관계를 하면서 남편을 상상한다면 그로 인해 태어난 아이는 자기의 모습을 할 것이라는 데까지 미쳤던 것이다.

'복제 신화'가 우리에게 알려 주는 또 다른 주제는 자기동일성의 혼란이다. 웬디 도니거는 자연적인 쌍둥이 이야기나 마법을 사용해 다른 사람의 모습을 취한 신들의 이야기가 전하는 자기동일성의 문제를 제시한다. 기원전 2세기 초에 쓰여진 플라우투스(Plautus)의 『메나에크미』(Menaechmi)에서 메나에크무스는 자신도 모르게 형으로 오인되어 형의 식사를 즐기고 형의 정부와도 즐거운 시간을 보낸다. 그의 또 다른 희곡인 『암피트리온』(Amphitryon)은 암피트리온과 그의 종인 소시아로 각각 변한 주피터와 머큐리 신에 대한 이야기다. 특히, 오리지널 소시아가 자신으로 변신한 머큐리와 나눈 대화는 복제와 정체성의 문제를 반영한다. 오리지널 소시아는 머큐리에게 "그럼 내가 소시아가 아니라면, 내가 누구인지 가르쳐 주시지 않겠소?" 머큐리는 답한다. "그러지. 내가 소시아가 되고 싶지 않을 때, 자네는 소시아 자신이 될 수 있네."

웬디 도니거는 한 걸음 더 나가 '복제 신화'에서 자기동일성의 문제는 성(性)의 문제에 직면했을 때 뚜렷하게 부각된다고 강조한다. 암피트리온 이야기의 다른 판본에서, 원하는 여자를 유혹하기 위해 변신한 주피터 자신이 정작 자기동일성의 문제에 직면한 것을 느낀다는 것이다. 주피터는 암피트리온의 아내인 알크메나에게 끊임없이 묻는다. "예전의 밤들보다 어젯밤의 섹스가 더 낫지 않았소?" 그러나 그녀는 차이를 모르겠다고 주장한다. 그녀의 대답은 당연한 것이다. 왜냐하면 그녀는 자기에게 말을 건네는 자를 자신의 남편으로 생각하기 때문이다. 하지만, 주피터는 자신이 암피트리온과 동일시되고 있다는 점에서 묘한 질투의 감정을 느낀다. 주피터는 암피트리온으로 행세하면서도 그와 다른 존재로 인정되기를 바라는 모순에 빠진다. 이제까지 살펴본 대로, 옛사람들의 '복제 신화'는 여성에 대한 남성의 무한한 성적 통제와 자기동일성의 문제를 들어 복제란 그다지 좋은 것이 아니라는 점을 우리에게 말해 준다.

그런데 현대판 '복제 신화'는 옛날의 '복제 신화'가 제기해 온 문제들이 아무 것도 아니라고 말한다. 현대판 '복제 신화'를 대변하는 라엘리안 무브먼트에게 인간복제는 인류에게 유익할 뿐 전혀 해롭지 않다. 특히 옛날 사람들이 복제에서 느낀 두 가지 문제는 완전히 해결된 듯이 보인다. 현대판 '복제 신화'는 '세포 공여자 각인 이론'으로 불릴 수 있을 것이다. 체세포 핵이식으로 태어난 아이는 체세포를 제공한 사람과 똑같은 형질을 지니기 때문이다. 아이의 모습은 아이의 출생을 의도한 자들에 달렸다. 과거의 '복제 신화'가 성의 쾌락과 출산의 밀접한 관계로 인해 여성을 남성의 지배 속으로 몰고 갔다고 주장하는 데 비해, 현대판 '복제 신화'는 성의 쾌락과 출산의 단절로 인해 양성평등 사회가 도래했음을 선언한다. 동물을 자기 유전자의 생존을 최대화하도록 짜여진 프로그램이 들어 있는 기계로 보는 '이기적 유전자 이론'의 관점에서 보면, 이성 간의 성행위에 근거한 유성생식에 비해 무성생식이 한층 진화된 생존 방식일 수 있다. 그래서 리차드 도킨스(Richard Dawkins)가 "팝 페스티발, 광고 게시판, 기차 내 이동전화보다 제3자에게 더 많은 피해를 끼칠 것 같지 않다."[9]고 밝힌 것처럼, 인간복제에 대해 지나치게 호들갑을 떨 필요가 없을지도 모른다.

　과거의 '복제 신화'가 제기하는 자기동일성의 문제도 현대판 '복제 신화'에서는 하등의 문제될 것이 없다. 인간의 개성은 유전자에 의해 결정되는 것이 아니라 유전자와 환경과의 상호작용 속에서 형성되는 것이기 때문이다. 과거의 '복제 신화'가 동일한 육체에는 동일한 영혼이 깃들어 있다고 본 반면에, 현대판 '복제 신화'는 환경과의 상호작용에 따라 동일한 육체에 다양한 영혼이 형성될 수 있다고 보는 것이다. 허구의 세계가 그리는 것처럼 체

9　리차드 도킨스, 「클론이 뭐 잘못되었나?」, 위의 책, 127쪽.

세포 공여자와 동일한 환경을 복제인간에게 조성한다는 것은 거의 불가능하며, 설령 그런 환경을 제공한다 해도, 복제아이가 체세포 공여자와 동일한 인간으로 성장한다는 보장이 없다. 아직까지는 인간의 개성은 필연이 아니라 우연의 산물로 보인다.

그렇다면 리차드 도킨스의 말대로 인간복제에 무슨 문제가 있다는 말인가? 아무런 문제가 없는 듯이 보이는 현대판 '복제 신화' 앞에서 주춤거리게 되는 것은, 그 속에 '욕망의 정치학'이 은폐되어 있기 때문이다. 성의 쾌락과 출산이 분리될 때 여성이 남성의 지배에서 벗어날 수 있고 양성평등에 가까워질 수 있다면,[10] 그것은 굳이 인간복제가 아니라도 가능한 것이다. 또한 인간복제가 양육의 기쁨을 누리는 부모의 욕구를 충족시키기 위한 것이라면, 그것은 양육을 필요로 하는 아이의 입양을 통해서라도 가능하다. 한 걸음 나아가, 자기 유전자의 계승을 통한 세대 계승의 목적에서 불임 부부나 동성애자가 인간복제를 추구한다고 해도, 그들의 욕망을 충족시키기 위해 다수의 사회적-문화적 관념과 제도를 변경할 것을 요구한다는 것은, 어쩌면 너무나 '이기적인' 유전자 중심적 발상이 아닐까?[11] 또한 사랑하는 사람을 잃은 가족이나 연인은 죽은 그(녀)의 몸에서 세포를 떼어 내 복제아기를 만들 수도 있을 것이다. 하지만 여기에는 과거의 복제 신화가 제기한 자기동일성의 문제가 담겨 있다. 남은 자는 죽은 자와 똑같은 모습을 한 복제인간

---

10 물론, 인간복제가 대리모를 필요로 하며 여성의 몸을 재생산의 도구로 삼는다는 점에서 완전한 여성해방은 아니다.
11 특정 사회제도와 문화 관념이 다수의 합의에 기초한다고 해서 반드시 정당성을 확보하는 것은 아니다. 하지만 인간복제가 사회제도의 변동과 문화 관념의 근본적인 전환을 요구하는 한, 자기 유전자만으로 세대를 계승하기 위해 인간복제를 추구한다는 것은 그렇게 설득력이 있는 주장은 아니다.

에게서 죽은 자의 흔적을 찾을 것이기 때문이다. 그것이 아니라면, 구태여 죽은 자와 똑같은 인간을 희망할 필요가 어디에 있는가?

하지만 우리는 복제 기술이 무슨 일을 할 수 있는가보다는 그것이 어떤 방향으로 진행될 것인지에 주목해야 한다. 즉, 불임이나 질병 치료, 무병장수 등과 같은 인간적인 욕구를 충족시키려는 과학기술의 공헌(?)에 은폐된 욕망의 정치적 성격을 간과해서는 안 된다는 것이다.

프린스턴 대학교의 분자생물학과 교수인 리 실버(Lee M. Silver)는 복제 기술이 두 가지 분야, 즉 조직재생과 유전공학에서 본연의 힘을 발휘할 것이라고 본다.[12] 조직재생은 배아(embryo)[13]가 태아(fetus)[14]로 진행되는 것을 인위적으로 차단하고 배아의 줄기세포를 조작해 필요한 세포나 장기를 얻는 것이다. 예를 들어, 난치병을 앓고 있는 환자의 세포를 복제 기술을 통해 배아로 만들어 필요한 세포나 장기를 얻어 치료에 사용한다는 것이다. 이런 치료법이 현실화된다면 많은 환자와 가족이 고통에서 벗어날 수 있을 것이다. 여기서 한 걸음 나아가 리 실버는 유전공학이 배아에 있는 유전물질을 변화시키거나 또는 특수한 유전자를 주입시켜, 정상적으로는 가지지 못할 특성을 지닌 인간을 출현시킬 것이라고 말한다. 소위 '맞춤형 인간 제작'이 가능

---

12 Lee M. Silver, Remaking Eden, 『리메이킹 에덴: 복제생명, 재앙인가 축복인가』, 하영미 외 옮김, 도서출판 한승, 1999, 169-174쪽.
13 리 실버에 따르면, 동물학자는 배아를 수정 후 6주에서 8주까지의 단계에 있는 존재로 이해한다. 하지만 시험관수정을 실시하는 전문가들은 과학적 이유보다는 정치적 이유에서 수정 후 2주까지의 존재에 대해 전배아(pre-embryo)라는 용어를 붙여 사용한다. 여기에는 이 용어를 사용함으로써 초기 배아의 실험에서 야기될 수 있는 도덕적 문제를 희석하려는 의도가 깔려 있다는 것이다. 위의 책, 60쪽.
14 배아 단계 이후 태어나는 순간까지의 존재를 말한다.

하다는 것이다. 단순한 인간복제의 수준을 넘어서 맞춤형 인간 제작을 통해 유전적으로 결함이 없고, 오히려 탁월한 능력을 품은 완전한 인간이 지구상에 출현하는 것이다.

이제 라엘리안 무브먼트 이야기로 넘어가 보자, 라엘리안 무브먼트는 우리의 욕망이 추구하는 세계와 다른 세계를 꿈꾸고 있는 것일까? 혹은 그들은 우리와 다른 별종인가? 리 실버의 말에 근거하면, 조만간 생명 복제 기술이 우리에게 선사할 선물은 라엘리안 무브먼트가 추구하는 것과 '거의' 동일하다.

> 생명을 창조하기 위해 우리가 지구에 왔을 때 우리는 가장 단순한 생명체로
> 부터 시작해 점차 환경에 적응할 수 있는 기술을 발전시켜 나갔습니다. 그리
> 하여 어류, 양서류, 포유류, 조류, 영장류가 창조된 것입니다. 끝으로 원숭이
> 의 모델을 개량한 것에 우리 자신이 지닌 인간적인 특징을 덧붙여 인간이 창
> 조되었습니다…지구상의 생명 형태의 진화란 창조 기술의 진보이며, 또 창
> 조자들이 최종적으로 자기 자신과 닮은 생물을 창조하기까지 이루어 놓은,
> 고도로 세련된 기술적 작품인 것입니다. [15]

위의 인용문에는 두 종류의 인간이 나온다. 창조자로서의 인간과 피조물로서의 인간. 라엘에 의하면, 외계인은 고도로 발달된 과학문명을 지닌 행성에서 자신들의 생존과 실험에 적당한 곳을 찾던 중 지구에 내려와 생명체

---

15 Claude Vorilhon Rael,「진실을 알리는 책」,『진실의 서』, 배귀숙 옮김, 도서출판 메신
   저, 1993, 109쪽.

를 창조하기 시작했다는 것이다. 특히, 하늘에서 내려온 과학자에 의해 시도되었던 자기 창조의 결과가 오늘날 지구상의 인간이라는 것이다.[16] 외계인은 라엘에게 왜 하늘에서 온 인간이 지구에 또 다른 자기를 만들기로 작정했는지를 상세히 설명하지 않는다. 다만, '하늘에서 온 인간'은 라엘에게 태초부터 인간은 다른 혹성들에 자신과 닮은 다른 인간을 창조해 왔고, 이러한 자기 창조의 순환이 지속되어 왔다고 말할 뿐이다.[17]

여기에서 라엘이 '하늘에서 내려온 인간'으로부터 왜 인간을 창조했는지에 대한 이유를 듣지 못한 것은 다행한 일이다. 오늘날 우리가 인간복제를 감행하려는 이유들에서 그 이유를 추측할 수 있는 상상의 여백을 남겨 놓기 때문이다. 라엘리안 무브먼트는 과학기술을 통한 이상세계의 실현을 꿈꾼다. 이상세계의 모델은 '하늘에서 내려온 인간들'이 지닌 고도의 과학문명이다. '하늘에서 내려온 인간들'이 산다는 '불사의 혹성'에는 육체적 노동도 없고, 자기가 원하는 일은 무엇이든 할 수 있으며, 고통과 슬픔이 전혀 없고 쾌락과 '관능적 기쁨'만이 있다. 지상의 인간들 중에 '선택된 인간들'은 '하늘에서 내려온 인간들'이 사는 '불사의 혹성'에서 영원히 죽지 않고 살 수 있다.[18] 라엘리안들은 진화된 복제 기술로 젊고 건강한 육체를 지닌 채 영원히 삶의 쾌락을 누리려는 자신들의 욕망이 실현될 것이라고 믿는다. 즉, 젊고 건강한 성인으로 복제된 인간의 몸에 세포 공여자의 기억과 감정 등의 개성을 담은 정보를 컴퓨터에서 전송시켜 오리지널의 인간과 모든 면에서 똑같은

---

16 위의 책, 27-28쪽.
17 위의 책, 76쪽.
18 Claude Vorilhon Rael, 「우주인은 나를 그들의 혹성에 데려갔다」, 『진실의 서』, 180-181쪽.

인간으로 만든다는 것이다. [19] 그런 의미에서 인간은 죽지 않는다. 다만 복제 기술을 통해 젊은 시절의 몸으로 '회춘'할 뿐이다.

이처럼 영원한 생명을 추구하는 라엘리안 무브먼트의 종교적 신념이 황당하게 여겨진다면, 질병 치료의 획기적인 발전을 위해서, 그리고 선천적으로 유전자의 결함을 방지해 건강하고 똑똑하며, 능력이 탁월한 아이를 위해서 인간복제가 필요하다는 그들의 주장은 어떠한가? 유전공학에 기대를 거는 '보통' 인간들과 조금은 비슷하게 여겨질까?

우리 인간이 지구상에 도달하기 이미 훨씬 오래 전에 창조주인 신은 분자생물학적 과정을 통해 일하고 계셨다. 수백만 년에 걸친 창조를 통해서 신은 놀라울 정도의 다양성을 창조하였다. 돌연변이와 재결합과 자연선택이라고 하는 수많은 과정을 통해서 신은 인내심을 가지시고 한 걸음씩 피조물들을 인도하였다. 우리는 이러한 창조의 과정 중 극히 최근에 등장한 존재들이다. 그러나 우리가 가지고 있는 기술공학은 이 위대한 창조행위에다가 무언가를 덧붙일 능력을 우리에게 제공하고 있는 것이다. [20]

위의 인용문은 생명 복제에 개방적인 입장을 취하는 기독교 신학자의 글이다. 그의 말대로 신은 인간에게 자신의 창조 행위에 가담하도록 인간을 진화시켰는지도 모른다. 인간 창조의 능력이 이기적인 유전자의 생물학적

19 Raël, *Yes to Human Cloning*, 『Yes! 인간복제』, 정윤표 옮김, 도서출판 메신저, 2001, 39-41쪽.
20 Ronald Cole-Turner, *The New Genesis: Theology and the Genetic Revolution*, p. 99. 김승철, 『DNA에서 만나는 신과 인간』, 동연, 2002, 69쪽에서 재인용.

생존 본능에 의한 것이든, 그런 유전자를 지닌 인간을 창조한 신에게서 기인한 것이든, '하늘에서 내려온 인간들'에게서 기인한 것이든, 그 속에는 '마법으로서의 과학'에 대한 기대가 숨어 있으며, 문화적으로는 '나르시시즘'의 관념이 짙게 드리우고 있다.

라엘리안, 우리의 자화상

맨 처음의 이야기로 돌아가자. 라엘리안 무브먼트의 도발적인 행동에 다수의 '전문가'와 언론 매체가 나서는 이유는 무엇일까? 그 집단이 외계인을 숭배하는 낯선 종교집단이기 때문일까? 아니면 인간복제로 우울해질 미래사회가 염려되기 때문일까? 만약 인간복제를 감행한 주체가 라엘리안 무브먼트라는 '야릇한' 종교 집단이기 때문에 비난의 화살을 던지는 것이라면 애초부터 그것은 잘못된 출발이다. 라엘리안 무브먼트의 시도는, 그 진위여부를 떠나 인류가 인간복제의 시대로 진입하고 있음을 알리는 신호탄에 불과하다. 그리고 유념해야 할 것은, 인간복제의 시대는 인간의 무한한 욕망을 과학이 실현시켜 줄 것이라는 '꿈의 동산'을 바탕으로 하고 있다는 점이다. 우리는 라엘리안들의 신념과 행위에서 인간복제의 정당성을 주장하는 또 다른 우리의 모습을 보고 있지 않은가?

라엘리안들, 그들은 우리의 자화상이다. 그들이나 우리 중에는 다수의 사람들이 과학기술이 모든 것을 가능하게 할 것이라고 믿고 있다. 또한 가능하도록 노력을 기울여야 한다고 주장한다. 거기에는 그만한 이유들이 있다. 난치병의 고통에서 환자들을 해방시키기 위해서, 완전무결한 유전자들을 지닌 인간을 탄생시킴으로써 불필요한 의료비를 절감하기 위해서, 미래에

닥칠 수 있는 생명의 위협에 대비하기 위해서, 불임 부부와 동성애자들에게 출산과 양육의 기쁨을 제공하기 위해서, 건강과 장수를 위해서. 이쯤에서 이런 우문(愚問)을 던져 보자. "이제까지 인간이 첨단 과학기술에 투자한 비용과 노력을 일상적인 삶의 환경을 개선하는 데 관심을 기울이고 투자했더라면, 어느 편이 좀 더 인간에게 유익했을까?"

현대사회가 펼쳐 보이는 욕망의 정치학은 나르시시즘과 연결되어 있다. 이는 타자에 대한 진지한 관심과 배려가 소멸되고 자기만의 세계를 구축하려는 사회가 형성된다는 것을 의미한다. 우리는 라엘리안, 곧 우리의 자화상들이 꿈꾸는 세계에서 나르시시즘 문화의 만개(滿開)를 엿볼 수 있다. 크리스토퍼 라쉬(Christopher Lasch)는 나르시시즘의 문화에서 나타나는 자기 보존과 정신적 생존의 윤리는 단지 사회적·경제적 경쟁과 갈등, 범죄의 증가, 사회적 혼돈에서뿐만 아니라 공허감과 고독에 대한 주관적인 체험에 뿌리를 두고 있다고 말한다. 나아가 이는 가장 친밀한 관계에서조차 시기와 착취가 일어난다는 확신과 그에 대한 내면적인 불안감을 반영한다.[21] 오늘날 현대인은 기계문명의 편리를 향유하고 풍요로운 상품을 소비하며, 역사적으로 어느 시대보다 뛰어난 의학 기술의 혜택을 누리고 있는 듯이 보인다. 그러나 이런 화려하고 풍요로운 세계 뒤에는 개인적, 집단적, 국가적 차원에서 벌어지는 경쟁과 갈등, 대립과 반목, 착취와 속임수가 난무하고 있다. 그래서 '감각 명상'에 참여한 자들이 감각의 방기(放棄)를 통해 억눌린 자아를 해방시키고 싶어 하는지도 모른다. 그들은 감각적 쾌락이 어두운 기억을

---

21 Christopher Lasch, The Culture of Narcism, 『나르시시즘의 문화』, 최병도 옮김, 문학과 지성사, 1989, 72-73쪽.

제거함으로써 밝고 활달한 정신 상태를 가져다줄 수 있다고 생각하며, 성적 접촉을 사적인 영역에서조차 형성되기 어려운 친밀성을 느끼는 수단으로 생각하고 있는지도 모른다.

현대사회에서 욕망의 정치학이 딛고 서 있는 곳은 '자기애'이다. 우리 중 일부가 추구하는 완전무결한 인간의 창조와 영원한 생명의 갈구에서도 '자기애'의 집착을 엿볼 수 있다. 라엘은 인간복제의 반대자에게 복제 기술을 통한 영원한 삶을 왜 포기해야 되는지를 반문한다. 무슨 이유로 다음 세대를 위해 인간이 죽어야 하는가?

과거에 유전자는 생존을 지속시키기 위해 누군가에게 반쪽의 유전자를 구걸해야 했다. 비록 인간 육체가 유전자의 생존을 위한 도구에 불과한 것으로 간주된다 해도, 번식을 통해 생존할 수밖에 없을 때에는 번식의 정당성을 제공하는 문화적 관념이 형성되었다. 가지 노부유키(加地伸行)는 유교가 제시하는 효 관념은 유전자의 생명 지속에 대한 문화적 표현일 뿐이라고 본다. 그는 '생명의 연속에 대한 자각'으로서 효를 이해할 때, 신체 훼손이 왜 불효에 해당되는지를 쉽게 이해할 수 있다고 말한다. 그것은 부모에게 물려받은 유체'(遺體)를 훼손한 것일 뿐만 아니라, 다음의 생존을 어렵게 만드는 행위이기 때문이다.[22] 그러나 인류로 하여금 복제 기술을 발전시키도록 진화한 오늘날의 유전자는 반쪽의 도움이 없이도 생명을 유지시킬 수 있게 되었고, 나아가 그것을 정당화할 관념도 쓸모없게 만들었다. 좀 더 생명공학이 발달하게 되면 개체의 지속을 위해서는 '나' 하나로도 족하게 될 것이다.

---

22 加地伸行, 『沈黙の宗教―儒教』, 『침묵의 종교 유교』, 이근우 옮김, 도서출판 경당, 2002, 77-84쪽.

나르시시즘을 자기에 대한, 그리고 자기를 통한 욕망의 추구로 이해한다면, 이제 타자는 자기의 시선에서 사라지고, 타자와 함께 구성된 이 세계는 내부 붕괴를 일으킬지도 모른다. 타자에 대한 시선을 내부로 향하게 만드는 것은 '환상적인' 과학기술들이다. 욕망에 몸을 맡긴 인간은 욕망을 충족시켜 주는 도구에서 강력한 마법의 힘을 느낀다. 고난도의 기술을 펼치는 스포츠 선수에게서 영웅적 카리스마를 느끼듯이 오늘날에는 과학기술에서, 그리고 '실용 종교'에서 매력을 느끼는 것이다. 과학기술과 실용 종교는 실질적이고 구체적인 인간의 바람을 충족시켜 주고자 한다는 점에서 서로 일치한다.

그러나 일상의 세계가 늘 고난도의 기술을 요구하는 것은 아니다. 일상의 고통에 처한 일상의 사람에게 고난도의 기술은 별 효과가 없다. 왜냐하면 고난도의 기술을 발휘하는 자들에게 지불할 대가가 너무나 비싸기 때문이다. 대다수의 사람은 일상의 세계에서 산다. 그리고 일상의 문제는 고난도의 기술이 아닌 일상의 기술이 집중적으로 지속되고 체계적으로 집행될 때 해결될 가능성이 훨씬 높다. 그러나 한 번 지펴진 욕망의 불길을 인간이 스스로 잠재울 수 있을지는 미지수이다. 과연 과학기술의 진보가 인류의 진화를 의미할까? (2003.6)

제3부

————

종교학
이삭줍기

————

1.
종교학과 나

심형준

종교학의 스펙^{*1}

검색 충동과 '종교학'에 대한 자의식

나는 다른 사람들이 종교학에 대해서 무슨 이야기를 하는가 하는 호기심에서 "종교학"이라는 주제어로 종종 인터넷에서 검색을 해 본다. 이런 습벽에는 나름 뭔가 안다는 입장에 서 있다고, 실상은 속 빈 강정에 불과하지만, 그렇게 생각하는 것이 한 몫을 할 터이고, '종교학'이 '생소한 이름'이라는 자의식을 키워준 '주변부 의식'이 또 한 몫을 할 터이다. 역시 자신감의 문제일까? 혹은 이 분야에 대한 무의식적인 평가일까? 습벽의 결과를 좇으면 어찌되었든 통상 '기독교 틀 안에서의 종교학' 혹은 몇 안 되는 종교학과에서 내

---

* '종교학의 스펙'이라는 글은 2006년에 쓴 글이다. 지금 이 글에서 밝히고 있는 일반의 '종교학'에 대한 이해가 완전히 바뀐 것으로 보이지 않는다. 오히려 상황은 더 악화된 것으로 보인다. 그래서 본문에 대한 수정은 크게 하지 않았다. 어색한 표현을 일부 수정하였고, 부연이 필요한 부분에 추가적인 서술이 이루어졌을 뿐이다.

1 스펙 - specification('세부사항 설명서' 쯤의 뜻), 주로 컴퓨터 사양을 평가할 때, 주요 세부 부품의 항목을 일컫는 데 사용되었는데 이것이 다소 확장되어 '좋은 부품'='성능'으로 변화되어 대체로 '가진 능력'이란 의미로 젊은이들 사이에서 많이 사용된다. 이미 있는 부품의 성능에서 의미가 확장된 것이기 때문에 '능력'에 대한 평가는 주로 이력과 사회적 통념에 의해서 이루어진다.

놓은 자료들이 검색되고, 더불어서 종교학과 진학을 목표로 하는 혹은 진학 정보를 수집하는 고등학생들의 이야기도 들을 수 있다.

그 결과를 추적해 보자. '카페' 항목에 제한된 검색을 해 보았다. 네이버의 "종교학" 검색, 그중에서 '카페' 항목을 보면, 다소 학문적 결과물을 접할 수 있다. '종교학'은 뭐 하는 것인가 하는 것에서 관련 학술 자료를 담고 있는 글까지 볼 수 있다(주로 리포트 자료이기도 함). 다음(Daum)의 "종교학" 검색, 그중 '카페' 항목을 보면, 네이버와 대동소이한 결과물을 접할 수 있지만 독특한 것으로 '김정일 대학 종교학과'에 대한 이야기(황장엽씨 관련 기사), 종교학과(주로 서강대 입시 관련 글이 많고 서울대도 가끔 있다)와 관련된 입시 정보 및 학생들의 평가, 그리고 다소 생뚱맞게 느껴지는 온라인 게임 아이템 획득을 위한 기술로서 언급되는 종교학의 예(〈대항해시대 온라인 커뮤니티〉 카페의 "종교학 vs 미술"이라는 글)를 볼 수 있었다.

검색을 이끈 무의식을 확인시켜주는 결과 두 가지를 살펴보면, 〈대학입시수능정보〉[2] 카페에 오른 '서울대 종교학과 VS 연세대 신학과 VS 가톨릭대 신학과'라는 글을 보면 옆의 사진과 같다.

서울대 종교학과 VS 연세대 신학과 VS 가톨릭대 신학과
번호: 6406 글쓴이 : ▲SNU Dauphin▲
종교계에서는 뭐가 더 대세냐? ㅋㅋㅋㅋㅋ 역시 서울대? ㅋㅋ
┃글쓰기┃답글┃인쇄┃
판타스틱   아 존내 후달린다.. ㅋㅋㅋㅋㅋㅋㅋㅋㅋㅋㅋ 카톨릭대도 껴뭥
▲SNU Da...   ㅋㅋㅋㅋㅋ 05.02.11 14:21
▲SNU Da...   가톨릭대도 신학과 있어? 05.02.11 14:22
판타스틱   설마 없겠냐.. 동국대도 불교학과 있다.. 05.02.11 14:23

"서울대 종교학과 VS 연세대 신학과" 글의 화면 캡처 사진

---

2   카페주소는 'http://cafe.daum.net/SATkorea'이다. 이 카페는 수능관련 정보를 교환하는 기능만이 아니라 위의 사진에서 보듯이 '이름 있는 대학'의 비교와 학과 비교도 이루어져 학벌의식의 10대 버전을 보여주고 있기도 하다. 2016년 8월 현재 이 카페의 명칭은 '대학입시논술정보'로 바뀌어 있다.

여기에서 '종교계'로 묶여서 종교학과가 이해되고 있으며, '종교학'이 굳이 신학과 크게 구별되지 않는다는 것을 알 수 있다. 사실 그 뿌리에서 만나는 면이 있기에 이러한 인식을 뭐라 말하기가 어렵기도 하다. 또 많은 종교학의 인재가 위와 같은 이해 아래서 전공을 선택했기도 하고, 하고 있기도 하며, 할 것이기도 하다. 그렇지만 일단 '종교학계'에 들어 온 사람에게 위와 같은 연결은 적어도 학문적 차원에서 불편한 일이기도 하다. 종교학을 공부하면서 자연스럽게 신학과 종교학은 상당히 '다른' 분야라는 것을 익히기 때문이다.

〈훌리건 천국〉[3]이라는 카페에서는 "설대 종교학과 스펙"이라는 글을 볼 수 있었다. 서울대 종교학과 홈페이지에서 볼 수 있는 '학문적 전망과 졸업 후 진로'라는 내용을 복사해 놓고 이어서 해당 내용에 대한 평을 적고 있다.

> 학문적 전망과 졸업 후 진로: 졸업 후의 진로는 학계나 종교계로의 진출이 단연 두드러진다. 언론계나 문화계로의 진출도 최근 들어 활발해지고 있다. 졸업 후 사회의 다원화와 더불어 여러 분야의 전문 인력이 요구되면서 문화와 인간에 대한 깊이 있는 이해와 소양을 갖춘 인재들에 대한 요청이 시급하며, 그러한 요청에 부응할 종교학 연구자의 역량도 다양한 창구를 통해 드러나고 있다.

3 카페주소는 'http://cafe.daum.net/hollis'이다. "대학생활과 입시상담 전문카페, 수능, 입시상담, 레포트, 미팅,…"이라고 카페설명이 되어 있다. 여기에는 각 대학별 서열을 나열하는 게시판을 볼 수 있다. 카페명과 해당 카페에서 벌이고 있는 일의 말초성이 잘 어울리고 있다.

뭐 솔직히 대충 인문학 분야가 다 비슷하게 존경할만한 학문이라는 데는 동

의하지만

이 전망은 요즘같이 실용만을 따지는

세태 하에서는

차라리 안 쓰는 편이 좋았을 것 같삼...

별로 매력 없어 보였을 것 같은데[4]

묘한 불안감을 불러일으키는 것이면서도 기어코 확인하고야 마는 그런 내용이다. 종교학의 변방의식. 고작 '고딩들'의 입시문제로 이 의식을 거론하는 것은 어딘지 적합하지 않다는 생각도 든다. 학문은 고상하고 고매한 것이기에 이런 잣대를 사용하는 행위 자체가 불경하게 느껴지기도 한다. 그렇지만 서울대 종교학과 대학원생으로서 느끼는 '종교학'에 대한 현실적 인식은 이런 저잣거리의 이야기와 다르지 않다는 점에서 어느 정도의 적합성은 있다고 생각한다.

사실 그것은 새로울 것도 없다. '인문과학'이라는 생소함만큼이나 'Science of Religion'의 꿈은, 그것이 옛 것이고 지금의 자로 평가하는 것에 불과하겠지만, '사이비' 느낌을 준다. 다소 사기성 농후한 주장이라는 느낌을 받게 한다. Religionswissenschaft는 조금 다를까? 어떤 뉘앙스의 차이에 주목할 수 있을지 모르겠지만, 그 한 번역어이면서 '사이비' 느낌을 주는 위의 말과 대

---

4 이제는 이 내용을 확인할 수 없다. 2016년 8월 현재 〈홀리건 천국〉이라는 카페는 카페
   주소가 'http://cafe.daum.net/posthoolis/로 바뀌었다. 해당 카페에서 '종교학' 관련 검
   색 내용은 대학서열과 관련해서 언급된 것들이 눈에 띈다.

조하여 '그나마 할 수 있는 범위의 종교학'을 상상해 본다. 그렇지만 의문을 떨칠 수는 없다. 작금의 '비교 방법론'에 대한 풍성한 논의들은 여전한 그 꿈에 청사진을 드러내 주고 있는가 아니면 여전히 불안한 분주함에 불과한 것인가? 그래서 '종교학의 스펙'을 물을까 한다. [5]

인문대학 속 종교학 - 스펙 제로 영역

필자가 '종교학의 스펙'을 논하는 것은 아주 부적절하다고 생각한다. 필자가 '종교학의 스펙'을 평가할 만한 권위 있는 전문가가 아니기 때문이다. 이 글의 이야기는 그래서 다분히 저잣거리류 이상이 되긴 힘들다. 그렇지만 이 자리에서 시작한다고 해서 쓸모없는 이야기가 되지는 않을 것이라 생각한다. 이 이야기가 종교학도들이 직면하고 있는 어떤 명백한 현실을 반영하고 있기 때문이다.

앞에서 인용한 "설대 종교학과 스펙"에 대한 글에서도 볼 수 있듯이, '인문학'은 환영받지 못한다. 인문학을 공부해서는 현대인들이 추구하는 삶의 질을 달성하기가 요원하기 때문이다. 인문학을 공부하는 학생들이 추구하는 가장 현실적인 목표는 교수와 좋은 관계를 유지해서 괜찮은 강의를 맡고 프로젝트에 참여하고 종국에는 미래가 보장되는 '안락의자'를 얻는 것이다. 90년대 이후로 이러한 꿈은 '특별한 능력'을 지닌 소수의 전유물이 되었다. 이런 상황에서 많은 인문학도들이 '보따리장수'로 살아가고 있다. 비록 그가

---

5 여기에서 다뤄지는 '종교학'의 실제 범위는 필자가 경험할 수 있는 '한국 종교학계'의 한계 안에서 다뤄진다는 점을 밝힌다.

그러한 삶의 조건을 감수하고 있고, 거기에서 행복을 발견하고 있다고 하더라도 '스펙'의 논의를 지배하는 '세속적인 경제 중심적 시각'을 벗어날 수는 없다. 이러한 현실은 공부하는 사람들을 주로 두 부류로 나뉘게 하는 것 같다. 철저한 타협주의적 보신주의자와 순수 이상주의자들로 말이다. 이런 상황은 종교학도 다르지 않다. 종교학과가 개설되어 있는 대학이 적다는 면에서 오히려 더 열악하다고 할 수 있다. 이는 재삼 거론할 필요가 없는 문제이기도 하다.

스펙에 대한 물음은 해당 전공을 통해서 얻을 수 있는 직업, 더 나아가면 '보장된 직업'이 무엇이냐는 아주 구체적인 질문이다. 종교학의 스펙에 대한 물음에 답을 하려면 바로 이 질문에 대답을 할 수 있어야 동문서답이 되지 않는다. 그러한 답변은 '안락의자를 제외하고는 스펙 제로 영역이다'[6]가 될 것이다. 앞에서 인용한 한 네티즌의 글에서 적나라하게 지적됐듯이 그 외의 가능성은 오로지 학생 개인의 힘으로 돌파하는 길, 개인의 상상력과 도전 정신에 따른 길 뿐이다. 보장된 것도 없고, 유리한 것도 없다. 때문에 이 글에서 애초에 제기한 문제의 답은 이미 마련되었다.

그렇지만 나는 전제를 달리해서 이 문제를 새롭게 보고자 한다. 이런 제로 영역에 도전하는 사람들의 애초의 물음은 무엇인가? 그것이 직접적으로 직업의 보장이라는 형태로 나타나지는 않을 것이다. 관점을 달리해서 개인의 유익이 아닌 사회적 유익의 측면에서 생각해 볼 필요가 있을 것이다. 사

---

6 여기에 예외가 되는 경우도 있다. 사회에서 '학벌'(대학간판)이 고려되는 경우와 종교계에서 학벌 및 종교학이 '종교 비지니스'에 활용되는 경우이다. 전자에서는 사실상 '종교학'은 고려대상이 아니다. 후자에서만 종교학이 유의미한 고려대상이 될 수 있다.

실상 '무위도식'으로 비춰지는 비경제적 활동은 사회적 유익이 아니고서는 합리화할 방법이 없기도 하다. 그래서 종교학의 스펙을 사회적 유익의 측면에서 이야기해 보고자 한다. 사실상 그런 걸 '스펙'이라는 말 아래에서 다루는 것은 어불성설이다. '스펙 제로 영역 활동의 의의'를 찾는 것이라고 말하는 것이 더 적확할 것이다.

먼저 연구자의 출발점을 짚어보자. 인문학도는 대개 '경제적 안락'을 전공 선택의 기준으로 삼지 않는다. 아마 인문적 지식이 제공하는 '즐거움'이 일반적인 경우의 전공 선택 기준이 아닌가 생각된다. 앎의 즐거움, 세계의 실체를 바라본다는 즐거움, 그리고 더 나아가 세계의 움직임에 적절히 대응할 수 있는 능력의 획득에까지 이른다. 종교학도로 시야를 좁혀서 보면, 전근대 시기까지 세계 도처에서 진리로 기능한 가치체계들을 아우르며 인간의 참의 세계를 탐험하는 것에서, 현재를 살아가고 있는 현대인의 주요한 믿음들 속에 담겨진 참의 세계는 무엇인가 하는 물음에 답을 찾아내는 데에 이르는 지적 호기심이 종교학 공부를 지속시키는 동인일 것이다.

이런 점들을 고려한다면 자연히 초점은 세계의 실상을 파악하는 일의 현대적 유익에 대한 것이 된다. 그것이 너무나 뻔한 답을 넘어선 의미 있는 답을 내릴 수 있는 길이 될 것이다.

인문학의 향수, 종교학의 그림자 - 진리 추구

포커스를 다시 인문학에 맞추어 보자. 인문대를 넘어서 다른 대학들에서의 공부도 마찬가지였을지는 잘 모르겠지만, 필자가 경험한 20세기 말과 21세기 초의 인문대학은 '상대주의적 분위기'가 강했다. 그 시기 대학생활은 세계 내 진리의 증발을 고백하는 것이라 생각되었다. 그런데 무엇을 배우고 있었던가? 철학과 역사, 문학과 언어. 그 어느 것도 세상의 '현실적 모습', '실재'들을 분간하는 문제들과 떨어져 있지 않았다. 상대주의적 주장의 묘한 전략, 거기에도 '진리 주장'이 담긴다는 점이다. 소크라테스식 비판을 할 수 있게 된다. '모든 것이 상대적이라는 그 주장은 절대적인 것인가?'

가치의 상대화, 그것이 민주주의(근대적 이상 중 대표적인 것, 진보의 상징이기도 했다)를 가져왔는가? 지성의 세계에 대한 거대한 기여를 가져왔는가? 제국주의의 몰락, 그것이 실재이든 아니든 그러한 이해가 지배적인 가운데 대두된 '특수성'의 논리, 민족주의의 흥기. 한국적 현실은 상대주의적 가치가 독재적 권력에 대한 비판에 마취제 역할을 했다는 것을 보여준다. 그런데 그것은 절대적 가치체계의 폐해를 넘어 더 나은 인간 삶의 현장을 만들려는 몸부림과 선언이 아니었던가?

더 나은 가치, 진보에 대한 꿈, 스펙 제로 영역에서 이것 말고 '살아가게 하는 동인'은 무엇인가 묻지 않을 수 없다. 더 나은 가치에 대한 추구가 없다면 인문학은 세속 대학에 발붙일 이유가 있을까? 무엇으로 그런 '무위도식자'를 용인할 수 있을까? 이 질문에 대한 답을 최근의 '인문학 위기 선언'에서 찾아보자. 2006년 9월 15일 고려대학교 문과 교수들의 '인문학 위기 선언'을 보면, 현 사회에서 '인문학'이 어떤 대접을, 아니 더 구체적으로는 인문학에 종사하는 사람들이 어떤 대접을 받고 있는지 추정해 볼 수 있다.

선언문의 현실 인식은 "무차별적 시장논리와 효율성에 대한 맹신이 팽배한 우리 사회에서 인문학은 그 존립 근거와 토대마저 위협받는 중대한 기로에 서 있다."는 것이다. 그래서 구체적으로 인문학이 "대학의 상업화로 말미암아 연구활동과 교육행위마저도 단지 계량적 평가의 대상과 상업적 생산물로 변질"되는 문제를 겪고 있다고 지적한다. 이러한 사회 현실에도 현대 사회에서 인문학은 필요하다고 주장한다. "세계화의 급류 속에서 일어나는 갈등과 충돌을 해소하고 평화적 공존과 문화적 다양성에 입각한 국제사회의 건설을 위해 우리에게는 그 어느 때보다도 인문정신이 필요하다." 그 필요성에 부응해야 하는 인문학자들은 "잘못된 사회현상에 대한 비판정신과 더불어 풍요로운 삶을 위한 구체적 대안을 제시할 수 있는 창조정신을 고양해야" 하고, 사회에서는 "인문학의 독자성을 존중하고, 자생적인 인문학의 발전을 위한 지원과 격려를 아끼지 말아야" 한다고 주장하고 있다.[7]

고려대학 문과 교수들이 인문학 활동을 "잘못된 사회현상에 대한 비판정신과 더불어 풍요로운 삶을 위한 구체적 대안을 제시"하는 것으로 생각하고 있다는 것을 알 수 있다. '잘못'을 분간하는 기준, 변하지 않는 가치(혹은 그 사회에 걸맞는 가치)를 알 수 있다는 것이 전제가 된다. "풍요로운 삶을 위한 구체적 대안"이라는 말이 다소 알쏭달쏭하긴 하지만 앞날에 대한 전망과 비전을 담아 낼 수 있어야 한다는 정도로 이해해 볼 수 있다.

대학 내 인문학이 작금에 처한 현실은 인문학자들로 하여금 존재 당위를 선언하게 만들었다. 그런데 이러한 당위, 인문학자들의 연구활동의 필요성에 대한 강조는 그 당위와 필요성이 해당 사회에서 적합성을 잃어가고 있다는 것을 단적으로 보여주는 것이기도 하다.

다시 가치가 상대화된 시대의 문제로 초점을 돌려야 한다. 20세기 문화상대주의의 등장의 배경에는 무엇이 있었던가? 앞에서 지적한 한계에도 불

---

7 "고려대 인문학선언 전문", 〈노컷뉴스〉, 2006. 9. 15.
　주소: http://www.nocutnews.co.kr/news/191931

구하고 그것의 시대적 의의는 있었다. 그것은 제국주의 전략의 변화로 읽을 수 있는데, 양차 세계대전의 파국으로 끝난 유럽적 제국의 몰락 이후 파열된 유럽적 세계 이해의 봉합제였다.

파열된 이전의 세계상을 보여주었던 가치체계는 무엇인가? 상대주의를 통해 버려진 '그들의 진리세계'는? 어쩌면 '버려진 듯한 진리세계'일 것인데, 기독교의 정신(선민의식 및 자기 우월적 이야기 일반)과 계몽주의 합리정신 그리고 자본주의와 결합된 기술-과학이겠다. 상대주의 기조 하에서 이전의 정치와 종교의 분리에 견줄 수 있는 기독교 세계관과 자본주의적 세계관의 분리가 이루어졌다. 정확히 말해서 인간관의 변화라고 해야 할 것인데, 유럽인 중심의 인간 이해가 상상된 '세계인'이라는 보다 폭 넓은 인간 이해로 나아간 것이다. 그리고 그 점유되지 않은 의미의 영역을 '경제인'이 선점했던 것이다.

인문학자들의 선언은 '경제인'의 시대보다는 '유럽인'의 시대, 더 가깝게는 '유럽인의 시대'에 의해 몰락한 '선비의 시대'였다면 제기될 필요조차 없었을 것이다. '신학' 혹은 '도(道)'의 시대라면 이런 당연한 필요성을 말로 설명할 이유도 없었을 것이다. 분명히 그러한 선언은 어떤 시대착오성을 안고 있다.

도구로서의 종교학

절대적 진리의 세계를 상대화하는 데에 종교학만큼 실질적인 힘을 발휘할 수 있는 학문도 없다. 기독교 중심적 세계나 기독교와는 다른 면에서 성리학이 중심이었던 세계가 하나의 '종교'가 지배적인 세계라고 말하는 것만큼이나 그 절대적 진리를 위협하는 말이 있을까. 이 같은 판단 배후에 근대의 합리적 세계관, 아카데미에서 통용되는 인간관이 자리 잡고 있다. '모든 것은 상대적'이라는 주장의 절대성이 위치하는 지점이다.

다른 한편으로 기독교 정신이 몰락하는 게 아닌 강화·개량되는 자리가 있다. 비교의 충동에 담긴 복제의 욕망이 그것이다. 이것은 양 방향으로 진행되는데, 가시적인 것이 정치적 강자에서 약자로의 방향이고 비가시적인 것이 약자에서 강자로의 방향이다. 성리학과 같은 유교 세계관의 중세적 변용이 그러한 대표적인 예이다(불교 모방으로 형이상학을 발달시킴). 비교는 일종의 생존의 방법론이 된다. 낡은 것을 새로운 것들을 이용해서 리모델링하고, 예상되는 적대자를 제거하는 방법이다. 좋은 것은 '우리 것'이고, 나쁜 것은 '그들의 것'이다.

도니거와 같은 종교학자가 '비교 방법론'에 쏟아지는 비판들에 아이러니를 느끼면서 '타자를 사랑하기 위해 알려는 노력'이 비교에 담겨 있었다고 말하고 있지만,[8] 많은 이들의 역사적 경험은 오히려 그 반대, '지배 혹은 정복을 위해서' 그러한 방법이 활용되었음을 증언한다. 그 방식의 중립성이야 어찌 되었든지, 역사 안에서 그러한 '이해된 타자'를 이용한 장사(혹은 전쟁)를 하려는 사람들의 도구가 되는 것을 막을 수는 없었던 것으로 보인다. 핵물리학이 세상에는 원자력 발전이나 핵폭탄 등과 관련된 '기술 학문'으로 받아들여 질 수밖에 없는 것처럼 말이다. 이런 측면에서 종교학 지식을 살펴 볼 수 있다. 일종의 기능론적 종교학 이해가 될 것이다. 종교학의 지식이

---

8 Wendy Doneger, "Post-Modern and -Colonial -Structural Comparisons," *A magic still dwells: comparative religion in the postmodern age*, Kimberley C. Patton & Benjamin C. Ray, eds., Berkeley: University of California Press, 2000, p. 64.

도구화되는 경우는 크게 네 가지로 볼 수 있겠다. 제국의 경영에 도움이 될 때, 기성 종교의 확장에 유용한 정보를 제공할 경우에, 신흥 종교 단체의 정치적 입지를 강화하는 데 도움이 될 경우와 오움진리교의 예처럼 특정 신흥 교단이 사회적 물의를 일으켜서 국가가 종교단체를 통제할 목적이 발생했을 때이다. 한국의 상황은, 자신을 소제국으로 잘 포장하지도 않고, 지배할 식민지도 없는 나라이기에 제국의 경영에는 별 관심이 없고, 국가 내의 신흥 교단이 종종 물의를 일으키지만 일본의 예처럼 심각한 경우는 없었고, 언론에서 다루는 것만으로 충분히 견제가 이루어지는 상황이기에 종교단체 통제의 필요성도 높지 않다. 그래서 한국에서 종교학 지식의 도구화는 기성 종교 재단 혹은 신흥 종교 재단과의 결합에서 쉽게 발생한다.

한국의 상황에서 서울대 종교학과를 제외하고는 대부분 특정 종교 재단의 배경을 가지고 있다. 서울대 종교학과는 국가와 결부될 가능성이 높으나 앞에서 제시했듯이 그 필요성이 높지 않은 상황이기에 그 경향이 두드러지게 나타나고 있지는 않다. 이 학문을 기능론적으로 살펴보면 한국 사회에서 그 중요도가 극히 낮을 수밖에 없는 현실을 잘 이해할 수 있다. 그야말로 시장이 작다.

혼합과 창조의 상상력

스펙을 따지는 차원에서 종교학 지식의 도구화는 중요한 문제다. 종교학의 이력과 종교학에 대한 사회적 통념에 따른다면, 종교학은 위의 도구화 예를 제외하면 '스펙 제로 영역'이라고 말할 수 있다. 특정 종교 재단에 봉사할 것인가? 제국에 봉사할 것인가? 혹은 국가에 봉사할 것인가? 이러한 선택지를 고르지 않는다면 거기에는 꿈을 꾸는 자들의 상상력의 세계만이 남는다. 그것은 앞에서 다룬 선언에서처럼 향수가 깃들어 있다. 다만 앞의 선언과는 이상주의자의 목소리라는 점이 다르다. 그래서 더욱 '경제인'의 세계에는 맞지 않는다.

스펙 제로 영역을 모험하는 이상주의자들에 대해서 말하자면, '종교와 종교학은 전혀 다르지 않은'[9] 모습을 가지고 있다고 해야 할 것이다. 엘리아데가 유럽의 근대성을 비판하는 정신을 계승하는 차원에 있다고 볼 수 있는 이러한 시각에서 종교학은 새로운 세계 이해의 단계(물론 종교학만 할 수 있는 것은 아니다)로 인도하는 사다리의 역할을 할 수 있다. 상고적 이상주의자에게서는 혼합적 진리(각 종교들의 진리를 적절히 추출하여 가장 '이상적인 진리'라고 여겨지는 체계를 구축하는 것이 목적)를 추구하는 태도를 볼 수 있다. 이러한 태도는 위의 종교 재단들과 결합되는 경향에 흡수될 수 있는 여지를 안고 있다.

또 다른 이상주의자, 인간학으로서 종교학에 관심을 기울이고 '새로운 진리'(종종 '진리'라는 말은 거부되기도 하는데)를 추구하는 사람들이 있다. 이들은 낭만주의적 합리주의자들이라는 이상한 말로 표현될 수 있다. 종교 개념의 근대적 출현, 그 특색을 대상화하면서 기성의 종교 연구의 관성적 진행을 거부하는 입장에서 현대인의 종교적 상상력, 사회 전반에 표출되는 종교적 열망을 포착하고자 하는 이들이다. 스펙 제로 영역의 스펙 제로적인 상상력이라 말할 수 있다. 이러한 경향은 쉽게 납득되기 어려운 비트겐슈타인의『논리철학논고』마지막 구절과 묘한 조화를 이룬다.

---

9 Jonathan Z. Smith, "'Religion' and 'Religious Studies': No Difference at All," *Soundings* Vol. 71, No. 2-3 (1988 summer/fall).

6.54.

나의 명제들은 다음과 같은 방식으로 설명하고 있다. 나를 이해하는 사람은 마침내 그 명제들을 무의미한 것으로 알아차린다. 바로 그가 그 명제들을 이용해서, 그것을 발판으로, 그것을 넘어설 때 말이다. (말하자면 이런 것이다. 그는 사다리를 딛고 올라 선 후에 그것을 던져 버려야 한다.) [10]

새로운 상상력, 그것이 단순한 혼합에 머무르지 않는 것이라면 언제나 '비정상적인 것'이라는 꼬리표가 붙을 여지가 있다. 그래서 비트겐슈타인의 이러한 진술은 쉽게 납득되지 않는다. 일반적으로 진실을 담고 있는 도구는 중요시되기 마련이기 때문이다. 위의 말은 비트겐슈타인이 마치 '진실을 담는 명제들을 통해서 새로운 세상을 보았다. 중요한 것은 그렇게 보인 새로운 세상이지 그 명제들이 아니다.'라고 말하는 듯하다. 종교학을 통해 본 인간이 창조하는 '의미의 세계', 그 위치에 오르기 위해 사용한 사다리를 던져 버리고, 그 차원에서 '우리'를 바라볼 때, '비판정신'과 '풍요로운 삶'을 위한 새로운 상상력을 만나게 되는 것은 아닐까.

스펙 제로 영역의 스펙 제로적인 상상력은 그것이 도구로서 기능하여, 쓰이고 버려짐으로써 '제로'의 가치를 달성하면서 새로운 '도약'에 도달하게 될 때 비로소 '스펙' 담론을 무력화시키는 위치 역전적 힘을 가질 수 있을 것이다. 이것이 유쾌한 상상력의 반란이 될지, 몽상가의 공허한 망상에 그칠지는 아직은 모를 일이다. (2006.9)

---

10 Ludwig Wittgenstein, *Tractatus Logico-Philosophicus*, London, Boston and Henley: Routledge & Kegan Paul Ltd., 1922[reprint 1981], p. 189.

후기

10년이 흐른 지금, 이 글을 쓴 나는 '스펙 제로 영역'의 도전자의 길을 걷고 있다. 나는 종교학이라는 학문에 대해 열린 자세, 그 학문의 어떤 고유한 영역도 존재하지 않는다는 자세를 갖게 되었다. 종교학은 인간에 대한 특정한 측면에 주목하는 것이며, 그것은 하나의 이름표에 지나지 않는다. 인간을 이해하기 위한 여정의 한 출입문을 표시하는 이정표에 지나지 않는다. 그런 면에서 '스펙 제로'는 결코 무의미로 환원되지 않는다. 사회적 평가나 최근 한국의 교육 개혁 정책의 방향에 따라서 이 학문이 무가치한 것으로 뚜렷하게 자리매김되고 있음에도 불구하고 말이다. 거기에는 인간을 이해하려는 '새로운 상상력'이 깃들 여지가 아직도 있는 것으로 보이기 때문이다. 상상력은 정해진 길로 인도하지 않는다. 그 길의 끝이 어디로 이어져 있는지 역시 모른다. 열린 곳에서 파스칼적 공포[11]를 경험하기가 쉽다. 그러나 열린 공간으로 나오기까지의 분투는 탐험자의 비전과 목표를 빚어낼 것이기에 미지의 공포를 압도하는 새로움의 매혹에 빠져들 것이다.

2006년에 쓰인 '종교학의 스펙' 이후에 '종교학의 스펙'에 관해 쓴 짧은 글이 하나 더 있다. "'더 이상 예전의 내가 아니다" : 종교학의 스펙에 대한 두 번째 단상'[12]이라는 글이다. 그 글의 말미에 나는 나만의 분투의 한 결실로서의 '비전'을 이야기했다.

---

11 "이러한 무한한 공간의 영원한 침묵이 나를 두렵게 한다.", 파스칼, 『광세』, 206번.
10 일련의 제목으로 하자면 '종교학의 스펙1.5'라고 할 수 있다.
    주소: http://crrc.tistory.com/2274

'종교' 개념의 한계를 숙고하면서 종교연구자의 물음이 '종교'를 묻는 것인가 '인간'을 묻는 것인가 다시 묻게 되었다. 그리고 '종교학의 종말' 혹은 '종교의 종말', 그러한 것들의 사망선고에 대해서 생각해 보게 되었다. 해답을 찾는 길은 하나가 아닐 것이고, 그것은 어떤 전문가가 배우려는 자에게 전수해 줄 수 없는 그 무엇이라고 여겨진다. 그 질문들 안에서 스스로 발견해야 하는 일종의 '소명의 탐색'은 아닐까 하는 생각도 해 보았다. …… '앎'은 여전히 존재 지평의 변형이고, 과거의 자신과의 결별적 화해이며, 세계의 변화이다. '흔들리는 대지' 위에서 세계는 탄생하며, 그렇게 꽃이 현현되리라 생각한다. 그렇다면 이렇게도 말할 수 있으리라. 소크라테스가 덕을 통해서 정의와 경건을 연결했듯이, 세계의 변형 논리 안에서 세계의 질서는 꽃을 피워올리는 것이 아닐까 하고. 나는 거기에서 지금 무모하게 '종교 밖'의 인간을 바라보고 있다고 고집스럽게 믿고 있다.

이 비전이 제시하는 길은 '종교학'이라는 이름표에 머무는 것이 아니다. 다른 지평에 올라섰을 때 이제 더 이상 사다리는 필요가 없다. 그러나 여전히 새로운 지평으로 인도하는 안내자의 역할은 남을 수 있다. 거기에서 여전히 사다리의 필요성은 남아 있다. '이 시대에 적합한 종교학 이야기는 무엇일까'라는 질문은 아직도 계속되고 있다. 곧 다시 '종교학의 스펙'에 대한 또 다른 후속 글을 쓸 계획이다. 그 글의 제목은 "종교학의 스펙2.0: 응용종교학의 세계"가 될 것이다.

이민용

나의 '책방 서재'

나는 올해 들어 신변 털기 식의 자전적 글 몇 편을 썼고 인터뷰까지 했다. 학계의 나이 든 사람들에게서 흥미 있는 낙수(落穗)거리를 찾는 희생물이 된 셈이다. 그러나 실제로 학술적인 틀을 벗어난 이 낙수적인 글이나 회고담이 오히려 풍요로울 수 있고, 자극적인 관점이 그런 데서 돌출될 수도 있다. 가령 막스 뮐러의 경우, 『작업실의 부스러기들』(Fragments from the Workshop)이라는 그의 회고적 글 모음은 지금 읽어도 오히려 종교학 형성을 이해하는 데에 더 많은 시사점을 준다. 이는 논문의 틀을 벗어난 글들, 그래서 때로 논증이 뚜렷치 못하고 전후 맥락을 연결시킬 수는 없지만 현장 감각으로 발설된 글들의 소중함을 일깨워 준다.

하지만 아무리 돌이켜 찾아보아도 내게는 그런 이야깃거리가 있을 것 같지 않다. 그런데 근래 엉뚱하게도 나는 '나의 학문, 나의 서재'라는 주제로 인터뷰 기사의 대담자 역할을 했고 그것은 학문적 신변 털기로 끝났다. 거기서는, 내게는 정작 서재도 없고 학문을 거부했던 상당한 기간이 있었다는 자기 고백적인 이야기만 늘어놓았을 뿐이다. 어느 늙은 명사처럼 한 권의 평범한 책이 평생의 가이드 역할을 했다든가, 서재의 장서와 꾸밈이 게으른 늙은 학자를 이토록 학문의 길에 붙들어 매고 인생을 의미 있게 살게 한다는 식의 이야기가 내게는 없다. 오히려 나의 삶은 모든 것이 학문과는 어긋나는 일의 연속이었다. 그래서 지금 나는 서재도 없고 장서도 없는 생활을 한다. 즉독즉해(卽讀卽解)라고나 할까? 책이 있는 그곳에서 읽고 거기서 이해하는 것으로 그친다. 두었다가 나중에 따져 보겠다는 식의 책 읽기는 가급적 피한다. 당장 읽었을 때 머리에 와 닿는 것이 없고 이해가 안 되면 책을 서가에 꽂아 둔다고 해서 내게 무슨 영감이 솟아나겠는가?

공부하다 보면 흔히 유학이나 학술 여행 등으로 외국에 다녀올 기회가 있을 것이다. 나 역시 공부를 했으니 외유를 했다 해서 이상할 것이 없다. 그러나 한 번 쓱 갔다 온 것이 아니라 아예 외국에 나가 뿌리를 박고 그곳에서 살고 있다면 이야기는 좀 달라진다. 그것도 어떤 대학이나 연구기관과 인연을 맺고 있다면 또 흥미가 떨어질 법하다. 학자가 공부하러 외국 가서 학술기관에 눌러 앉았다는 것은 당연하기 때문이다. 그러나 나는 아예 책이니 연구니 하는 것과는 등을 돌린 외국 생활을 했다. 국내에 있을 때 대학부터 치더라도 대학 강사 생활 10년까지 합산하면 내 인생의 가장 왕성한 시기인 약 20년간을 책에 빠져 있었다고 볼 수 있는데, 오히려 외국에 나간 후부터는 책과 담을 쌓고 지냈다. 집안의 가장으로서 생활을 안정시켜야 했기에 사업에 손을 대었고 지금까지 30년 넘게 아직도 지속하고 있다. 앞으로도 생활을 유지해야 하는 한 나의 사업 또한 지속될 것 같은 예감이 든다. 그것도 외국 땅 미국에서 말이다. 그래서 나는 아직도 스스로의 정체성에 혼란을 느낀다.

언제부터인가 담 쌓았던 공부를 주경야독하는 식으로 다시 시작하면서도 한동안은 책을 사지 않았다. 꼭 필요한 책 이외에는 내 것으로 소유하지 않으려 했다. 이는 법정 스님의 『무소유』라는 책은 꼭 소유해야 된다는 역설을 부정하는 셈이다. 그리고 나는 구입한 책은 반드시 읽는 것을 목표로 했다. 미국으로 떠나며 많은 책을 뒤에 남겨 두었는데, 그것은 내게 마치 내 버린 자식처럼 뼈저린 기억으로 각인되어 있기 때문이었다. 그래서인지 책방을 들르면 서가에 붙어서 책 하나하나를 꼼꼼히 따져 보는 습관이 생겼다. 끝까지 읽을 만한 가치가 있는지? 얼마 동안이나 나의 흥미를 끌 것인지? 서재도 없는 나이므로 어떤 책이든 그것을 간직할 만한 가치가 있는지에 대해 고민하게 된 것이다. 그러다 보니 언제부터인가 들르는 책방마다 내 서재처럼 느껴지기 시작했다. 새 책에 대한 흥미 때문에 가끔 애인 만나듯 가슴이 설레기도 했다. 그러는 사이 책방에서의 책 분류 방식에 적잖은 흥미를 가지게 되었다. 대항목이야 자연과학, 사회과학, 인문과학 등으로 나뉘는 것이 일반적이지만, 인문과학의 소항목으로 내려오면 인문적 분류의 혼잡함에 놀라게 되고 또 이런 분야도 있는가 싶을 만큼 의아스러운 영역도 눈에 띄었다.

어쩌면 나의 공부 영역인 종교학 분야도 남들은 그렇게 의아해 할지 모르겠다. 그런데 종교 또는 종교학 항목의 분류에 이르러서는 그 분류 방식이 책방에 따라 또는 시기에 따라 달랐다. 확실히 종교 분야의 분류에는 각별한 변화가 있었다. 혹 나의 공부 분야이기 때문에 그렇게 큰 변화가 있다고 생각이 든 것일 수도 있다. 하지만 실제로는 종교 분야처럼 우리 일상에 수많은 문제를 던져 주는 분야도 드물 것 같다. 이를테면 사람들은 난국에 처한 현장과 현실의 문제들에 대해 종교가 해결의 실마리를 찾아 줄 것 같이 생각한다. 그런데 오히려 종교 자체가 문제가 되어 이런저런 정치적, 사회적 문제를 격발시키는 것은 아닐까? 그뿐만 아니라 한 개인의 체험이며 안심입명을 위해 우리에게 가까이 다가와 이야기해 주는 분야도 종교이다. 각 종교의 체험담이며 영성의 치유 등은 대표적인 하소연의 분야가 될 것이다.

그러고 보면 책방 종교 코너의 분류는 계절적 차이도 있겠지만 사회 문화의 분위기와 심지어 정치적 경향에 따른 차이도 드러날 터이다. 물론 책방 주인의 경영적 필요와 기호에 따른 차이는 절대 전제 조건이 된다. 이에 비해 도서의 학문적 분류에서 표준이 되는 거대 도서관의 듀이식 분류는 내게 화석같이 무미하게 느껴진다. 그런 도서관에서는 좀처럼 바깥세상의 변화를 반영하지 못하고 서적 숫자만 증가시키고 있다. 오히려 서가가 없는 내게는 도서관보다 보통 책방들의 진열 방식이 훨씬 도움이 된다. 그것은 나로 하여금 세상의 흐름을 따르게 하고, 심지어 학문 분류의 오리엔테이션까지 해 주고 있다.

나의 전공은 종교학인데, 통상 이 분야의 자리매김이 확실하지 않기 때문에 나는 스스로 종교학의 분야를 설정하지 않을 수 없다. 예컨대 나는 내가 거치는 책들을 이렇게 분류한다. 곧 나의 분야는 불교학, 기독교신학, 철학 사상 등을 포괄하는 것으로서의 종교학이고, 그것의 지역적 확대로서 중국, 일본, 한국, 동아시아 등을 포괄하는 것으로서의 동양학이라는 식이다. 실은 이는 내가 설정했다기보다 책방에서 내 관심을 따라 책장 선반을 훑어가는 순서에서 비롯된 것이다. 곧 책방 서가가 내 전공 분야를 형성시킨 셈이다.

말은 이렇게 하지만 기실 서점에서 종교학 서가를 따로 개설한 경우는 극히 드물다. 종교학은 기껏해야 종교 일반으로 되어 있거나 철학의 한 부분으로 처리된다. 이렇게 분류된 책방의 주인은 철학이야말로 만학의 왕이라는 시대에 뒤떨어진 사고에 갇힌 무식한 늙은 점주(店主)로 내게 낙인찍히기 마련이다. 그 다음 기독교 코너를 큰 책장에 마련하고 그 옆에 불교를 위시한 각종 종교 서적이 진열된 경우는 어떨까. 그런 책방의 주인 역시 학문적 취향은 약에 쓰려도 찾을 수 없고 시류에 편승한 지나친 서양 기독교 중심의 현실 영합주의에 빠진 점주로 낙인찍는다. 특히 한국 책방에서 그런 분류를 볼 때 나는 그것을 점주의 기독교 편향성 내지 스스로 기독교 신앙자임을 실토하는 상업주의의 표현이라고 낙인찍어 버린다. 하긴 설렁탕집 주인마저 기독교 신자임을 표방하며 고객을 확보해야 되는 세상이니 책방의 기독교 중심적 진열이야 눈감아 줄 수도 있겠다. 물론 종로통의 기독교서회가 그런 진열을 했다면 이해가 된다. 그러나 광화문통의 교보문고가 그렇다면 또 다시 똑같은 낙인을 찍을 수밖에 없을 것이다.

내가 사는 케임브리지의 하버드 북스토어(하버드 대학과는 아무런 관련이 없고 대학 교재도 취급하지 않으며 그냥 학교와 마주 서 있는 오래된 책방일 뿐이다.)는 이런 면에서 하나의 귀감이 된다. 그곳은 심심치 않게 진열 선반의 코너 명칭이 바뀌어 내 마음에 드는 서재가 된다. 우선 기독교 선반 외에 종교 일반의 선반이 설치되었고 그 옆에 다시 동양 종교와 이슬람 선반까지 별도로 마련되어 있다. 가히 종교학 일반까지도 배려한 배치이다. 그리고 다시 동양학으로 옮겨 중국, 일본, 한국 및 아시아 지역 일반에 대한 선반이 차례로 진열되어 있다. 이쯤 되면 책을 팔기 위한 전시적인 배열 이상의 의미를 지닌다. 곧 어떤 하나의 전공 분야가 다른 유사한 계열의 학문 분야와 연결되고, 그것이 다시 비교의 시각을 고려하면서 지식의 확대를 시도하고 있다. 이렇게 하면 종교 일반에 관한 책을 구매하고자 하는 사람들로 하여금 각자의 종교 성향에 따라 기독교 코너나 불교 코너로 옮겨가서 책을 고르게 하고 그것들의 지역적 배경을 뒷받침하는 중국, 일본, 동남아, 한국으로 눈길을 돌리게 할 수 있다.

그런데 요즘은 지난 십여 년 동안 거의 비슷하게 진열되어 온 방식에 상당한 변화가 일어나고 있다. 아예 종교 일반 코너를 크게 만들고 그 밑에 소항목으로 동양 종교(Eastern Religions), 유대교(Judaism), 기독교(Christianity), 이슬람교(Islam), 신화학(Mythology), 종교학일반(General Studies)의 선반을 가지런하게 배열하고 마지막으로 무신론(Atheism) 선반까지 첨가하고 있다. 사실 이때의 'General Studies'를 종교학일반이라고 번역할 수 있는지는 문제이다. 그러나 각 종교를 나열하면서 그 옆에 'General Studies'로 설정되어 있는 만큼 나는 그것을 분명 종교학일반이라고 해석하지 않을 수 없다. 이때 무신론이라는 항목이 문제가 될 수 있다. 왜 무신론이냐 하는 것이다. 종교는 기독교적인 자리매김으로 볼 때 어떤 형태를 띠었건 모두 유신론이다. 불교의 공(空, Sunyata)마저 신으로 해석해야 직성이 풀리는 것이 기독교적 해석이니 말이다. 비기독교적인 항목들, 곧 불교, 도교 아니면 샤머니즘 같은 항목들 때문에 무신론 항목을 설정한 듯싶지만, 그것들은 동양 종교 항목에 포함시킬 수 있으므로 굳이 또 다른 무신론 항목을 설정할 필요는 없어 보인다.

무신론 코너의 설정은 오히려 기독교에 대한 비판적인 시각의 서적들을 모아 놓은 선반으로 이해된다. 이미 문화, 사회, 정치의 영역, 심지어 자연과학의 일각에서까지 기독교적 폐해가 초래한 문제들을 논의하면서 그런 표제를 단 서적들이 끊임없이 나오고 있지 않은가. 예컨대『종교가 사악해질 때』(Religion Becomes Devil)라든가『나쁜 종교』(The Bad Religion) 혹은 인기리에 팔리고 있는 도오슨의 진화론 관계 서적들은 어디다 진열하여 판매하는 것이 좋을까? 내 생각에 책방 주인의 의도는 반기독교(Anti-Christianity) 선반이거나 비기독교 선반을 마련하고 싶어할 것이라고 예상되지만, 지나치게 전면적인 기독교 비판은 가장 세력이 큰 기독교를 무색하게 만드는 일이 된다. 이러고 보면 무신론의 선반은 우리가 생각했던 기존의 무신론과는 전혀 다른 의미를 지니게 된다. 무신론 해석의 새로운 확대라고나 할까? 아무리 장사속이라지만 책방들이 코너를 마련하는 방식은 이미 학자들의 고식적인 생각과 전통적인 학문적 분류 방식을 넘어선 현실의 분류학이고 우리의 현장을 대변하는 측면이 있다고 생각된다.

눈에 띄는 또 하나의 책방, 또 하나의 내 서재가 있다. 하버드쿱(Harvard Co-op) 서점이 그것이다. 거기에는 기독교와 철학이 서로 마주 보며 제일 긴 선반을 차지하고 있다. 그런데 철학 선반의 끝에는 언어학(Linguistics)이 딸려 있고 기독교 선반 꼬리에는 기독교 영성(Christian Inspiration) 선반이 딸려 있다. 언어학이 철학의 중요한 분야임은 두말할 나위 없고, 또 하버드대학의 성격을 여실히 드러내는 것이 언어 중심 철학이니만큼 더 이상 말할 필요도 없다. 이에 비해 기독교 영성 코너의 설치는 현실적 변화를 반영한 것이다. 그것은 기독교적 영성이 이제는 무시하지 못할 단계에 이르렀음을 웅변하는 사례라 할 수 있다. 그렇다면 우리의 기독교신학은 어떠한가? 특히 보수적 신학은 영성적인 것을 강조하면서 그것이 마치 정통신학인 양 행세했다. 신학의 지적 탐색에서 "내가 뜨겁고, 나는 무엇을 가슴으로 느낀다."고 하면 정통 기독교신학은 무력해질 수밖에 없다. 기독교 영성 코너는 바로 '뜨거움과 느낌'의 기독교도 이제부터는 제대로 보자는 선반같이 나에게는 느껴졌다.

한편 하버드쿱 서점은 동양 사상(Eastern Thought) 일반보다 불교를 앞세우고 있다. 즉 불교 선반을 먼저 진열하고 그 다음으로 동양 사상을 배열해 놓은 것이다. 이는 분명 주객전도이다. 그러나 상업적으로 볼 때 이는 미국 내 일반인의 관심이 동양 종교나 동양 사상보다는 불교에 있다는 세류의 흐름을 웅변한다. 상업주의에 편승한 것은 물론이지만 일반 대중의 관심 척도를 따른 것이다. 그리고 내가 기대했던 종교 일반의 선반은 이슬람과 나란히 진열되어 있고 그 밑에는 비교종교 코너가 이어져 있다. 그 서가에는 종교학도들이 익히 알고 있는 카렌(Karen) 수녀의 『신의 역사』(History of God)와 아사드의 『종교계보학』(Geneology of Religion)이 진열되어 있다.

이 밖에 불교니 기독교니 하는 종교별 분류를 무색하게 하는 서점들도 있다. 예컨대 영성(Spirituality) 분야의 전문 서점들을 들 수 있겠다. 하버드 스퀘어의 유별난 서점 가운데 하나로 '칠성'(Seven Star)이라는 이름의 책방인데, 거기에는 종교학도들이 관심 가질 만한 책들이 거의 망라되어 있다. 기독교, 불교, 이슬람, 도교는 물론이고 기독교적 영성이라든가 티베트불교 성자들의 비의적 행적, 신지학, 비의학(Occult), 신화 등을 다룬 서적들이 즐비하게 진열되어 있어 다채롭기 이를 데 없다. 그런데 이런 책방들이 지난 20년간 꾸준히 영업을 지속해 왔다는 사실은 가히 놀랄 만하다. 이는 우리나라의 교보문고나 몇몇 대형 서점들이 대학가 서점과 골목길의 자그마한 서점들의 문을 닫게 하는 것과는 무척 대조적이다. 게다가 점차 지분을 확장해 가는 인터넷 서점이나 전자 매체의 발달이 언젠가 이런 서점들을 문 닫게 할지도 모른다는 생각에 불안을 떨쳐 버릴 수 없다. 비단 책방이 없어지는 것뿐만 아니라 내 나름의 서재가 없어질 것 같고 시류를 타는 나의 학문적 오리엔테이션이 방향을 잃을 것만 같아서이다. (2012.9)

허남린

"다시 돌아간다면", 그리고 종교 연구

인생에 "다시 돌아간다면"이란 없다. 그럼에도 이를 떠올릴 때가 있는 것은 아쉬운 과거가 있기 때문이다. 아니면, 앞으로의 삶에 대한 새로운 결의의 표현인지도 모른다. 지나간 세월은 잡을 수 없지만, 오는 세월은 한 번 겨루어 볼 만하지 않은가.

나의 20대는 종교학이라는 울타리 안에서 보낸 세월이기도 했다. 신입생 시절을 제외한 학부 3년과 석사과정 3년을 종교학을 한다고 하면서 지낸 세월이었으니 말이다. 군대에 갔던 시간을 제하면 20대가 꽉 차는 세월을 종교학과 더불어 보낸 셈이다. 그때의 20대, 지금 되돌아보아도 눈이 시리도록 그리운 시절이고, 한편으로는 아쉬운 시절이기도 하다.

20대 끝자락에 한국을 떠나면서 한국에 대한 감성과 기억은 그것으로 얼어붙었다. 가끔 한국에 가면, 나는 변한 게 별로 없는 것 같은데 다른 사람들은 감성까지 너무들 변했다고 느낄 때가 많다. 오해임에 틀림없지만, 그럼에도 긴 세월을 사이에 두고 마주 보는 두 감성의 영역은 시간대를 서로 달리하는 한국의 공간을 만들어 버렸다. 그 덕으로 나는 얼어붙은 30년 이전의 한국을 아직도 즐기고 있다.

다시 돌아가 종교학을 한다면 무엇을 할까? 그 후 세월이 흐르면서 겪고 느낀 발자취에 서서 되돌아보는 아쉬운 희망의 넋두리일 것이다. 넋두리가 좋은 것은 그것은 아무런 부담 없이 그냥 넋두리로 끝나 버린다는 점이다. 책임질 일도 없거니와, 부담을 느낄 필요도 없다. 조용한 시골길을 걸으며 홀로 흥얼대는 노래자락과 같다고나 할까, 뭐 그런 것이다.

다시 돌아간다면 언어 공부를 보다 체계적으로 하고 싶다. 아직도 언어에 고생이 많기 때문이다. 그 언어란 동양 종교를 마음에 두었으니 한문, 중국어, 일본어, 그리고 영어일 것이다. 외국어는 열두 살이 되기 전까지 자기 언어가 되지 않으면 영원히 외국어로 남는다고 한다. 20대에 외국어를 아무리 열심히 공부해도 별 수 없이 영원히 외국어로 남을 것이지만, 그래도 40대 혹은 50대 아니 그 이후까지 붙잡고 있는 것보다는 나을 것이다.

영어권에 유학와서 내가 쓰는 영어가 영어가 아니라는 것을 깨닫는 데 한 5년은 걸린 것 같다. 학기 말이 되면 온몸의 신경을 곤두세우고 마감일에 맞추느라 노심초사하며 수없이 페이퍼를 써낸 것은 사실이다. 그러나 후에 깨달은 것이지만, 그 페이퍼의 영어는 사실은 영어가 아니었다. 어떻게 꿰어 맞추면 의미는 통하겠지만 그 영어는 그냥 영어 단어를 주워 모아 얼기설기 엮은 외국어였다. 지금도 한국에서 유학 온 박사과정 학생들에게서 나의 옛 모습을 본다. 처음에는 자신만만해 하다가도, 한 사 오 년이 지나면 그들은 영어에 대해 서서히 겸손해져 간다.

외국어란 그런 것이다. 그 언어를 쓰는 인구의 규모, 역사의 장단에 따라 어휘의 수는 정비례한다. 인구 천만 명이 5백 년 쓴 언어와 인구 1억 명이 천 년을 쓴 언어는 어휘의 수에 있어 많은 차이가 있기 마련이다. 어휘에 의존하는 상상의 세계도 따라서 그 내용과 복잡성에 큰 차이가 있을 수 있다.

100개의 단어를 갖고 상상하는 사람과 200개의 단어를 갖고 상상하는 사람은 사고의 전개가 다를 수 있다.

얼마 전 어디에서 읽은 글이다. 미국의 어느 대학에서 거의 40년을 가르치고 은퇴하는 인문학 노교수가 쓴 회상의 글이었다. 자기가 태어나서 자란 나라를 떠난 적도 없고, 자기 말로 가르치고 연구를 했던 그는 40여 년을 한결같이 자기 곁에 붙어 있는 동반자가 있다고 했다. 그것은 다름 아닌 테이블 위에 덩그러니 놓인 한 번도 치운 적이 없는 두꺼운 영어사전이라고 했다. 그 노교수는 자기 나라 말 사전이 필요했으니까 사전을 옆에 끼고 평생을 살았던 것이다. 이제는 그 사전을 치워도 될 것 같다고 했다.

아마 이러한 일은 한국에서는 거의 없을 것이다. 한국의 어떤 인문학 학자가 평생 국어사전을 옆에 끼고 들춰 보아야 책을 읽고 글을 쓸 수 있었다는 이야기를 했다면 아마 쉽사리 믿기지 않을 것이다. 왜 영어는 그러한가? 도저히 전부 체화할 수 없는 분량의 어휘 때문이다. 자기 나라 말이지만 모르는 단어가 너무 많기 때문이다.

비슷한 이야기지만, 나 자신도 일본어 서적을 오랫동안 보아 오면서, 일본어 어휘의 수는 내 모국어인 한국어보다 두 배 정도 많지 않나 느낄 적이 많다. 중국어, 한문으로 가면 말할 나위도 없다. 그 넓은 토지 위에서 그 긴 역사를 겪으며 그 수많은 인간들이 끊임없이 만들어 내고 변형하고 전승해 온 어휘들을 외부자가 마스터한다는 것은 있을 수가 없다. 그냥 조금 흉내를 낼 뿐이다.

그런데도 20대의 시기는 이 서로 다른 언어들을 어느 정도 동시에 익힐 수 있는 기력과 체력이 있는 인생의 단계일 것이다. 그렇기 때문에 다시 돌아간다면 하고 넋두리를 하는 것이다. 아니면 이제는 어차피 늦었으니까 그냥 마음 편히 내려놓고 지내라는 자기 권고 같은 것인지도 모른다. 끝이 없는 중국어 어휘는 외워도 외워도 외워지지 않는 것에 대한 자기 탄식인지도 모른다. 아무리 날고 기어도 중국어는 정말 넘기 힘든 저편에 있는 언어라고 모두들 이야기한다.

다시 돌아간다면, 언어를 빠릿하게 익히면서 전통종교를 집중적으로 공부하고 싶다. 전통종교를 공부하려 하는 이유는 간단하다. 하나는 이들을 깊이 있게 모르고는 종교를 논할 수 없다는 단순한 사실이고, 다른 하나는 두루두루 경험을 하면서 보아 온 것에서 온 자각이다. 예전에는 종교를 보기 위해 종교학 이론부터 열심히 공부하는 것이 순서라고 생각했다. 데이터(경험자료)가 아무리 많아도 이론이 없으면 스토리 구성을 못 한다고 믿었다. 그런데 그것이 실은 그리 단순하지 않다는 자각이 왔다. 이론과 데이터의 관계에서, 데이터가 오히려 중심을 이루고 근본적이며 그 중심으로부터 이론도 파생할 수 있다는 깨달음을 얻은 것이다.

중국의 종교 문화이건, 유럽의 종교 문화이건 이론가들이 건드릴 수 있는 대상은 지엽적인 문제이거나, 아니면 다루기 만만한 소수 그룹의 특이한 종교 생활에 거의 한정된다. 이론에 아무리 뛰어나다 해도 이를 외부에서 갖고 와 대적하기에는 전통종교의 데이터는 너무 거대하고 복잡하며 다양하다. 각 전통종교가 형성해 온 도도한 문화의 흐름은 이들 구체적 데이터에 대한 집중적이고 끊임없는 채집과 축적이 없이는 분석은 커녕 기본적인 이해의 고개도 넘기 힘들다는 사실을 보아 왔다. 외부 이론은 어떤 전통종교의 데이터에 대해 흥미를 유발할지는 모르지만, 이들 거대하고 복잡한 자료를 분석하고 이해하는 데에는 오히려 방해가 될 수도 있다. 시야를 가리기 때문이다. 이는 나 혼자만의 생각인지도 모르지만 말이다.

이미 동아시아의 종교에 마음을 두었으니 공부의 대상은 불교, 유교, 도교, 민간신앙 등으로 눈길이 향할 것이다. 실제로 어떤 대상을 선택하건, 그에 대한 기본 데이터의 흡수를 위해서는 동양 삼국의 과거 현재를 가로지르는 언어수단의 확보 없이는 연구에 진전이 없을 것이다. 예전 동료의 한 친구는 중국 명나라의 사회사를 연구하는데, 명대의 사료를 읽다가 지치면 명대의 소설을 읽으며 머리를 식힌다고 했다. 근세 일본의 종교사회사를 연구하는 한 학자는 산더미처럼 쌓여 있는 초서체의 사료를 신문 읽듯이 읽지 못하면 그 연구라는 것이 피상적이거나 모방에 불과하다고 했다.

종교문화의 데이터에는 경전도 포함되지만, 그것에만 빠지면 인간의 삶이 빠진 동어반복적인 사변적 연구이거나 교양을 위한 독서로 끝날 가능성이 높다. 필요한 것은, 적어도 나에게 있어서는, 종교문화가 펼쳐진 각 시대의 실상에 대한 역사적 이해로서의 종교 연구이다. 종교도 인간 역사의 한 측면이기 때문이다. 그 때문에 종교 연구는 넓은 의미에서 인간 생존의 역사를 이해하기 위한 한 방편인지도 모른다. 조선 후기의 종교문화를 연구한다면 조선 후기의 정치·경제·사회·문화·예술 등 각 방면의 광범한 데이터 습득이 필요할 것이다. 1610년대와 1620년대의 조선 사회가 어떻게 다른지 구체적 증거(데이터)를 갖고 열정에 차서 적어도 한 시간 정도는 이야기할 수 있을 정도가 되어야 그 시기의 종교문화를 논할 수 있지 않을까.

데이터는 어디에서 채집할 수 있는가? 두 말할 나위 없이 그것은 다양한 형태로 존재하는 일차 자료이다. 많은 일차 사료를 두루 읽고 거기에서 걸러 내는 광범한 데이터를 기반으로 스토리를 엮어 내는 연구자가 전통종교의 연구에서 가장 뛰어남을 경험을 통해 알게 되었다. 종교에 관한 자료뿐만 아니라, 20세기 전반의 일본의 어느 지역의 종교문화에 관한 것이라면 예컨대 그 당시의 물가동향, 정치행정, 주민들의 취미 활동, 영양 사정, 남녀 관계, 주택 사정, 위생 문제 등도 일차 사료로 읽고 관련 데이터를 충분히 확보해야 그 종교문화의 제대로 된 이해가 가능하다는 것과 같다. 이 때문에 읽고 섭렵해야 할 자료가 엄청나게 많다.

학술모임에 참석하면서, 혹은 연구자들을 접하면서 느낀 것은 데이터에 해박한 연구자가 그래도 가장 설득력이 있는 연구 결과를 산출한다는 점이었다. 어떤 이론이든지 타인의 이론은 그 나름으로 재미는 있지만, 이를 적용할 경험 자료가 빈약하면 그 연구 결과는 빛을 내지 못하거나 사상누각으로 화하기 쉽다. 이론과 자료는 변증법적인 관계이지만, 그래도 내가 관찰한 것은 결국은 내부로부터 자체의 이론을 잉태할 수 있는 풍성한 자료가 무엇보다 근본적이라는 사실이다.

일차 자료를 깊이 있고 폭넓게 천착하다 보면 갖고 있는 의문이 대부분 자료 속에서 스스로 풀리는 경험을 한다. 자료를 투시력 있게 이해한다는 것은 그 자료의 뒤에 숨어 있는 맥락, 구조까지도 이해하는 것을 의미한다. 언제 무엇이 어떻게 일어났는가에 그치지 않고 그것을 그렇게 탄생시킨 배후의 요소, 구조는 무엇인지, 그것이 인간의 욕망, 생존 조건과 어떻게 연결되어 전개되었는지, 권력과 경제문제에 어떻게 이어져 있는지, 이러한 의문들은 거의 대부분 데이터 속에, 그리고 데이터의 행간에, 아니면 데이터의 뒤에 숨겨져 있다. 이들을 투시할 수 있는 능력은 무엇보다 오랜 기간 자료와 함께 뒹굴지 않는 한 체득하기 힘들다.

자료의 뒤안길에 숨어 있는 인간 삶의 보이지 않는 구조망을 파악하는 데에는 비교 연구가 힘을 발휘한다. 내 세상에 갇혀 내 세상만을 보면 실은 내 세상은 보이지 않는다. 내가 사는 세상의 색깔이 어떠한지는 다른 세상에 비추어 보았을 때 비로소 알 수 있기 때문이다. 이를 우리는 상자 속의 사고라는 비유로 이야기하곤 한다. 누구든지 자신의 사고는 거의 예외없이 특정한 상자 안에 갇혀 있다. 그럼에도 자기의 사고가 특정한 상자 안에 갇혀 있다고 생각하는 사람은 거의 전무하다. 왜냐하면 그 갇힌 자아의 형상은 닫혀 있는 상자 안에서는 결코 투영되어 반사되지 않기 때문이다. 상자가 깨져야 한다. 그 상자를 깰 수 있고 상대화할 수 있는 것은 상자를 벗어난 사고의 전개이다. 자기 사고의 상자를 깨는 데는 비교 연구가 힘을 발휘한다.

조선 사회는 예컨대 같은 시기의 중국 사회에서 바라보면 보이지 않던 면면이 적나라하게 보이기 시작한다. 마찬가지로, 현대 일본 사회도 현대 한국 사회의 눈을 통해 보면 다른 색깔 다른 원리에 위에서 굴러가는 모습이 선명히 보인다. 비슷한 것 같지만 서로 다르다. 자기 사고의 해방이라 할까, 이것은 담론 속에서의 자기 상대화가 아니라 다른 사회 속으로 사고의 틀을 바꿔 탐으로써 어느 정도 성취될 수 있다. 당연하고 보편적인 것으로 여겨지는 우리 사회의 많은 부분은 실은 특수한 요소들이 특수한 집합의 방식으로 엮어 내는 특수한 욕망, 특수한 이해의 표현일 뿐이다. 보편적이라 생각하는 것은 모두 어딘가의 특수한 현상에 불과하다. 이들 특수한 현상들을 상치하고 대비함으로써 그 사이에서 연구자는 각 사회의 구조적 특성을 투시하게 된다.

연구 저작물은 여러 부속품을 조립하여 만들어 내는 상품과 같다. 그 상품은 말하자면 자동차일 수도 있고, 인공위성일 수도 있다. 아니면 조그마한 장난감일 수도 있다. 제각각이다. 그러나 이 모두에는 부속품이 필요하다는 것, 그리고 그들 모두의 성능은 부속품의 품질과 기능에 좌우된다는 원리에는 큰 차이가 없다. 승용차만 보아도 많은 회사들은 수많은 부속품을 조립하여 잘 팔릴 수 있는 우수한 상품들을 만드느라 경쟁이 치열하다.

양질의 연구 저작물을 위해서는 양질의 부속품이 절대 필요하다. 누가 양질의 부속품을 많이 만들어 낼 수 있는가. 부속품은 종횡무진의 데이터를 기반으로 하여 만든다. 자료에 강한 연구자는 누구보다 양질의 부속품을 많이 만들어 낼 수 있고, 이를 바탕으로 양질의 연구물을 산출할 수 있다. 부속품을 조립하는 데 필요한 기술은 이론이다. 이론은 중요하다. 하지만 간과할 수 없는 사실은 그 이론이라는 것도 타자의 이론이 아닌 자신이 스스로 구축하는 이론이 중심축을 이룰 때 비로소 설득력을 발휘한다는 점이다. 타인의 이론이 아닌 자신의 이론은 자신이 섭렵한 자료 속에서 움트며 비교학적 시야의 통로를 통해 서서히 형성된다는 점이다.

동양학의 경우 일본은 부속품의 생산에 우수한 수준의 연구 풍토를 자랑한다. 중국학에서도 일본연구자들의 연구 수준은 중국 본토 연구자들을 능가하는 경우도 많다. 특히 구미의 동양학 연구자들은 일본 연구자들의 치밀하고 정교한 부속품 개발과 산출 앞에 서면 위축되고 만다. 이들의 힘은 어디에서 나오는 것일까? 다름 아닌 실증연구의 전통이 배양하는 치밀하고 끈질긴 자료 채집의 학문 태도에 있다. 역사 분야라면 역사 자료, 인류학이라면 현지 조사, 무엇 하나 타켓을 잡으면 20년이고 30년이고 물고 늘어지는 것이 그들의 습성이다. 학문에도 장인 정신이 투철하다.

일본의 진지한 연구자들은 연구 대상을 정하면 보통은 3,40년을 그 하나의 과녁에 집중해서 폭과 깊이를 더하며 자료를 섭렵한다. 그 때문에 그들이 만들어 내는 부속품은 적어도 자기 분야에서는 그 수도 많거니와 품질에서도 타의 추종을 불허한다. 이들을 모아 조립하여 산출하는 연구결과물에는 뛰어난 작품이 많다. 하나 아쉬운 점이 있다면 너무 외눈박이로 데이터에 집중하다 보니 부속품을 엮는 이론의 개발에 느슨하거나 허술한 경우도 있다. 그렇다고 그 부속품들이 쓸모없이 사라지는 것은 물론 아니다.

나의 약점인 데이터에 눈을 돌리겠다는 단순한 이야기를 "다시 돌아간다 면"하고 장황하게 늘어놓고 말았다. 아아, 자료가 빈곤한 자신이여! 장인 정신은 내가 되돌아가 다시 종교 연구를 시작한다면 따라야 할 길이라고 늦은 오후 선잠을 즐기며 해 본 망상이다. 봄이 빨리 찾아오는 밴쿠버의 나른한 오후가 빚어낸 나를 향한 망상이다. (2016.3)

임현수

중국 종교 연구 방법에 관한 단상

주지하는 바와 같이 네덜란드 종교학자 흐로트(J. J. M De Groot, 1854-1921)는 중국의 종교에 대하여 총 6권에 이르는 방대한 연구 업적을 남긴 바 있다.[1]

이 책의 주제는 크게 두 가지로 나뉘는데, 중국 종교를 바라보는 저자 나름의 독특한 관점이 나타나 있어 흥미를 끈다. 그런데 흐로트는 처음부터 이 두 가지 주제에 국한하여 책을 저술하려고 했던 것은 아니었다. 책의 서문을 읽어보면 흐로트는 총 여섯 가지 주제를 중심으로 구성된 대저작물을 구상했다는 사실을 알 수 있다. 아마도 그의 의도가 관철되었다면 중국 종교에 대한 백과사전적 규모의 저술이 출현했을 것이다. 여기서 잠시 그가 계획했던 여섯 가지 주제를 소개하면 다음과 같다.

첫째, 사자(死者)의 처리와 관련된 제반 현상들에 대한 탐구

둘째, 영혼의 문제와 조상숭배에 대한 탐구

---

1 J. J. M de Groot, *The Religious System of China, Its Ancient Forms, Evolution, History and Present Aspect, Manners, Customs and Social Institutions Connected Therewith*, vols 6, Leiden: Brill, 1892-1910.

셋째, 도교에 관한 연구

넷째, 가족과 종족의 차원을 넘어서서 국가적으로 추앙되는 조상에 대한 숭배, 각종 신격에 대한 숭배, 연례 축제, 희생제의 등에 대한 관심

다섯째, 불교에 관한 연구

여섯째, 국가종교에 대한 관심

　

호로트가 구상했던 계획 가운데는 우리에게 익숙한 유불도 삼교에 대한 관심도 보이고, 그 외에 죽음의 문제나 조상숭배, 각종 의례에 대한 연구가 별도의 범주로 분류되어 있다. 애초의 계획과 실제 출판물을 비교해 보면 위의 여섯 가지 중 첫째와 둘째 주제만 서술되었다는 점을 확인할 수 있다. 유교, 불교, 도교는 중국 종교를 이해하는 데 가장 우선적으로 취급할 만한 비중이 있음에도 불구하고 실제 저술에서는 이런 범주가 모두 빠져 있다.

호로트가 첫째와 둘째 이외의 다른 연구 주제들을 왜 제외했는지 정확한 이유를 알 수는 없다. 다만 호로트가 이 책을 출판한 이후에도 지속적으로 저술 활동에 종사하였고, 위에서 제시한 주제들 중에는 이들 저술을 통하여 다루어진 것도 있다는 점을 감안할 필요는 있을 것이다. 호로트가 넓은 의미에서 죽음과 조상 제사라는 범주로 묶여질 수 있는 첫째와 둘째 주제만을 다룬 것에 대하여 예민하게 반응할 것까지는 없을 것이다. 하지만 다른 어떤 주제보다도 이 둘을 먼저 다룬 점만큼은 중국 종교를 바라보는 호로트의 속마음이 어느 정도 드러난 것이 아닐까 하는 생각을 해 본다. 실제로 그는 1권 서문에서 영혼 숭배가 중국 종교의 토대를 형성하는 것이라고 주장하면서 자신이 왜 죽음의 문제를 서두로 중국 종교를 풀어나갈 수밖에 없었는지를 역설하고 있다.

흐로트의 이런 발언은 사실 중국 종교에 대하여 그가 품고 있었던 기본 관점을 그대로 보여주고 있는 것이다. 그는 중국 종교의 기층에 애니미즘이 자리하고 있다고 보았다. 그에 따르면 애니미즘은 중국 종교의 기원이다. 그뿐만 아니라 애니미즘은 그가 연구를 진행할 당시의 중국 종교의 기층에서도 핵심적 구성 원리로 작용한다. 마치 100여 년 전에 서양인들이 조선에 들어와서 종교에 관심을 표명하던 태도와 겹쳐지는 느낌이 들기도 한다. 이 시기를 연구한 학자들은 많은 서양인들이 조선의 종교를 애니미즘으로 규정하곤 했다는 사실을 밝혀낸 바 있다.

하지만 조선의 종교에 관심을 가졌던 서양인들과 흐로트 사이에는 유사성 말고도 근본적인 차이점이 있는 것 같다. 앞의 서양인들이 피상적인 인상에 가까운 정보를 가지고 조선의 종교에 대하여 이런저런 평가를 내렸다면, 흐로트의 경우는 중국 종교 연구자로서 매우 방대한 자료에 근거하여 연구를 수행했던 사례에 해당한다. 흐로트는 주로 복건성(福建省) 남동부, 특히 하문(廈門) 지구를 중심으로 수집한 현장 조사 자료와 각종 문헌 자료를 이용하였다. 그는 이들 자료를 치밀하게 분석함으로써 중국 종교에 관한 방대한 저술을 남겼다. 또한 그의 저술들은 오늘날까지도 중국 종교 연구자들에게 한 번쯤은 검토하고 넘어갈 가치가 큰 자료로 평가받고 있다.

한편 흐로트의 저술을 읽다 보면 그가 애니미즘이라고 부른 것은 다른 것이 아니라 음양의 작용을 지칭한 것이었음을 알게 된다. 그의 저술 중 일부 구절을 인용하면 다음과 같다.

애니미즘은 역사의 여명기부터 중국 종교였음에 틀림없다. 그것은 지금까지도 중국 종교의 기초이자 핵심 요소로 남아 있다. 앞의 책들에서 언급한 진술들을 뒷받침해 주었던 중국 문헌 자료를 검토해 보면 그와 같은 애니미즘적 종교가 지닌 원리와 주요 특징이 분명하게 드러난다. 어떠한 이의도 제기할 필요 없이 애니미즘은 보편적으로 나타나는 종교현상임에 틀림없다. 애니미즘의 출발점은 살아 움직이는 우주이다. 그 우주는 누군가에 의하여 창조된 우주가 아니라 도(道)의 작용에 따라서 스스로 창조하는 우주이다. 그 도는 두 가지 영혼, 즉 양(陽)과 음(陰)으로 구성된다. 양은 밝음, 따뜻함, 생산, 생명을 나타낸다. 또한 양은 하늘로서 그와 같은 모든 축복의 요소들이 그것으로부터 발생한다. 음은 어둠, 차가움, 죽음, 땅이다. 음은 양에 의하여 활성화되지 않는 한 어둡고 차갑고 생명이 없는 상태로 남는다. 양과 음은 각각 신(神)과 귀(鬼)로 일컬어지는 선과 악의 정령으로 무한 분화된다. 모든 인간과 생명은 신과 귀를 포함하고 있다. 탄생과 동시에 깃들었다가 죽음과 함께 떠나서 다시 양과 음으로 되돌아간다. 이처럼 두 가지 영혼을 가지고 있는 인간은 대우주에서 자발적으로 태어난 소우주이다. 심지어 모든 사물조차도 우주의 일부일 뿐 아니라 살아 움직이는 능력을 가지고 있다. [2]

위의 인용문에서 흐로트는 중국의 도와 음양론을 소개하면서 이를 애니미즘으로 규정한다. 애니미즘이 지닌 부정적 함의를 고려할 때 흐로트의 관점은 많은 비판에 직면할 가능성을 안고 있다. 흐로트의 입장은 중국 종교를 애니미즘과 동일시함으로써 원시종교의 단계로 끌어내리고 있다는 평가를 피할 수 없기 때문이다. 음양의 기(氣)를 애니미즘에서 말하는 영혼과 동일시하는 태도가 온당한 것인지에 대해서는 역시 부정적일 수밖에 없지 않

---

2 *Ibid.*, vol. 6, p. 929.

을까 생각한다. 그런 의미에서 흐로트도 당시 많은 서구의 동양학자들이 지녔던 편견을 공유하고 있었다는 지적을 피할 수는 없을 것 같다. 이와 같은 한계에도 불구하고 그 방대한 분량의 저술이 내용적으로 볼 때 비교적 정확하고 세부적인 묘사로 채워져 있다는 점은 높이 평가되어야 할 것이다. 바로 그와 같은 장점 때문에 지금까지도 이 책의 이용 가치가 유지되는 것이리라.

흐로트의 저술이 애초의 계획에서 벗어났다는 점은 앞서 지적한 바 있지만, 이 책의 첫 장을 죽음의 문제에서 시작한 것은 애니미즘에 관한 그의 논의를 고려하면 이미 처음부터 설정된 계획이었다. 중국 종교의 원형을 애니미즘의 관점에서 바라보았을 때 죽음의 문제가 핵심적인 관심사로 부각되리라는 짐작은 그리 어렵지 않다. 다음은 흐로트의 의중이 잘 드러나는 대목이다.

영혼 숭배는 사람의 목숨이 끊어진 순간부터 시작된다. 영혼 숭배는 주로 죽은 육신을 다루는 방식에서 잘 드러난다. 살아남은 사람들은 그러한 육신에 대하여 죽은 후에도 영혼이 계속해서 깃들어 있기 때문에 어쩌면 다시 살아날지도 모른다고 생각한다. 그러므로 중국의 종교를 체계적으로 연구하기 위해서는 산 자들이 죽은 자를 처리하는 방식부터 해명하는 것이 자연스러운 순서일 것이다. [3]

흐로트는 이런 문제의식을 가지고 책의 전반부 제목을 '사자(死者)의 처리'

3 *Ibid.*, vol. 1, p. 1.

로 정한다. '사자의 처리'라는 제목 하에 주로 서술되는 내용은 상례와 관련된 제반 종교현상들이다. 사람이 죽은 후부터 매장에 이르기까지 시행되는 각종 의례와 신앙에 대하여 상세한 기술이 이어진다. 여기서 흐로트가 인용하고 있는 자료는 매우 다양하다. 문헌 자료만 하더라도『예기(禮記)』,『주례(周禮)』,『후한서(後漢書)』,『수신기(搜神記)』등 각종 분류 항목에 속하는 서적들이 망라되어 있다. 흐로트가 중국 기층 종교로서 애니미즘을 이야기하면서 그것과 결부시키기에는 좀 부적절해 보이는 경전 수준의 자료를 거리낌 없이 인용하고 있는 데는 나름의 논리가 작용하고 있다. 바로 중국에서는 제아무리 고차원적인 종교라 하더라도 모두 영혼 숭배의 영향을 받아 발전된 것이기 때문에, 어떠한 자료 속에서도 영혼 숭배의 흔적을 발견할 수 있다는 논리이다.

흐로트의 연구는 앞서 언급했던 것처럼 일정한 한계를 지니고 있지만, 종교 연구자의 입장에서 몇 가지 생각해 볼 문제를 던져 준다. 그가 중국 종교를 애니미즘과 동일시한 것은 분명 성급한 판단이었다. 그러나 그의 기본적인 관심은 중국 종교를 설명하고자 하는 데 있었다는 점을 기억할 필요가 있을 것이다. 중국의 다양한 종교현상들을 객관적으로 설명하기 위해서는 그러한 현상들을 포괄하면서도 동시에 초월하는 상위의 개념이나 틀이 필요하다. 흐로트의 입장에서 그러한 설명을 위한 개념이나 틀로서 차용할 수 있었던 것이 그 당시 서구 학계에서 여전히 힘을 발휘하고 있었던 애니미즘이었을 것이다. 결과적으로 볼 때 흐로트의 시도는 부적합한 개념을 끌어들임으로서 중국 종교에 대한 타당한 설명에 이르지 못했다는 비판을 면하기 어렵다. 하지만 그가 선택한 방법의 타당성 여부는 왈가왈부 논할 사항은 못 된다. 왜냐하면 그것은 연구자의 관심에 따라서 수용 여부가 달라질 수밖에 없는 사안에 불과하기 때문이다. 여기서 중요한 것은 흐로트가 자신의 관심사를 해결해 줄 방법에 과연 충실했느냐 하는 것인데, 그는 종교를 설명하고자 하는 사람들이 보여줄 수 있는 전형적인 절차를 따른 것으로 판단된다. 다만 설득력 있는 결론을 도출하기 위해서는 방법 자체에 충실한 것 이외에도 설명에 동원되는 틀이나 개념이 실제와 부합해야 할 것이다. 이처럼 종교현상을 설명하려는 관심은 종교학 내부에서 여전히 지속되고 있다. 이와 같은 작업의 생명력은 현실에 적합한 설명 모델을 어떻게 개발하느냐에 달려 있다.

흐로트의 연구에서 또 한 가지 주목할 부분은 중국 종교에 대한 서술이 개별 종교 전통을 일일이 나열하는 방식을 벗어나서 단일한 관점에 의거해서 진행되고 있다는 사실이다. 우리는 흔히 유교, 불교, 도교와 같은 개별 종교 전통들의 총합을 중국 종교라고 여긴다. 그리하여 이들 각각의 종교를 병렬적으로 소개함으로써 중국 종교의 총체적인 이해에 도달했다고 생각한다. 현재까지 출판된 대부분의 중국 종교 관련 서적도 이러한 구도로 저술되었다. 그러나 만약 이러한 체재를 탈피해서 그 모든 개별 종교를 포괄할 수 있는 단일 개념에 따라 중국 종교를 서술하고자 한다면 그것은 이미 흐로트가 한 것처럼 중국 종교를 설명하고자 하는 관심의 발로라는 점을 인식할 필요가 있다. 그와 같은 작업은 분명 사실에 대한 단순한 묘사를 넘어선다. 그러한 작업은 사실을 포괄하면서도 그것을 뛰어넘는 상위의 개념을 필요로 한다. 그 개념은 중국 종교에 대한 서술의 중심이 될 것이다. 수많은 개별 종교 현상들이 그 개념에 입각하여 분석되는 과정을 거침으로써 해명될 것이다.

요컨대 흐로트의 연구는 각각의 개별 종교 전통을 넘어서는 공통의 분모를 토대로 하여 중국 종교 전체를 새롭게 서술할 수 있는 가능성을 열어 준다. 그러나 과연 그러한 공통의 분모가 실제로 존재할 수 있을까? 또 공통의 분모가 존재하더라도 중국 종교의 현실을 실제로 충실하게 반영할 수 있을까? 다양한 종교현상을 설명할 수 있는 포괄적인 개념이 존재하리라는 기대가 충족되려면 한 가지 전제가 필요하다. 겉으로 보기에는 서로 다른 종교현상들이지만 심층적으로는 동일한 본질을 공유하고 있다는 전제가 그것이다. 이때 그 동일한 본질을 개념화한 것이 바로 공통의 분모에 해당할 것이다. 그러나 중국처럼 그 기원에 있어서 다양한 계통의 종족과 문명이 서로 교류하면서 점차 하나의 문화권을 형성해 나간 지역의 경우, 심층의 차원에 동일한 본질이 존재한다기보다는 오히려 서로 상이한 지층들이 혼잡스럽게 엇갈려 있을 가능성도 충분히 고려해 볼 만하다. 이럴 경우 동일한 본질에 근거하여 도출한 단일개념은 수많은 차이를 사상해 버리는 결과를 초래할 수밖에 없을 것이다.

여기서 우리는 하나의 딜레마를 경험한다. 중국 종교를 설명하기 위해서는 개별 종교 전통보다 상위의 개념이나 모델을 마련해야 하는데, 그러한 설명 도구가 중국 종교 내부의 다양성이나 차이성을 살려 내지 못할 가능성이 크다고 하는 것이다. 간단히 이러한 딜레마에서 벗어나는 길은 두 마리 토끼를 모두 잡는 일일 것이다. 중국 종교의 복합성과 다양성을 훼손하지 않을 수 있는 설명 모델을 개발하는 일은 앞으로 이 방면의 연구자들이 해결해야 할 과제로 남아 있다. (2012.3)

2.
여행길에서

정진홍

그해 여름은 '환상적'이었습니다

　지난 2013년 7월 4일부터 13일까지, 9박 10일 동안 섬나라 피지(Fiji) 공화국에 다녀왔습니다. 환상적인 남태평양에서 여름휴가를 보내고 온 것은 아닙니다. 제가 속해 있는 학술원을 대표한 네 사람 중의 하나로 그곳에서 열린 태평양과학협회(Pacific Science Association) 제12차 중간학술대회에 참석한 것이었는데, 결과적으로는 매우 '환상적'이었습니다. 우리나라에서 '과학협회'라고 번역을 하고 있어 자연과학자들의 모임으로 여기기 쉽지만 자연과학자의 모임은 아닙니다. 자연과학이 주를 이루고 있는 것은 사실이지만 인문·사회과학의 여러 영역도 두루 망라하고 있어 실은 '학문협회'라고 번역하는 것이 더 타당한 그런 모임입니다. 이번 모임의 전체 주제는 '태평양 섬들과 주변의 인간 안전과 지속 가능한 발전을 위한 과학(Science for Human Security and Sustainable Development in the Pacific Islands and Rim)'이었습니다. 그리고 이 주제 아래 7개의 작은 주제들이 있었는데 나열해 보면 (1) 생물 다양성과 생태계 서비스 및 회복 가능한 사회(Biodiversity, Ecosystem Services, and Resilient Societies) (2) 지속 가능한 발전을 위한 정보통신기술(Information and Communication Technologies for Sustainable Development) (3) 음식, 물, 에너지, 건강(Food, Water, Energy, and Health)

(4) 사회, 문화, 젠더(Society, Culture, and Gender) (5) 통치, 경제발전, 공공정책 (Governance, Economic Development, and Public Policy) (6) 기후변화, 영향, 기후과학 (Climate Change, Impact, and Climate Science) (7) 해양(Ocean) 등입니다. 개막식에서의 기조 강연 외에 7개 주제의 기조 강연도 전체 회의로 이루어졌습니다. 대회의 전체 참석자는 450여 명이었습니다.

홍미로운 것은 7개 주제의 기조 강연에서 자연과학의 한계를 지적하지 않은 발표자가 하나도 없다는 사실이었습니다. 어느 분은 지금의 자연과학을 '경화된 과학(Hard Science)'이라고 하면서 '연화된 과학(Soft Science)'으로의 '발전'을 주장하는가 하면, 자연과학이 인간의 '영성(Spirituality)'에 대한 관심과 더불어 전개되어 나아가야 한다는 주장이 빈번하게 등장한 것도 무척 홍미로운 현상이었습니다. 그러나 당위적인 선언일 뿐 이에 대한 충분한 '학문적' 진술이나 논의의 진전은 분명하게 확인할 수 없었습니다. 앞으로의 과제라고 생각됩니다.

그런데 모처럼 제 발표가 없는 '한가한' 참석이어서 좀 욕심을 냈습니다. 가능한 한 많이 보고 듣고 배우고 싶어서 7개 주제 발표를 위한 전체 회의는 물론, 관심을 가지고 있는 제4주제인 '사회, 문화, 젠더(Society, Culture, and Gender)' 분야에서 열리는 모두 28개의 발표 중에서 22개의 발표에 참석하였습니다. 발표가 예정되어 있음에도 발표자가 참석하지 않아 취소된 4개의 주제를 제외하고는 모두 참석하였습니다. 2개의 발표는 발표를 직접 하지 않고 포스터로 대체한 것이었습니다. 기대했던 주제가 발표자의 불참으로 취소되는 일은 무척 실망스러웠습니다. 그런데 발표자로 공고되어 있는 한국의 어느 대학 교수가 참석하지 않아 모임이 취소된 예가 다른 주제의 모임에서도 있어 안타까웠습니다.

주제 발표 장소는 시원하고 안락했습니다. 마침 그곳이 겨울이어서 한낮 높은 기온이 25℃ 정도였고, 새벽마다 심한 소나기가 쏟아졌지만 바람도 무척 시원했습니다. 제가 참여한 주제의 발표장에는 대략 15명 내외의 사람들이 모였습니다. 자연히 서로 자기소개를 하고 나서 발표를 듣고 토론을 하는 형식을 취했는데 분위기가 참 좋았습니다. 좀 유치한 것 같기도 하지만 발표자가 질문자에게 줄 자그만 선물, 곧 자기 대학의 뱃지나 자기 나라의 작은 기념품을 준비해 온 경우도 적지 않았습니다. 소박하게 모두들 즐거워했습니다.

이번 모임의 자연과학 쪽에서 많은 관심을 기울인 문제는 기후변화에 의한 '재앙'을 어떻게 극복할 수 있을 것인가 하는 것이었습니다. 그런데 이러한 위기감 못지않게 태평양 주변의 여러 섬나라들이 직면한 또 다른 심각한 문제는 자기네 고유한 전통문화의 소멸에 대한 두려움인 것 같았습니다. 문화의 지속 가능성(Cultural Sustainability)은 제가 참석한 분야의 모든 발표자들이 공유하고 있는 문제였습니다. 인상적이었던 세 발표만을 예로 들겠습니다.

무엇이 '우리의 전통적인 문화인가' 하는 문제가 여러 발표자들에 의해 다루어졌습니다. 그중에서도 자기들의 정체성이 어떤 것을 통해 확인되는가 하는 것을 통해 이를 살펴보려는 연구발표가 있었습니다. 피지(Fiji)뿐만 아니라 통가(Toga) 등 여러 섬의 카바(Kava) 의례, 그리고 뉴질랜드(New Zealand)의 파이카바(Faikava) 의례를 중심으로 다룬 오클랜드(Auckland) 대학의 에드문드 페호코(Edmund Fehoko) 교수의 연구발표가 그것이었는데 이러한 연구들 중에서 매우 돋보였고 인상적이었습니다. 22년 전에 저도 피지에서 카바의례에 초대되어 참여했던 기억이 되살아났기에 더욱 그러했습니다. 그런데 문제는 그 의례가 남성 의례이기 때문에 남성 사회에서는 그것을 자기 정체성의 확인 지표로 승인할 수 있지만 이제는 여성의 권익이 신장되면서 그것을 통한 정체성의 확인이 여성들에 의해 배척되고 있다는 데 있었습니다. 그의 발표는 여성 참석자들에 의해 거친 반박을 받았습니다. 그러나 발표자는 그보다 지금 젊은이들이 전통 카바 의례를 기피하는 새로운 풍조를 드러내고 있다고 하면서 이를 더 심각한 문제로 다루고 있었습니다. 정체성에 대한 문제를 공유하면서도 격하게 이는 이러한 혼란스러운 고민과 반박을 경청하면서 저는 이른바 문화적 정체성을 '전통 의례의 수행 여부'에서 찾으려는 이러한 방법론이 과연 타당한 것일까 하는 회의가 들기도 했습니다. 그런데 이러한 열띤 논의와 상관없이 수바(Suva) 항 근처의 야채 시장에서는 카바 뿌리가 지천으로 쌓여 팔리고 있었습니다. 의례를 위한 것이라기보다 최근 여러 선진국에서 암 치료와 예방에 효과가 있다는 연구들이 발표되고 있기 때문인지도 모릅니다.

정체성의 논의를 여전히 함축하면서도 거기에 매여 머뭇거리기보다 우선 다른 문화와 가시적으로 구분되는 현존하는 자기 문화의 '다름 자체'를 자기들의 고유한 전통문화로 일단 전제하고, 그것을 어떻게 지속시키고, 연구하며, 그 가치와 의미 그리고 그 '틀' 자체를 어떻게 하면 세계적인 인류의 보편성의 맥락 안에 들게 할 수 있을 것인가를 탐구하고 실천하는 노력들도 돋보였습니다. 예를 들면 '예술, 문화, 태평양 연구를 위한 오세아니아 센터(The Oceania Centre for Arts, Culture, and Pacific Studies)'에서 제작한 두 편의 영화, 〈바카(Vaka, 선견자의 탄생)〉와 〈드루아(Drua, 불의 물결)〉를 상영하면서 전통문화의 지속 가능성을 발표한 하와이 대학의 빌소니 헤레니코(Vilsoni Herniko) 교수의 주장이 대표적인 것이었고 매우 시사적이었습니다. 그는 이러한 영화가 전통문화의 '기록'이면서, 거기에 이야기를 담아 그것을 '살아 있게' 하고,

아울러 '소통 가능한 것'으로 다른 문화권에서도 공감할 수 있는 가치를 지니도록 함으로써 당면한 자기들의 문화 지속 가능성의 문제를 잘 해결할 수 있다고 주장하였습니다. 그러나 실제로 영화를 감상하면서 저는 그 두 편의 영화 모두 다큐멘터리로도 성공적이지 못했고, 스토리텔링에서도 충분하지 않았으며, 결과적으로 소통에서도 많은 한계를 지닌 것으로 느꼈습니다. 그 발표를 들으면서 문득 우리가 지향하는 문화 콘텐츠 사업은 어떤지 궁금해졌습니다.

조금 문제의 맥락이 다르지만 오클랜드 대학의 갈루바오(Filiomanaia Akata Galubao) 교수가 발표한 사모아인의 담론 분석(Discourse Analysis)도 흥미로웠습니다. 그는 사모아인의 언어생활에서 '비판적 발언'은 어떻게 이루어지는지를 살펴보고 있었습니다. 이를테면 전통적으로 비판적 발언의 주체는 언제나 집단적이라는 것, 그리고 직면한 사실에 대한 기술이나 인식 이전에 '전통적인 앎(Indigenous Knowledge)'이 언제나 우선하여 등장한다는 것, 그런데 식민지 시대 이후 그러한 전통적인 발언은 '화법'보다 개개 '어휘'를 선택하는 데 더 신중한 태도를 보이는 것으로 바뀌었다는 것, 그리고 '전통적인 앎'에 의하여 판단이 유도되던 것이 이제는 상당한 정도 '사실 인식의 차원'에서 판단이 추론되고 있다는 것을 지적하고 있었습니다. 그럼에도 사물을 보는 전통적인 자리(perspective), 곧 산의 정상에 있는 사람의 시각, 나무 꼭대기에 있는 사람의 시각, 그리고 뱃머리에 앉아있는 사람의 시각이라는 근원적인 시각이 비판적 발언의 '권위'를 결정하는 것은 달라지지 않았다고 말하면서 이를 설명하기 위해 푸코(Foucault)의 '힘과 지식의 개념'을 원용하고 있었습니다. 저는 이 발표를 들으면서 평소 외국어의 유입, 외국어 학습, 다른 언어와의 소통이 초래하는 생각 틀의 변화를 우리가 어떻게 인식하고 판단하고 평가해야 할지 늘 궁금하던 제 문제에 대한 막연한 어떤 시사를 얻은 것 같았습니다.

중간에 쉬는 시간이 있어 다과를 하며 여러 나라의 학자들과 서로의 관심사로 담소를 나누는 기회도 누렸지만, 하루 여섯 시간씩 꼬박 이레 동안 걸상에 앉아 긴장을 했더니 회의 중에는 전혀 몰랐는데 귀국 길에서는 허리의 통증을 가누지 못해 괴롭기 그지없었습니다. 나이는 어쩔 수 없다는 생각을 했습니다. 하지만 오랜만에 지적 향연을 마음껏 즐겼습니다. 참 좋았습니다. 매일 이런저런 일에 쫓겨 세상에서 일어나는 여러 현상에 대한 지적 천착을 게을리하고 살던 터라서 이번 회의 참석이 제게는 참으로 '환상적'인 기회가 아닐 수 없었습니다.

하지만 전체 회의 분위기는 즐겁지 않았습니다. 개회 전야제의 민속 공연, 폐회식 직전의 파티 등이 흥을 돋구었지만 실은 무척 우울한 모임이었습니다. '기후변화와 인간의 안보'라는 문제를 기저로 한 다양한 주제들은 한결같이 답답하고 암담한 것이었습니다. 우리가 짐작도 하지 못할 만큼 태평양에 흩어져 있는 수많은 섬나라들의 위기의식은 심각했습니다. 이를테면 지난 10년간 피지의 해수면은 1.8센티미터가 높아졌습니다. 바닷물의 높이가 그만큼 늘어난 데 따라 육지의 침수 면적이 늘어나는 것은 당연합니다. 그러나 어느 정도 육지가 해수에 의해 침수되어 없어지고 있는지 정확한 측정은 거의 불가능하다고 합니다. 분명한 것은 '이전에는 바닷물이 들지 않았는데 이제는 물이 든 곳'을 그곳에서 사는 사람들은 누구나 쉽게 확인할 수 있다는 사실입니다. 아무리 3천 미터가 넘는 산이 있는 피지라 하더라도 이러한 경험은 섬뜩한 일입니다. 이러한 문제와 아울러 해양 생물계의 변화로 인한 어종의 변화, 사라진 어류들, 먹을 수 없는 물고기들의 출현,

그리고 식물의 변종, 숲의 소멸, 새로운 질병의 발생, 전통문화의 붕괴, 자립 불능의 경제, 다른 세계에서 일컫는 '발전'이라는 개념의 '변화'를 적용할 수 없는 제한된 현실, 새로운 정치적 욕구, 여성 지위의 변화, 젊은이들의 이른 바 '섬 탈출 지향성' 등 문제는 한둘이 아니었습니다. 그리고 이러한 주제들에 대한 이른바 '전문적인 발언'이 사실의 기술, 새로운 방향의 제시를 축으로 하여 회의 내내 끊임없이 흘러나왔습니다. 그러나 이에 대한 대책의 강구가 법학문적인 입장에서부터 정치-경제적인 '힘의 갈등'을 축으로 한 대처 방안의 모색에 이르기까지 아무리 진지하게 논의된다 하더라도 그것은 다만 위기의식의 표출일 뿐 실질적인 출구의 마련이기에는 한참 모자라는 것들이라고만 판단되었습니다. 왜냐하면 그러한 발표 내용들이 '잘만 하면 잘 될 것이다.'라는 당위론적 동어반복 이상의 어떤 실제적인 해답도 마련하지 못하고 있다고 여겨졌기 때문입니다. 제 무지 때문인지 모르지만 지극히 기술적인 대책도 그렇게만 이해되었습니다.

그런데 바닷물이 언제 어떻게 땅을 뒤덮게 될지는 알 수 없지만, 그리고 그것이 지금까지의 상태로 앞으로도 이어 일어난다면 실은 백여 년 뒤의 일일 수도 있지만, 그 사태의 '진전'이 분명한 상황 속에서 궁금한 것은 그 곳에 사는 사람들의 '태도'였습니다. 이러한 제 관심은 참 한가한 비인간적인 '흥미'일 수밖에 없다는 것을 저도 잘 압니다. 그런데도 그러한 위기를 '아직은' 현실적으로 직면하지 않고 있는, 또는 못 하고 있는, 저에게는 이 사태 속에서 거기에서 삶을 살아가는 사람들이 이 현상을 직면하고 있는 태도가 어떤지 알고 싶은 것은 단순한 지적 호기심을 넘어서는, 제 나름으로는 절박한 것이기도 했습니다. 그런데 어느 발표장에서도 이러한 궁금증에 대한 메아리를 들을 수는 없었습니다. 더 정확히 말한다면 '그곳 사람들을 위한' 발언은 있었지만 '그곳 사람들의' 발언은 들을 수 없었습니다. 나는 그들의 발언을 어떤 형태로든 직접 듣고 싶었지만 그렇게 하기에는 거기 머무는 동안의 여러 현실적인 조건이 편하질 못했습니다.

회의가 열린 남태평양 대학(The University of the South Pacific)은 남국의 자연을 그대로 간직한 아름답고 안락한 곳입니다. 스물 두 해 전에 박규태 교수와 함께 방문했던 때와 견주어 보면 놀랄 만큼 새 건물들이 들어섰고 캠퍼스 주변도 몰라보게 번잡해졌지만 모든 시설들은 여전히 그곳 자연에 어울리도록 마련되어 있었고, 학생들과 교수들은 진지하고 겸손하면서도 남태평양의 지성을 대표한다는 높은 긍지를 감추지 않고 있었습니다. 늦은 저녁 대학 도서관은 무척 시원했고, 도서관과 마주해 있는 구내 서점은 풍성하지는 않았지만 서구의 신간은 물론 자국의 출판물들도 고루 갖추고 있었습니다. 거기에서 나는 한 시집을 만났습니다. 사텐드라 난단(Satendra Nandan)이라는 시인의 『섬들의 외로움(The Loneliness of Islands)』이라는 시집이었습니다. 그 가운데 〈태어난 자리(Place of Birth)〉라는 시가 있었습니다. 그 시는 다음과 같이 시작됩니다.

모든 형상은 공간을 가지고 있지
하지만 네가 태어난 곳은,
오직 네가 태어난 곳만은,
이제 형상도 없고, 공간도 없어

희망도 없고, 절망도 없어
아무 목적도 없이 탑승시간입니다 하니까 탑승하듯이

자고 일어나 하던 버릇이니까 아침세수를 하듯이

그러면서 시인은 "어쩌면 본능처럼 그저 살다가 여울처럼 흐른 아득한 슬픔의 계보, 그 조류를 따라 멀리멀리 날아가는 것이 삶일지도 모른다."고 말합니다. 태어난 곳은 이제 살아갈 곳이 아닙니다. 살아갈 수 있는 곳이 아닙니다. 그렇다고 하는 그들의 경험을 저는 어쩌면 '존재 기반의 상실', 그렇게 이야기해야 더 정확할지 모른다고 생각했습니다.

그러나 그의 진정한 읊음은 이보다 더 절실한 황량함일지도 모릅니다. 잃을 수밖에 없는 존재의 기반에서 아직 스스로 존재한다고 하는 것을 확인해 가며 살아야 하는 삶의 경험은 그 삶의 삶다움을 어떻게 추스를 수 있는 것인지 저는 숨이 막히는 듯했습니다. 그런데도 시인은 담담하게 일상의 관성을 읊으면서 소멸이 약속된 땅 위에 여전히 자기가 존재하고 있다는 것을 발언하고 있었습니다. 어쩌면 '젖과 꿀이 흐르는 땅'을 향해 '탈출'을 선언해도 모자랄 상황에서 그는 지나치게 조용했습니다. 그의 한가함이 거북하기조차 했습니다.

그런데 갑작스럽게 시인은 다른 발언을 하고 있었습니다. 그것은 참 예상하지 못한 것이었습니다. 그것은 반전(反轉)이라고 하기에도 어색한 근원적인 선회(旋回), 아니면 이어짐 안에 내장된 단절의 표출이라고 해도 좋을 그런 것이었습니다. 시인은 삶을 이어 묻지 않습니다. 갑작스럽게 그는 이렇게 읊습니다.

장례는 피지에서 일어나는 일

태어난 자리의 소멸을 이야기하는 맥락에서 죽음 자리를 확인하는 일은 어울리지 않습니다. 그것조차 아무런 전조(前兆) 없이 불쑥 나타내는 것은 조금은 무모하기조차 한 일입니다. 나는 그렇게 생각하고 싶었습니다. 시의 완성도가 떨어지는 거 아닌가 하는 느낌조차 들었습니다. 그러나 이 설익은 제 인식은 그 뒤에 이어지는 시인의 발언과 만나면서 얼마나 초라한 가난을 드러냈는지요. 죽음자리를 확인하는 일, 그런데 그것이 태어난 자리의 확인임을 천명하기까지, 시인의 에두름은 그대로 단장(斷腸)의 아픔이라고 해야 겨우 그려지는 그런 것이었습니다. 그는 이렇게 읊습니다.

> 너 고맙다
> 너는 네가 죽을 자리가 어딘지 묻지 않았어
> 너는 언제, 어디서, 누구와 더불어 죽음을 맞고 싶은지도

태어난 자리의 잃음은 죽음자리에의 물음을 함축하고 있습니다. 그래야 합니다. 태어나 살 자리가 없어졌다면 그 삶이 도달해야 하는 죽음은 과연 '어디에서' 일어나는지를 물어야 하는 것은 마땅한 일입니다. 그런데 시인은 오히려 그 물음 없음을 고마워합니다. 그 '고마움'이 나에게는 견딜 수 없이 '찢어지는 아픔'으로 다가왔습니다. 당연히 예상되는 물음, 그런데 다행하게도 그 물음을 묻지 않아 그 물음에 대한 답변을 하지 않아도 되는 안도(安堵), 그래서 발언하는 고마움, 그것은 그대로 처절하게 아픈 과정입니다. 까닭인즉 분명합니다. 태어난 자리를 잃은 삶의 주체가 죽음자리를 묻는다면 그것은 또 한 번 태어난 자리의 상실을 되 발언해야 하는, 그러니까 상실을 거듭 강화하는 답변에 이를 수밖에 없는 것인데, 그것은 무의미한 자학(自虐) 이상

일 수 없다는 것을 시인은 이미 충분히 알고 있기 때문일 겁니다. 저는 그렇게 공감했습니다.

시인은 이에 이어 살던 도시의 번잡함을 묘사합니다. 활기차게 '움직이는 삶'이 읊어지고 있는 것입니다. 그런데 이제는 사람들이 살던 집들의 문이 모두 닫혔습니다. 사람살이의 흔적이 가셨습니다. 강물도 이제는 더 흐르지 않습니다. 숨바꼭질을 하던 아이들도 당연히 없습니다. 그러나 시인은 말합니다. "나는 너를 다 안다고, 이미 충분히 알고 있다."고 소멸이 실증되는 자리에서조차 죽음자리를 묻지 않는 데 대한 공감, 죽음자리를 묻지 않고 죽어가겠다는 의지에 대한, 어쩌면 경외일지도 모를 시인의 정서는 이렇게 그 죽음물음의 거절에 대한 아픈 공감을 다음과 같이 읊습니다.

너는 괴로움 속에서 홀로 죽기를 꿈꾸고 바라고 있는 거야

그러나 죽음물음의 현실성과는 상관없이, 그러니까 죽음을 묻든 묻지 않든 그것과는 상관없이 아무튼 우리는 죽습니다. 태어난 자리의 소멸이 태어남마저 되 거두어들여 아예 죽음조차 없애는 것은 아닙니다. 내 태어남 이전에도 죽음은 있었습니다. 삶이 있었으니까요. 죽음은 우리로부터 비롯한 사건이 아닙니다, 태어남이 그렇듯이. 그리고 이 마디에서 시인은 조용히, 그리고 살며시, 자기의 죽은 누이를 이야기하기 시작합니다. 그것은 갑작스레 멀리서 들려오는 레퀴엠(Requiem) 같은 것인데, 내게 그렇게 들리는데, 그것이 도무지 슬프지 않았습니다. 하긴 그렇습니다. 레퀴엠은 슬픔을 '말갛게 슬퍼하기 위한 것'일 뿐, 슬픔에 의해 자지러지는 마음의 표출은 아니기 때문입니다. 그리고 그것은 모든 존재하는 것의 '소멸을 기리는 종곡(終曲)'

입니다.

> 내 누이는 여름의 나라에 살고 있었어
>
> ······
>
> 우리는 서로 얼굴을 마주하지도 못했고
>
> 물결 속에서 출렁이는 우리의 운명도 몰랐어

  글을 읽을 줄도 몰랐고, 더하기 빼기도 못한 그 누이는, 그런데 삶을 행복해 했다고 시인은 말합니다. 그녀는 모든 자연과 어울릴 줄도 알았다고 시인은 그녀가 찬탄했던 온갖 꽃과 풀과 나무 이름을 들며 말합니다. 시인은 그녀의 모든 삶이 '그랬었노라'고 짙게 회상합니다. 그런데 그 누이가 세상을 떠납니다. 그 누이는 태어났었으니까 그랬다고 말합니다. 시인은 이를 이렇게 담담하게 읊습니다.

> 누이는 작은 집에서 죽었어
>
> 작은 공간에서
>
> 작은 나라에서
>
> 많은 지도들이 그려 놓지 않는······
>
> She died in a small house
>
> In a small place
>
> In a small country
>
> Missing from many maps······

〈태어난 자리〉라는 시는 이렇게 끝납니다. 가슴이 먹먹했습니다. '언젠가는 사라지지 않을 자리에서 태어나지 않은 사람이 어디 있니? 살아있는 사람들은 누구나 지도 위에도 그려지지 않을 공간에서 죽음을 맞는 것인데, 굳이 삶의 자리의 소멸과 죽을 자리의 모색을 이야기할 필요가 있을까? 그것이 인간의 운명이라면 피지의 내일과 피지 아닌 곳의 내일이 다를 것이 하나도 없는데……' 어쩌면 시인은 이렇게 이야기하고 있는 것인지도 모릅니다. 하지만 시는 '설명'이 아닙니다. 그것은 삶이 빚는 그림자의 발언입니다. 더구나 햇빛이 사라지는 해변의 둔덕에서 발언의 실체를 찾는 것은 무의미한 일입니다.

나는 피지의 시인이 시적 정열을 가지고 자기들이 직면한 사태를 초극하려는 의지를 점화하면서 새 누리를 찾아 떠나는 장엄한 서곡을 자기 동족들에게 울리기를 기대했는지도 모릅니다. 솔직히 그러한 기대를 했습니다. 그것이 상식, 그것도 '역사적 상식'이기 때문입니다. 멀리는 앞에서 언급한 '젖과 꿀이 흐르는 땅에의 탈출'도 그러했고, 가까이는 그러한 '탈출에의 충동'이 대륙을 향한 자기 확장의 기본적인 충동이었다는 동아시아 우리 이웃 나라의 이야기도 다르지 않습니다. 우리 모두 익히 아는 이야기들입니다. 다시 말하지만 상식이니까요. 그러나 피지의 시인은 그렇게 삶을 직면하고 있지 않았습니다. 태어난 곳이 있다면 그것이 소멸된다 할지라도, 묻힌 경험이 내 안에 기억으로 살아있다면 그곳이 지도 위에 그려지지 않는 곳이라 할지라도, 어차피 삶의 흐름이 그런 것이라면, 소멸을 슬퍼하면서 묻힐 곳을 묻지 않는 침묵보다 더 성숙한 삶이란 달리 기대할 수 없다고 시인은 '자기 삶을 겪었는지'도 모릅니다. 틀림없이 그랬던 것 같습니다.

아니, 이렇게 달리 이야기해도 좋을 듯합니다. 누이의 무덤과 그 장례를 기억하는 한, 그녀의 삶과 행복이 가득한 자연이, 풀과 나무, 하늘과 바다, 사람들의 소음이, 살아 있는 이들의 마음에 사라지지 않고 머무는 한, 사라질 땅은 아직 없습니다. 없어야 합니다. 소멸을 예상하는 아픔이 죽음으로부터의 도피를 의도하는 것이 아니라 죽음에의 조용한 침잠 속에서 승화하는 아름다움으로 꽃피면서 죽음자리를 묻지 않는 '고마운 자아'로 탄생하는 감동을 읽으면서 저는 어떻게 제 마음에 그 감동을 고이 담아야 할지 몰라 당혹스러웠습니다. 감동은 공감을 찾아 마구 스스로 분출하는 것이지 자기를 기다리는 공감하는 마음에 고이 담기는 것이 아니라는 느낌도 어쩌면 제게 처음 경험이었는지도 모르겠습니다.

그의 또 다른 시, 〈안에서의 죽음(An Inward Death)〉은 이를 더 분명하게 전해 주고 있었습니다. 그 시의 2절은 다음과 같습니다.

어느 날 오후,

이 끊임없는 빗속에서

짐짓 그 비가 그치리라 여기면서

너는 사랑을 꿈꾸며 바다를 바라보고

외롭게 홀로 있었지

물방울 하나, 창문에 떨어져 적도만큼

긴 금을 긋네

그렇게 보아서 그럴까

그 금이 바다를 갈라 놓네

그러자

네 살아 있는 자아가

아이의 죽음, 개와 새와

너 자신의 죽음을 우네

네가 그 죽어가는 온갖 것 구하려고 뛰어 오르네

그런데 길 한 복판에서,

인간의 온갖 폐허 한 복판에서

죽음이 너를 멎게 하네

네 가슴이 찢어지고

네 머리에서 피가 흐르고

태양은 파편되어 흩어지네

너는 이제 죽어감을 아는 사람

너한테는 격렬한 폭발이 일어나

세계가 처음 원자로 되돌아갈 필요가 없어

그것은 즉음이 매 순간 하고 있는 일인 걸!

그러니 이제

아무것도 없어, 정말 필요한 것은

Now

Nothing is really necessary

저는 이 시인이 피지의 정서, 남태평양 여러 나라의 사유를 대표한다고 믿지는 않습니다. 또 이 시인에 대해 아무것도 알지 못합니다. 그의 시가 영역(英譯)된 극히 적은 수의 피지 태생 시인의 시라는 사실이 저를 조금은 이 시를 순수하게 탐하게 하지 못하는 장애이기도 합니다. 영역된 시란 꽤 자주 영어권 독자의 취향에 맞추어 선택된 것인 경우가 많기 때문입니다. 따라서 이 시를 통해 피지인의 '종말론적 공포'의 정서를 읽는다는 것은 무모한 일입니다. 다만 한 시인의 시일 뿐이라고 생각하는 것이 오히려 이 시를 통해 '무모한 인식'을 전개하는 것보다 훨씬 나을 거라고 생각합니다. 그러나 이 시에는 다른 어떤 학술발표에서도 들을 수 없었던 하나의 선언이 담겨 있었습니다. 그것은 다른 것이 아닙니다. 제 투로 말한다면 온갖 학술발표가 '죽음을 향해 가는 삶의 자리에서 죽음 피하기'를 의도하는 것이었다면 이 시는 '죽음 자리에서 삶을 바라보며 그 삶을 온전하게 하기'라고 하고 싶은 그런 것이었습니다.

이를 저는 조금은 서둘러 이렇게 말하고 싶습니다. 죽음자리에서 삶을 바라보면 삶의 자리에서 죽음을 간과하고 살아갈 때보다 우리는 조금 더 겸손할 수 있을 것 같습니다. 우리는 좀 더 잘난 체하지 않아도 될 것 같습니다. 쓰고 먹고 입고 치장하고 과시하는 일보다 아끼고 절제하고 염치가 있는 삶이 더 나아지리라고 생각됩니다. 서로 못났고 모자라고, 그래서 할 수 있는 일이 한정되어 있으니 서로 돕고 채우고 힘이 되어 주어야 사는 삶이 삶다워진다는 의식도 더 뚜렷해질 것 같습니다. 불원간 죽어야 할 삶인데, 그러니까 사랑하고 살아도 한없이 짧은 세월이어서 미워하고 게걸스럽게 살고 힘이나 권위를 드러내려다 보면 한없이 초라하고 가난하고 불쌍한 존재가 될 수밖에 없는 삶인데, 그렇다고 하는 것을 죽음자리에서 삶을 바라보면 알 수 있게 되리라고 믿기 때문입니다. 시인의 말처럼 죽어감을 아는 사람에게는 '정말 필요한 것은 아무것도 없는' 법입니다. 그런데 그처럼 아무것도 정말 필요한 것이 없다고 여기고 사는 삶도 있는 법입니다. 아니, 그것이 참으로 '사는 삶'입니다.

삶이 죽음을 안고 있는 것이라면 언제든 소멸되는 것이 생명인데, 그래도 살아 있는 한 땅이 물속에 잠긴다는 것을 여러 원인을 찾아 밝히고, 이에 대처하는 것도 매우, 매우, 중요하지만, 근원적으로 죽음을 안고 사는 존재라는 겸허한 자리에서 삶을 영위해 나간다면 이른바 존재의 소멸이라는 '근원적인 문제'도 그야말로 근원적으로 풀리지 않을까 하는 생각을 골똘하게 했습니다. 제가 이러한 생각을 한 것은 너무 현란한 발표와 발언들이 쏟아지는데, 나중에는 그 발표와 주장들이 우리의 인식을 오히려 현실적으로 혼란스럽게 할지도 모른다는 겁이 나기 시작했기 때문인지도 모릅니다. 게다가 주장 자체의 스타일에 발표자도 매료되고 청자도 그렇게 되는 묘한 분위기를 느끼면서, 그래서 이른바 국제학술회의라는 것이 지닌 자기 과시적인 묘한 속성이 서서히 역겨워지기 시작했기 때문인지도 모릅니다. 아무튼 그 시인의 시가 없었다면 모처럼의 '환상적'인 기회가 어쩌면 '환멸적'이 되지 않았을까 하고 불안했던 제 자신의 모습을 지금 그 모임을 회상하면서 온전히 지울 수가 없습니다.

돌아오는 비행기 안에서 다시 그의 시집을 폈습니다. 〈집(The House)〉이라는 그의 시 마지막 구절을 읽으면서 저는 새삼스레 도대체 학문한다는 것이 무엇인지, 학문의 잔치라는 것이 과연 무엇인지 스스로 되 생각해 보았습니다. 그것은 저 자신에 대한 오랜 만의 되 살핌이었습니다. 그리고 스스로 곤혹스러울 만큼 저 자신이 아팠습니다.

속고, 속이고, 스스로 자기를 속이면서, 우리는 자라왔다

왜 새가 모두 날아가 버렸을까 하고 물으면서

Deceived, Deceiving, Self-deceived we have grown

Asking why from the nest the birds have flown?

빤히 까닭을 알면서도 짐짓 그것을 모르는 양 그 까닭을 눈가림하면서 온통 현학적인 논리와 개념들로 진정한 문제를 다루고 있다고 속고 속이고 마침내 자기를 속이고 있는 것이 학문인지도 모른다는 생각이 들었습니다.

이래저래 저에게 그해 여름은 '환상적'이었습니다. (2014.9)

장석만 |

토끼, 모기, 그리고 좀벌레

토끼

스페인이라는 이름이 '맨 서쪽'이라는 뜻 말고도 '토끼의 나라'라는 뜻을 가지고 있는 것이 맞다면, 여기 보훔의 루어 대학(Ruhr-Universität Bochum)은 스페인이다. 학교 주변의 숲은 물론이고, 캠퍼스 안에서도 항상 토끼를 볼 수 있다. 사람이 옆으로 지나가면 토끼들은 귀찮아 하는 기색이 역력하다. 마지못해 하던 일을 멈추고 인간의 행동을 살펴보고 있지만, 이 인간이 어서 지나가 주었으면 하는 토끼의 기분은 쉽게 느낄 수 있다. 인간을 보고도 도망가지 않고, 어기적거리는 토끼를 보면서 나는 실없이 웃고 만다. 그러면서 저절로 내 기억 속의 토끼와 서로 중첩이 된다.

훈련소의 겨울은 그냥 추운 것만이 아니었다. 인간의 고통을 쥐어짜내기 위해 고안된 제도, 그리고 그 안에서 조금이라도 편해 보겠다고 아귀다툼을 벌이는 인간들을 보면서 마음 속에 파고드는 황량함은 감당하기 어려웠다. 하지만 혹독한 훈련 중에도 조그만 해방감을 맛볼 수 있는 때가 있었다. 그것은 바로 훈련병들을 동원하여 언덕 밑으로 토끼를 내몰아 잡는 행사였다.

언덕을 전체적으로 포위하여 소리를 지르면서 내려오면 토끼는 놀라서 이리 뛰고 저리 뛰고 하다가 포위망 속에 들어오게 된다. 앞발이 짧은 토끼는 올라가는 것보다 내려오는 것이 서툴 수밖에 없어서, 언덕을 빠르게 내려오다가 고꾸라지기 일쑤였다. 토끼를 잡으면, 아직도 가쁜 숨을 할딱거리고 있다. 하지만 겨울에 먹은 것이 없어서, 토끼는 앙상한 몸을 드러내고 있을 뿐이다. 그야말로 피골이 상접해 있는 몰골이다. 토끼를 잡고 환호성을 지르고 있는 우리, 가죽과 뼈밖에 없는 모습으로 심장을 팔딱거리고 있는 토끼. 그날 훈련소의 중간 간부들은 그 토끼를 맛있게 먹었다고 한다.

지난 겨울, 보훔에 눈이 잔뜩 내리고 난 후에 길을 걷는데, 토끼 발자국이 어지럽게 나 있는 것을 보았다. 앞발과 뒷발의 모양이 다르므로, 어디에서 나와 어디로 갔는지 그 방향이 선명하게 드러났다. 토끼 굴의 소재를 그대로 알려 주는 셈이었다. 훈련소의 토끼들이야, 그날로 마지막이겠지만, 여기의 토끼들은 아랑곳하지 않는다. 누가 감히 터줏대감을 건드리겠는가? 다만 그 자취만을 어림잡아 그려볼 뿐이다.

이 대학의 학생 수는 3만 5천 명, 직원 5천 명, 교수들의 숫자는 430명 정도다. 교수들의 권한은 하늘을 찌를 만큼 엄청나다. 그들의 이름 앞에는 반드시 'Prof.', 'Dr.' 두 가지 호칭을 붙인다. 박사 학위를 따면 'Dr.'의 명칭을 붙이기 위해 기꺼이 공공의 서류를 바꾼다. 'Prof.'의 경우에는 더 말할 나위가 없다. 박사 논문 표절 의혹을 받아 최근 독일 국방장관직에서 사임한 칼-테오도어 추 구텐베르크도 자신의 경력에 박사라는 명칭의 막강한 힘을 이용하려다가 몰락한 셈이다.

내가 속해 있는 곳은 'Dynamics in the History of Religions between Asia and Europe'이라는 이름(독일어 이름은 KHK, Käte Hamburger Kolleg)의 국제 연구

컨소시엄(IKGF, Internationales Kolleg für Geisteswissenschaftliche Forschung)인데, 이런 'Prof.', 'Dr.'가 35명 관여하고 있다. 독일에서도 쉽게 볼 수 없는 이 컨소시엄은 2008년 4월에 크레히 교수(Krech, Volkhard, Prof. Dr.)가 독일 정부의 펀드를 따내서 만들었으며, 10명 정도의 펠로우를 매년 초청하고 있다. 지금 있는 펠로우는 독일인 3명, 네덜란드인 2명, 이탈리아인 2명, 미국인, 헝가리인, 일본인, 한국인 각 1명이다.

　매년 연구 주제의 초점이 조금씩 변하지만, 기본 연구 활동은 네 개의 연구 영역을 중심으로 움직이고 있다. 첫째(Formation)는 주요 종교 전통이 문화적 접촉에 의해 어떻게 형성되는지 사례연구를 통해 살피는 것이고, 둘째(Expansion)는 종교 전통이 제도화 및 분화의 과정을 거쳐서 어떻게 확산되는지 연구하는 것이다. 셋째(Notions)는 현재와 같은 의미의 종교 개념이 서구 및 비서구 지역에서 어떻게 형성되어 발전되어 왔는지를 검토한다. 넷째(Globalization)는 지구화의 맥락 속에서 종교 전통이 탈지역화하는 주제를 다루고 있는데, 세속화와 재성화(再聖化) 문제도 다루고 있다.

　이와 같은 네 가지 영역은 2008년 10월에 사흘 동안 열린 학술대회에서 잘 드러나 있다. 첫째의 종교 전통의 형성은 「고대 중국의 종교 전통과 문화 간 접촉」(Victor H. Mair), 「베다 종교, 불교, 힌두교」(Patrick Olivelle), 그리고 「유대교, 기독교, 이슬람」(Guy G. Stroumsa)의 발표와 그에 대한 각각의 논평 및 종합 토론이 있었다. 둘째의 종교 전통의 팽창은 주요 종교 간의 접촉을 주제로 이루어졌는데, 「이슬람의 등장에 대한 유대교의 반응」(Michael Lecker), 「예수회의 중국 선교: 한국의 종교적 상황 및 유럽의 정치사상에 미친 영향」(Eun Jeung Lee), 「불교의 남아시아 및 동남아시아 전파」(Stephen C. Berkwitz)의 발표와 논평이 이루어졌다. 셋째는 '의미론: 교차비교의 관점에서'라는 제목을 달고 있는데, 「다원주의의 문제점: 종교적 다양성의 개념화」(Tomoko Masuzawa), 「종교 개념 및 중국 종교사 서술에서의 그 의미」(Robert Ford Campany), 「문화적 교차점으로서의 인도 비의불교의 경전과 아이덴티티」(Ronald M. Davidson)의 발표로 구성되었다. 넷째는 '지구화 시대의 종교'라는 제목으로 두 개의 발표가 있었다. 「지구화된 세계에서의 종교」(Peter Beyer), 「종교, 세속화, 성화(聖化)」(JoséCasanova)가 그것이다.[1] 우리에게 익숙한 미국의 학자들도 많이 초청되어 발표를 하고 유럽의 학자들은 주로 논평을 맡은 것이 눈에 띈다.

이 학술대회의 기본 입장을 밝힌 부분은 그대로 KHK의 관점을 대변하고 있다. 우선 종교는 동질적인 문화 현상이 아니라, 여러 다른 전통이 통시적, 공시적으로 얽혀서 이루어진 조밀한 연결망이라는 것, 종교 공동체의 자기 인식 및 자기규정은 다양하고 때로 모순적인 문화 요소들 사이에 이루어진 종교 간 접촉의 산물로 봐야 한다는 것, 종교 간 접촉에 초점을 맞춤으로써 종교사를 보는 기존의 관점에서 벗어날 수 있으며, 종교의 형성과 팽창을 이루는 사회적 역동성을 보다 잘 이해할 수 있다는 것 등이다.

KHK는 오리엔탈리즘과 옥시덴탈리즘 모두 문화와 종교를 마치 동질적인 것처럼 보면서 생겨난 것이라고 파악한다. 새뮤얼 헌팅턴의 '문명충돌론'은 말할 것도 없고, 한동안 미국에서 유행하던 다문화론(Multiculturalism)도 이런 동질성을 기본 전제로 하기 때문에 근본적인 문제점을 함축하고 있다고 본다. KHK는 이런 동질성을 그대로 받아들이는 대신, 그것이 어떻게 스스로를 다른 것과 구별하고, 스스로 동질적인 것으로 규정하기 시작하는지 그

---

1   자세한 내용은 다음을 참고할 것. http://ikgf-server.vm.ruhr-uni-bochum.de/fileadmin /user_upload/Dateien/special-events/Program_conference08.pdf

과정을 살핀다. 동질성은 상호 교섭을 하는 이질성의 존재 없이는 나타날 수 없는 개념이기 때문이다. KHK가 강조하는 역동성(dynamics)은 바로 이와 같은 상호 접촉과 연관 관계에 대한 관심을 일컫는 것이다. 여기서 "종교 전통이 상호의존의 관계 속에서 형성되고, 발전된다."는 지극히 '상식적'인 주장을 되풀이하는 것은 바로 서구 사회에서 고질적으로 나타나는 종교의 동질화 관점을 견제하려는 태도에서 비롯된 것이다.

네 가지 연구 영역 이외에 또 다른 네 가지 포커스 그룹이 있어서, 네 개의 연구 영역을 가로지르며 연결하는 역할을 담당한다. 청결(purity), 주요 종교 개념(notions of religion), 비밀(secrecy), 매혹(attractivity)이 그것이다. 2009년 6월에 열린 포커스 그룹 '비밀'의 워크숍은 아시아 종교를 다루었는데, 「고대 종교의 조상숭배: 은폐와 드러냄의 전략」, 「진화하는 미스터리: 도교의 비밀」, 「티베트 불교와 일본 불교에서의 비밀」, 「신들은 미스터리를 그대로 사랑하는 이들이기에: 베다 종교에서 드러난 미스터리」, 「비밀과 유교」, 「종교적 비밀과 학계의 비밀: 한국 샤머니즘의 경우」 등이 발표되었다. 같은 해 11월에는 '청결'에 관한 워크숍이 열렸는데, 역시 아시아 종교를 분석 대상으로 삼았다. 「물(水) vs. 윤리: 고대 인도의 청결 담론」, 「한자에서 청결의 의미론적 영역」, 「흙탕물을 이야기하면서 어떻게 하면 우울해지지 않을까?: 송나라 시대 이전 청결 메타포에서의 문제점」, 「상청(上淸) 도교의 청결 개념」, 「중세 진언종(眞言宗) 불교의 의례적 청결」 등의 제목으로 발표가 이루어졌다.

'종교 개념'의 포커스 그룹은, 앞의 네 가지 연구 영역 중 세번째인 '종교 개념' 영역과 서로 상통하면서 진행되는데, 워크숍이나 학술대회도 함께 진행되는 경우가 대부분이다. 2009년 12월에 '종교적 장(場)의 재편성: 세속화와 관련 의미론을 문화 간, 역사적, 정치적 관점에서 다룬다.'라는 제목으로 열린 국제학술대회는 세속의 개념에 초점을 맞추었으며,[2] 2011년 2월에 개최된 'The Making of Religions in Modern Societies'라는 종교 개념 워크숍은 종교 자유, 숙명, 운명 등을 논의하였다.

포커스 그룹 '매혹'은 2010년 11월에 KHK의 연례 학술대회로서 3일간 국제 심포지엄을 가졌다. 제목은 '종교적 매혹의 양식과 모델(Conference on Modes and Models of Religious Attraction)'이었고, 올해 7월에 또 다른 학술대회를 준비하고 있다. 그 기본 관점은 매혹을 "심리학적 범주로 다루는 것이 아니라, 종교적 밀도의 강화(Religious Densification), 한계 설정, 그리고 밀어내기(Repulsion)의 맥락 속에서 하나의 역동적인 요소로 파악하는 것"이다. 따라서 카리스마를 가진 종교 지도자나 종교적 메시지에 매혹된 신자를 다루는 것이 아니라, 종교적 네트워크를 만들어 내고 해체하면서 이루어지는 교환 과정의 내적 역동성에 관심을 기울이는 것이다. 심포지엄의 이론적 배경에 시스템 이론이 자리잡고 있는 것 같았지만, 발표자들이 모두 이런 관점에 따라 준비했다고는 여겨지지 않았다.

첫째 연구 영역인 종교 전통의 형성(Formation)은 2010년 1월에 '종교 거래하기: 동양과 서양의 종교의 형성, 변형 그리고 교차문화적 교환(Trading Religions: Religious Formation, Transformation and Cross-Cultural Exchange between East and West)'이라는 국제 학술대회를 가졌고, 둘째 확산(Expansion)의 연구 영역도 2010년 10월에 '종교 사이의 문화적 중개인: 지중해 지역의 월경(越境)자와 전문가(Cultural Brokers between Religions: Border Crossers and Experts at Mediterranean Courts)'라

---

2 자세한 내용은 다음을 참고할 것. http://ikgf-server.vm.ruhr-uni-bochum.de/fileadmin/user_upload/Dateien/EVENTS/Reconfigurations_of_the_religious_field_flyer-1.pdf

는 제목의 학술대회를 가졌다. 셋째 개념(Notions)의 연구 영역은 앞에 소개한 두 개의 학술대회 이외에도 2011년 2월에 '아시아에서 종교학의 형성(The Formation of the Discipline of Religious Studies in Asia)'라는 워크숍을 가졌다. 2011년 3월에는 국제 심포지엄 '문화 간 교환에서 종교적 타자의 수용(The Reception of the Religious Other in Intercultural Exchange, 16th-18th Centuries)'이 개최되었다.

지금까지 KHK의 네 가지 연구 영역과 네 가지 포커스 그룹이 대강 어떤 방향으로 움직여 왔는지 소개하였다. 6년의 기간 가운데 3년 동안 한 연구 활동이다. 6년이 지난 다음에 그 활동을 평가하여 다시 6년을 더 연장할 수 있다. 여러 가지 내부, 외부의 비판이 없지는 않지만, 그동안 KHK의 자취보면 성과가 적지 않다. 앞으로의 문제는 KHK가 전반 3년을 어떻게 평가하고, 그것을 후반 3년의 발전 동력으로 삼느냐 하는 점일 것이다.

모기

여기에 와서 놀란 점 가운데 하나는 모기가 없다는 것이다. 그래서 여름 밤에도 맘껏 창문을 열어 놓는다. 여기 터줏대감에게 모기가 없는 이유를 물어봤더니, 위도가 어느 기준을 넘으면 모기가 없다는 대답이다. 그렇다면 여기는 북위 52도가 넘으니, 모기가 없는 것이 당연한 이치. 한국에서 바깥 공기와 접하고 싶을 때에는 반드시 모기가 함께 하고 있으니, 집에 있거나 밖에 있거나 간에 마음의 여유가 생기지 않았다. 하지만 여기는 모기가 없으니, 여름의 숲 속을 거닐어도 발걸음을 서두를 필요가 없다. 더구나 적당한 때가 되면 청정한 지역에만 산다는 반딧불이도 만날 수 있으니, 일부러 밤중에 으슥한 시내 근처를 거니는 일도 있다. 그동안 모기가 한 일은 여름밤의 공기와 내가 소통하는 것을 방해해 온 것임을 깨닫는다. 하지만 없는 것은 모기뿐만이 아니다. 파리도 거의 없다. 드물게 보이기도 하지만 결코 귀찮을 정도는 아니다. 뱀도 없다. 여기 오기 전에는 근처에 폐광 지역이 많아 잘못하면 구덩이에 빠질 위험이 있으니, 길이 난 곳 아니면 들어가지 말라는 경고의 이야기를 들었지만, 학교 주변에는 그런 걱정이 없다. 그러니 주변의 숲 속을 방황하는 것이 일상다반사가 되었다. 밥을 먹고 난 후, 그리고 머리가 뻑적지근해지면 그냥 숲 속에 들어가 걷는 것이다. 그렇게 한 시간 넘게 걷다 보면 모든 몸의 기능이 정상으로 돌아온다. 여유가 있을 때에는 학교 식물원에서 기웃거리며 기화요초(琪花瑤草)를 구경한다. 더 여유가 있으면, 식물원 안에 있는 잠원(潛園)이라는 도교식 정원에 들어가 얼씬댄다. 나는 이 모두가 모기가 없는 덕분에 즐기게 된 일이라고 생각한다.

이곳 대학(RUB) 캠퍼스는 우리가 생각해 온 독일의 유서 깊은 대학의 것과는 다르다. 60년대에 한꺼번에 만들어졌기 때문에 12층짜리 똑같은 건물 14개가 줄지어 서 있고, 소비에트식의 캠퍼스 같은 분위기라는 생각이 든다. 루어 지역 자체가 탄광과 철강업의 중심지였고, 주로 노동자들의 주거지였기 때문에 문화적인 세련됨과는 영 거리가 있다. 특히 독일 남부의 전통적 대학 캠퍼스에 익숙한 사람들은 여기 와 보고 고개를 절레절레 흔들 정도다. 저녁 시간이 지나면 캠퍼스가 텅 빈다. 학생들은 학교 주변에 있는 기숙사로 들어가고, 교수들은 교외의 자기들 집으로 돌아가기 때문이다. 밤중에 돌아다니는 것은 정체를 알 수 없는 나 같은 인간뿐이다. 보훔 시내와 학교를 연결하는 전철이 끊임없이 왔다 갔다 하며 사람들을 실어 나르기 때문에 굳이 학교 주변에 머무를 필요도 없다. 캠퍼스 주변에 음식을 제대로 먹을 수 있는 곳은 세 곳밖에 없다. 나머지는 음식거리와 생활용품을 살 수 있는 우니 센터(Uni-Center)라는 상점가다. 그곳을 지나면 아무것도 없다. 그러니 할 수 있는 일이라고는 아침에 연구실에 갔다가 숙소에 돌아와 자는 것뿐이다. 학교 주변의 숲을 열심히 돌아다니는 일이 유일한 여가 활동이다. 근처에 그나마 있는 수영장은 1년 내내 리노베이션 중이다. 오늘 지나가다 보니 어지간하게 수리를 마친 것 같다. 아마 이번 여름에는 문을 열 것 같다. 모든 게 느리다. 내가 있는 연구실 건물 1층이 학생회관 같은 역할을 해서 카페도 있고, 비교적 사람들 왕래가 많은 곳인데, 지난 6월에 수리를 한다고 화장실 문을 걸어 잠그더니 여태까지 폐쇄된 채로 있다.

학교 주변에서, 여기 교수들 가운데 넥타이를 맨 사람을 나는 별로 만난 적이 없다. 모두 후줄근하다. 노동자 차림이다. 한국에서 기생오라비 같은 교수들만 보다가 이쪽 교수들의 노동자 같은 모습을 보니 저절로 웃음이 나온다. 가지고 온 양복은 도대체 입을 필요가 없어서 처박아 두고 있다. 총장이 누구인지 아무도 관심이 없다. 그는 혼자 돌아다니면서 물건을 사기도 하지만 아무도 눈여겨보는 사람이 없다. 혹시 섭섭해하지 않을까 하고 휘적휘적 가고 있는 그의 표정을 흘깃 본다. 그렇기는커녕 홀가분하게만 느껴지는 그다. 물론 마르고트 캐스만(Margot Käβmann or Kaessmann)이 곁에 걸어가도 마찬가지다. 아무도 관심을 보이지 않는다. 그녀는 2,500만 독일 개신교인이 회원인 독일개신교협의회(EKD)의 최초의 여성 의장이었고, 2010년 2월에 음주 운전 때문에 하노버 경찰에 체포되어 매스컴이 떠들썩했었다. 그녀는 그 사건으로 취임 4개월 만에 사임하였다. EKD가 의회를 열어 이번 사건이 의장직을 사임할 만한 이유가 되지 않는다고 캐스만을 신임했지만, 그녀는 오히려 독일 복음주의 루터교 하노버 감독직도 함께 사직하였다. 이제 그녀가 모교에 돌아와서 1년간 객원교수로 있게 된 것이다. 신문에서 그녀를 RUB 캠퍼스의 새로운 스타가 되었다고 보도해도 학생이나 교수나 별로 관심이 없다. 그도 여기에서는 신문에서 보던 슬픈 표정을 벗어버린 것 같다. 우연히 학교 근처 레스토랑 옆자리에 그가 앉아 있는 것을 보았는데, 이전보다는 훨씬 밝고 안정된 모습이었다.

이곳에서는 호들갑스러운 것이 없는 것을 여러 군데서 느낄 수 있다. 교수와 여학생과의 관계도 "자기들이 좋으면 그만이다."라는 식이다. 미국에서처럼 여학생이 연구실에 들어서면 만약을 위해 방문을 열어 놓아야 한다는 일 따위는 없다. 성인들이니 자신들이 처리를 하고, 문제가 생기면 그들이 책임지면 된다는 것이다. 여학생들이 토론을 하면서 필요 이상으로 성마르게 공격적인 모습을 보이는 것도 별로 본 적이 없다. 나는 그들에게서 인간관계에서 남을 배려하고 친절하지만, 결코 남에게 의존하지 않는 균형 잡힌 모습을 보았다. 물론 나의 편견일 터이다. 그리고 그들의 성향이 모기가 없는 것과 연관되어 있다는 생각도 물론 나의 무지막지한 편견임에 틀림없다.

좀벌레

Silberfisch(Silverfish), 이 단어는 내가 여기에 와서 처음 배운 독일어 가운데 하나다. 밤이 되면 슬금슬금 나타나 돌아다니는 그들을 없애려면 약을 사야 했기 때문이다. 그들의 이름은 색깔이 광택 나는 은색이고 꼭 박대 같은 물고기 형태여서 붙여진 것으로 보인다. 옷과 책을 파먹기 때문에 늘 겨울옷을 두는 곳이나 오래된 서재에는 좀약을 두었다. 그래서 겨울옷을 다시 입을 때면 좀약 냄새가 났었다.

그 좀이 모기도 없는 이곳에 살고 있는 것이다. 전염병을 옮기지는 않는다고 하니, 같이 살아 볼까 하는 생각도 없었던 것은 아니었다. 하지만 오래된 습관은 저절로 그들을 잡아 변기 안에 집어넣게 되었다. 거미가 그들의 천적인 걸 안 다음부터는 거미를 밖으로 쫓아내지 않고 동거할 수 있게 하였다. 그들을 사냥하며 거의 1년을 함께 지내다 보니 그들에 대해 알게 된 것도 적지 않았다. 우선 그들이 예민한 감수성을 갖고 있다는 것이다. 앞쪽에 긴 안테나가 두 개, 뒤쪽에 좌우 두 개와 꼬리 쪽에 하나 등 다섯 개의 촉각, 그리고 양옆에 두 개씩의 다리를 가지고 있는 그들은 외부의 변화에 민감한 반응을 보인다. 안테나를 가지고 그들끼리 서로 소통하고 있는 점은 틀림이 없다. 동료들이 불상사를 당한 곳에서 그들이 보이는 예외적인 조심성은 그 점을 증명하고 있다. 게다가 그들의 지능은 인정을 받아야 한다. 약을 사서 여러 군데에 놓아도 효과를 보는 일이 별로 없다. 며칠 동안만 눈에 안 띄는 정도일 뿐이다. 위험이 닥칠 경우에 그들이 취하는 전략은 다양하다. 갑자기 움직이지 않는 방법을 택하기도 하고, 파여진 홈 속에 피신하기도 한다. 이도 저도 아닐 경우에는 전속력으로 도망을 친다. 그들이 깜짝 놀라는 것은 누구라도 금방 알 수 있을 만큼 동작에 그대로 나타난다. 나는 그냥 그들을 잡아 물에 넣어서 버리거나, 아니면 좀 더 잔인하게 그들의 집이 어딘지 알기 위해 놔두기도 한다. 그런 다음에 집을 봉쇄해서 집안이 모두 참극을 당하게 한다. 가끔 은색이 아니라, 거무튀튀한 색을 마주치기도 하는데, 그런 놈은 세 번 이상 껍질을 벗어 버린 고참이다. 조그만 새끼들이 따라다니는 경우가 많아서, 나에게 걸리면 대개 집단 학살을 당하게 된다.

하지만 아무리 애를 써도 그들을 모두 없애기는 불가능하다. 암컷은 평생 100개 정도의 알을 낳는다고 하고, 수명은 2년부터 8년까지 오래 사는 축에 속한다. 끊임없이 껍질을 벗는다는 것은 그만큼 환경에 잘 적응한다는 것일 터이고, 아무것도 먹지 않고도 1년 넘게 산다고 하니, 당해 낼 자 누가 있겠는가? 내가 그들을 박멸한다고 해도 다른 곳에서 그들이 와서 다시 식민 사업을 벌일 것은 불문가지. 싫든 좋든 같이 살 수밖에 없는 존재라는 것은 그동안의 동거가 보여주고 있지 않은가! 따지고 보면 그들이 원주민이고, 나는 잠시 와 있는 떠돌이다. 원주민의 생존권을 외부의 침입자가 말살하고자 하면서 생기는 스토리는 우리가 익숙하게 아는 것이다. 그들의 저항은 정의의 전쟁이 될 것이고, 결국 패퇴하는 쪽은 침략자여야 할 것이다. 그동안의 시행착오에서 아직도 교훈을 얻지 못하는 자는 분명 미래가 없을 것이다.

좀과 옥신각신했던 과정은 이곳에 와서 내가 이질성을 느껴서 주저하고 피하고자 했지만 결국은 대면하고 수용하면서 나아가야 했던 것과 비슷하다. 독일어도 못하면서 이곳에서 비비면서 생활해야 했고, 영어도 유창하게 못하면서 매주 갖가지 학술 모임에 참여해서 의견을 개진해야 했다. 사실 발표하는 것은 토론이나 대화에 비하면 쉬운 쪽에 속한다고 할 수 있을 것이다. 주제는 내가 다 알고 있는 것이니 말이다. 이곳 발표 방식은 발표문을 나눠 주지도 않고 말로 이야기하는 경우가 많아서 주제가 생소할 경우에는 따라가기도 벅차기 마련이다. 성질 내키는 대로라면 "이 나이에 웬 고생"하면서 해 온 대로의 습관에 따랐을 것이다. 좀 죽이듯이 말이다. 하지만 그렇게 해서 되는 일이 없다는 것은 모두 아는 일이다. 좀은 원주민처럼 언제나 다시 돌아오니까. 그 세계에 들어와 있는 나는 그 점을 인정해야만 하니까.

그런 생활을 1년 가까이 하다 보니 이제는 조금 이력이 붙은 것 같은 느낌이 든다. 이 분위기를 즐길 만한 때가 온 것이다. 그러나 그런 것을 느낀다는 것은 언제나 시간이 다 되었다는 신호이다. 이제 한국으로 돌아가야 할 때가 얼마 남았나? 조금밖에 안 남았다. (2011.3)

종교로 보는 세상

등록 1994.7.1 제1-1071
1쇄 발행 2016년 11월 15일

지은이 김대열 김영진 김호덕 류경희 류성민 박규태 박상언 심형준 유기쁨
        이민용 이연승 이은봉 이진구 임현수 장석만 정진홍 최승환 최유진
        허남린 황선명
펴낸이 박길수
편집인 소경희
편 집 조영준
관 리 위현정
디자인 이주향
펴낸곳 도서출판 모시는사람들
        110-775 서울시 종로구 삼일대로 457(경운동 88번지) 수운회관 1207호
전 화 02-735-7173, 02-737-7173 / 팩스 02-730-7173
홈페이지 http://modl.tistory.com/

인 쇄 상지사P&B(031-955-3636)
배 본 문화유통북스(031-937-6100)

값은 뒤표지에 있습니다.
ISBN 979-11-86502-65-5   03200

* 이 책은 2016년 우수출판콘텐츠 제작 지원 사업 선정작입니다.